# 大学生就业质量评价体系研究

商　坤◎著

电子科技大学出版社
University of Electronic Science and Technology of China Press
·成都·

图书在版编目（CIP）数据

大学生就业质量评价体系研究 / 商坤著. -- 成都：
电子科技大学出版社, 2020.11
ISBN 978-7-5647-8405-8

Ⅰ.①大… Ⅱ.①商… Ⅲ.①大学生－就业－质量评
价－体系－研究－中国 Ⅳ.①G647.38

中国版本图书馆CIP数据核字(2020)第204641号

大学生就业质量评价体系研究
商　坤　著

策划编辑　郭蜀燕
责任编辑　郭蜀燕

出版发行　电子科技大学出版社
　　　　　成都市一环路东一段 159 号电子信息产业大厦九楼　邮编 610051
主　　页　www. uestcp. com. cn
服务电话　028 - 83203399
邮购电话　028 - 83201495

印　　刷　唐山唐文印刷有限公司
成品尺寸　185mm×260mm
印　　张　12.5
字　　数　280 千字
版　　次　2020 年 11 月第 1 版
印　　次　2022 年 9 月第 2 次印刷
书　　号　ISBN 978-7-5647-8405-8
定　　价　78.00 元

# 前　言

　　就业是保障和改善民生的重要内容，在党和国家工作大局中始终占据十分重要的地位。党的十九大报告明确指出，要实施就业优先战略和更加积极的就业政策，推动实现更高质量的就业，并将就业更加充分作为全面建成小康社会的重要目标。这次会议规划了我国未来全面深化改革的宏伟蓝图，进一步明确了促进就业的方针政策和重大举措，特别是围绕健全促进就业创业体制机制的相关重大问题做出明确规定，对于推动实现更高质量就业具有划时代的战略意义。

　　理论分析和国内外经验表明，推动实现更高质量的就业是保障和改善民生的头等大事，应成为我国未来人力资源社会保障工作，乃至经济社会政治文化生态建设的一项根本性要求。

　　为什么需要建立更高就业质量评价指标体系？这是因为，分析和评价一个国家、地区的就业质量状况，除了进行定性描述和分析外，更重要的是需进行定量描述和分析，即寻找或建立一个度量标尺，并用这一度量标尺测量就业质量的状况，以量化描述就业质量的水平与发展态势，进行比较和审定，最终找到增强或提升就业质量的途径。就业质量涉及经济发展水平、社会文化心理、科技生产力、生态环境、生产组织体系等很多方面，采用一个或几个指标不足以全面准确分析和评价一个国家或地区的就业质量，因此，需要建立一个分析评价指标体系，即相互联系的统计指标所组成的有机体。就业质量的评价指标体系是研究认识就业质量问题的工具，是评价就业质量的一个核心和关键环节。构建就业质量评价指标体系的最终目的是提升就业质量。

　　近年来，有关国家、国际机构及我国学术界相继展开对就业质量评价指标体系的研究，并已取得了较为丰硕的研究成果，但相关理论基础、定量研究方法、指标设计的选取以及评价指标的应用等方面，尚存在一些不足。因此，从理论与实践的结合上，进一步深化研究更高质量就业评价指标体系，提出一套较为科学和可行的评价指标，这对于正确认识就业形势和问题，科学把握就业发展趋势和规律，有针对性地提出改善就业和治理失业的政策思路和措施，进而实现更高质量就业的政策目标，具有极其重要的理论价值和现实意义。

　　因写作水平有限，书中难免有错误和疏漏之处，还望广大读者批评指正。

# 目 录

# 第一章　大学生就业能力综合素质培养

本章主要介绍大学生的职业素质、就业心理素质、创新素质、组织协调能力、沟通交流能力、团队合作能力等内涵特征和诸种能力素质培养的方法要求，帮助同学们加强对自身诸多能力素质培养的认识和锻炼。

当今时代，求职择业和自主创业已经成为大学生就业的重要途径，在这个艰难而曲折的从业过程中，汗水、泪水、痛苦、快乐和收获五味俱全，职业岗位和就业市场对从业人的能力素质要求也在日臻攀升。对高校的学子们来说，年轻是其最大、最宝贵的财富，但加强自身心理、职业、创新、沟通协调、团队合作等综合能力素质的锻炼培养，才是时代弄潮儿乘风破浪的个人资本。

## 第一节　心理素质培养

常言道：信心比黄金更重要！大学生的创业和就业是一个面对现实、承受压力、挑战自我的过程，具有乐观、积极、向上的心态在大学生的求职择业、自主创业过程中同样重要。心理准备已是一个大学生求职择业、自主创业过程中不容忽略的重要环节。

### 一、创业、就业过程中的心理矛盾及化解

现实实际表明，一些毕业生在求职择业、自主创业时往往因实际与自己的想法存在差异而产生一些心理矛盾和障碍，这也是经常碰到的事情。一般来说，创业、就业过程中常见的心理矛盾有以下几种。

#### （一）常见的心理矛盾表现

一是有远大理想，但时常不能正视现实。如许多大学毕业生都想成为企业家、大经理、大老板和"大款"，但在求职择业或自主创业中尚未考虑自身的知识、能力、性格、爱好、气质等是否适合走"商业巨子"之路；或者未真正考虑所选择职业和单位是否有利于自己的发展，容易因理想与现实之间的差距而产生矛盾心理。二是注重人生价值的实现，但缺乏艰苦创业的心理准备。在就业、创业过程中，多数毕业生虽然也关注国家民族的前途，自愿根据自身的理想、专业实现其人生价值，但却过分地强调自我价值。三是有

较强的自我意识，但缺乏把握自我的能力。如不少同学对自己的评价偏高，时常产生自我欣赏、自我陶醉的心态，择业时的期望值过高，缺乏承受挫折的心理准备；有的同学则自我评价过低，时常产生自卑自贱、自怨自艾的心态，择业时容易期望值过低，缺乏主动争取和利用机遇的心理准备；还有的同学常常处于上述两种情况之间，择业时往往目标与行为不稳定，而缺乏理智、冷静的心理准备。四是渴望竞争，但又缺乏竞争的勇气。在世界经济面向"大市场"的背景下，人力资源的市场化配置为毕业生的就业、创业提供了公开、平等的竞争环境。但是许多同学在社会为其提供的竞争机会面前则顾虑重重，表现出在工作和待遇上求稳的心理倾向，要么怕竞争失败丢了面子，要么怕竞争伤了和气，要么担心因不正之风干扰而竞争难以取胜等。

**（二）常见的心理矛盾的化解**

一是确立正确的求职创业目标，以避免产生不恰当的就业期望值。作为大学毕业生来说，确立求职创业目标是保持良好就业心态的第一步，也是关键的一步，需注意两个问题：首先是正确认识自我，认真客观地分析息的兴趣特长、性格气质、能力水平等，检查自己想干什么，能干什么，竞争力如何。其次是正确研判就业形势，如自己的专业和理想职业在社会上的需求量如何，竞争强调怎样？自己的理想职业与自己所学的专业是否相符？求职的目标岗位对求职者有何具体要求等。二是树立十足自信心，以避免消极情绪的产生。经过大学阶段的学习锻炼，同学们已经具备某项职业所要求的基本条件，但仍需要我们在就业过程中鼓足勇气，参与竞争，朝着既定的目标去努力。要多给自己积极的心理暗示，相信"天生我才必有用"。要搞好自身学业，发展特长，全面提高综合素质，去体验每一个进步和每一次成功带来的快乐。三是对就业创业的那份"爱"要越挫越勇、温故知新、知难而进，提高心理承受力，做个真正的强者。四是根据就业市场的需求与自身实际情况，及时调整就业期望值和自己的知识能力结构，加强应变能力培养，以提高其对社会和各类工作的适应能力。

## 二、创业、就业过程中的心理障碍及应对

心理障碍是指大学生毕业时由于面临抉择、挑战、压力，而致使心理异常或行为异常，是创业或就业过程中常见的心理障碍。它的应对方法主要有两种。

**（一）常见的心理障碍**

一是迷惘心理。毕业生在求职择业、创业过程中，由于职业目标上理想和现实的反差，自我认知上自傲与自卑的并存，职业选择上独立性和依赖感的错位，于是使得部分同学在就业和创业中感到十分迷惘和困惑。二是焦虑心理。毕业生走出校门、走向社会、走向职业岗位是人生中的一次重大转折，面对纷繁复杂的社会环境和日益激烈的就业竞争，

在各种选择和诱惑面前无所适从，成了每一个涉世未深、社会经验不足的青年学生最为困惑的难题。三是依赖心理。在就业过程中，一些同学缺乏主动参与意识和竞争意识，信心和勇气不足，不能主动地参与就业市场的竞争，而是寄希望于学校和地方政府，寄希望于家庭，使自己的主动就业始终处于被动地位。四是自傲心理。在择业过程中，有的同学受陈旧观念影响，以"天之骄子"自居，对自己的劣势和困难估计不足，不能摆正位置，不是好高骛远、眼高手低，就是盲目乐观、脱离实际。五是自卑心理。在择业过程中，一些同学过低估计自己的知识和能力水平，或因某些不足而缺乏自信、悲观失望，或因对己评价过于保守，一到笔试或口试现场就心理发怵、精神紧张、举止拘谨，从而坐失良机。六是挫折心理。当代大学生由于一直囿于校园，生活经历比较简单，未曾经历过挫折和严峻考验，于是致使一些同学心理承受能力和自我调节能力不强，一旦受到挫折就感到失落、悲观失望、自惭形秽，或者怀才不遇、固执狭隘等。

**（二）常见的心理障碍的消除**

应对毕业生就业、创业过程心理障碍的方法很多，最常用的有以下几种：一是自我反省法。自我反省就是在面对矛盾和冲突时理性地进行自我反思、自我认知、自我定位，既要客观地分析就业创业环境，把面临的情况搞清楚，也要思考自我、找到自己的准确位置，不要因为招聘失败就感到自卑自弃。二是自我转化法。职场的失意是痛苦的，长期伴随这种不良情绪更是损害身心的，可采用参加体育活动、看电影、听音乐、读书学习、聊天写作、漫步郊游等转移注意力的办法，把自己的情感和精力转移到自己感兴趣和自信的其他活动中去。三是松弛练习法。心理和躯体放松训练可以帮助人们减轻或消除各种不良的身心反应，如焦虑、恐惧、心理冲突、入眠困难、头痛等症状，毕业生遇到心理压力时，可在专业人员的指导下做一些放松练习。四是心理测验法。毕业生可在专业人员指导下，进行智力、人格、神经心理、能力测验等，了解自己的心理特点和问题，决定自己的职业选择或调整自己的情绪，使之达到良好的状态。五是专家咨询法。沮丧和焦虑是因心理堵塞的结果，出现心理矛盾（特别是较大的心理负担）之后，往往内心冲突激烈、自我调节难以奏效，此时及时寻求外来力量的帮助就显得非常重要。择业或创业产生心理矛盾时，可寻求心理专家帮助及时消除因择业挫折带来的焦虑、烦恼、抑郁等不良情绪，调整自己心态，以积极、主动、正确的心态面对就业和创业。

# 第二节　职业素质培养

职业素质是劳动者对社会职业了解与适应能力的一种综合体现，主要表现在职业兴趣、职业能力、职业个性及职业情绪等方面，它与从业人的"就业能力"（一个人综合素质与多种能力的组合，即专业技能、通用技能、个人素质等）紧密相连的，在大学生的职业生涯中也是举足轻重的。

# 一、大学生应该具备的职业素质

求职择业就像是"相亲"，一方面求职者根据社会需要、个人意愿、能力、个性特征，选择适合自己发展的职业和工作岗位；另一方面，职业和工作岗位也对求职者进行选择，不同职业和岗位对求职者的知识、能力、性格等心理品质有不同要求，只有"两相情悦"，才能"喜结良缘"。是否具备良好的职素质是知识经济时代个人、企业、国家在激烈的竞争环境中成败的关键。

## （一）时代及社会对职业人提出的素质要求

美国一位专家对1 000名美国成功人士进行访问调查，结果发现凡是能登峰造极的人，通常具有十二个共同特点：一是热爱他们的工作；二是他们有积极的态度与十足的信心；三是他们善于利用反面经验培养实力；四是他们是果断的、训练有素的目标制定者；五是他们有完整的人格，愿意帮助他人成功；六是他们有坚忍不拔的毅力；七是他们有冒险精神；八是他们已经培养了良好的沟通与解决问题的技巧；九是他们团结着一批负责、能干和有支持力的人；十是他们有健康的身体、充沛的精力，并能安排时间重振精神；十一是他们认为信念是一种更强大的力量。他们并不因自己的成功而不可一世；十二是他们有目标感与社会的奉献感。美国"全国大学与雇主协会"的调查也显示，美国雇主们最为重视的技能和个人品质按顺序排列如下：①沟通能力；②积极主动能力；③团队合作精神；④领导能力；⑤学习成绩；⑥人际交往能力；⑦灵活性；⑧适应能力；⑨专业技术；⑩诚实正直；⑪工作道德；⑫分析问题能力。由此表明，求职者能否顺利就业或创业并取得成就，在很大程度上取决于其职业素质，职业素质越高的人，获得成功的机会就会越多。

大学毕业要想在就业中掌握主动权，就必须明确职业岗位素质的要求，积极主动地培养自己和塑造自己。以下是近年来，用人单位在招聘大学生中所看重的一些职业素质条件（按百分比计算）：综合能力占70.18%，潜力占42.94%，品德占30.42%，专业技能占26.44%，专业成绩占10.54%，社会经历占6.16%，学历占5.37%，学校名气占5.77%，性别占1.19%，生源占0.60%。随着社会分工的不断细化，职业对人的素质要求提出了更为严峻的挑战，不同职业对从业人员职业素质的要求除了必备的共同条件外，往往对其的职业道德、科学文化、专业能力、观念、业务、身心等素质，还有本职业的一些特殊要求。例如，在北京国际展览馆的一次人才交流会上，在某外贸公司的招聘现场，招聘人员是一名外方主管和一位中国女秘书。一名男求职者递上自己的资料，女秘书问道："你的英语水平如何?"求职者指着他的六级证书,用汉语回答:"我通过了英语国家级考试。"一旁的外方主管看了一眼证书,一副不屑一顾的样子,用英语很快地向他提了个问题,意思与秘书小姐问的一样。但求职者也许是没有听懂对方的英文提问,也许是太紧张,没有作答。外方主管双肩一耸,两手一摊,秘书小姐随即说:"对不起,先生!"这位应聘者就这样被拒之门外。所以了解社会对从业人的职业素质要求,明确自己的职业能力倾向,既有助于大学毕业生找到适合自己能力倾向的工作,也有助于其个人潜能的发挥和职业成功。

### (二) 大学生应该掌握的主要职业能力

职业能力是指一个人胜任某种特定职业的程度,包括专业能力、方法能力和社会能力等,作为一名当代大学生在毕业后,要想找到一份如愿的工作和职业,应该掌握哪些主要职业能力呢?

第一,实践操作能力。实践操作能力是人们知识转化为物质力量的凭借,是专业工作者必须具备的一种能力。在现实生活中,尤其是教学、科研、生产第一线,大学生实践操作能力的强弱,将直接影响到其作用的发挥。光有知识,没有能力,等于白搭,那叫"书呆子"。一个大学生只有在实践操作上有过硬的本领和真才实学,才能得到用人单位的认可,才会受到用人单位的青睐。

第二,自我决策能力。自我决策能力是一个人能否独立思考、果断处事和独立完成某项工作的能力。对于即将毕业走向社会的大学生来说,面临求职择业时,别人的意见和忠告各种各样,但最终要靠自己决定,这就是对自我决策能力的一次检验。在未来的工作中,每一件事情、每一个问题必须靠自己迅速做出决定,及时予以处理。因此,具有良好的自我决策能力,对大学生的就业是十分重要的。

第三,适应社会能力。适应社会和改造社会是对立统一的两个方面。现实生活常常有不尽如人意之处,五彩缤纷的现实生活使刚刚步入社会的大学毕业生眼花缭乱,产生不安、不满的情绪,很不适应。因此说,适应社会是为了担当社会赋予我们的职责和使命。大学生只有具备较强的社会适应能力,走向社会后才能缩短自己的适应期,才能充分发挥自己的聪明才智。

第四,表达能力。表达能力是指运用语言阐明自己的观点、意见或抒发感情的能力,主要包括:口头表达能力和书面表达能力。一个人要想让别人了解你、重视你,更好地发挥你自己的才能,其前提就是要有表现自己的能力。要准确表现自己,就离不开出色的表达能力。比如,要撰写求职信、自荐信和个人材料,回答招聘人员的提问,接受用人单位的面试等,每一个环节都需要较强的表达能力。

第五,社交能力。社交能力实际上就是与他人相处的能力。大学生步入社会后,能否正确、有效地处理和协调好工作生活中人与人的各种关系,不仅影响一个人对环境的适应状况，而且影响着他的工作效能、心理健康和事业的成就。因此，大学生自觉地培养良好的社交能力非常重要。

第六，组织管理能力。现代社会职业表明，不仅领导干部、管理人员应当具备组织管理能力，其他专业人员也应当具备。随着时代的发展，纯"书生型"的人才已不能适应社会需求。近年来，许多用人单位在挑选录用大学毕业生时，在同等条件下，往往会优先考虑那些曾担任学生干部，具有一定组织管理能力的毕业生，这正反映了时代的客观要求。此外，大学毕业生如能掌握一技之长，诸如文艺、球类、驾驶等，就更能增加顺利就业的砝码。

## 二、如何培养大学生的职业素质

大学生职业素质培养的内容涉及面很广，方法途径也比较多，要提炼出一个具有代表性的语言并非易事。职业素质是大学生又好又快发展的基础，只有把职业素质培养贯穿于学生学习生活的全过程，才有可能让大学生身心健康、明荣知耻、坚持原则、遵纪守法、诚信为先、高效工作、团结合作、顾全大局、勤奋钻研、言行有责、与时俱进，其主要途径如下。

### （一）通过职业生涯规划培养其职业素质

职业生涯规划的目的是围绕个人的人生目标，明确人生阶段的任务，有计划、有步骤地去完成，最终实现自己的人生目标。从高职生入学开始，就要抓住时机进行职业理想和职业规划教育，让学生明白专业培养目标，了解专业发展方向，使学生逐步树立正确的职业理想。

### （二）通过"两课"（研究课及示范课）教学培养职业素养

为适应高职培养目标，两课教学的内容、方法在不断改革，组织学生学习职业道德规范的基本要求，了解职业道德的特点、意义和内容，掌握加强自我道德修养的方法和途径，让学生树立劳动光荣、诚实守信、团结合作、爱岗敬业服务奉献、艰苦奋斗、开拓进取等观念。

### （三）通过技能训练和资格证书考试培养其职业素质

技能训练的各项要求无疑是在培养学生的职业素养。职业资格证书已经成为职业准入的标准，它反映了劳动者的职业素养。内容全面、训练科学且具有权威性的职业资格证书考试，必将提升学生的职业素养。聘用越来越多的企业优秀人才为学生上课，给学生树立了学习的榜样，同样有利于职业素养的培养。

### （四）通过社会实践和第二课堂活动培养其职业素质

高职生的职业素养培养要渗透到学生学习生活的各个方面。积极开展大学生社会实践三下乡活动，开展向雷锋、李素丽、邓建军、洪战辉等先进人物事迹学习活动，举办体育竞赛、演讲比赛、技能展示、科技制作、知识竞赛，报告讲座等，让职业素养培养无处不在。

### （五）通过就业和创业教育培养其职业素质

就业和创业教育就是要大学生在选择职业时根据就业形势和自身条件进行全面权衡，在科学的职业理想指导下树立正确的就业观念，形成正确地职业态度。通过教育，使大学生明白人生价值主要是通过自己的本职工作来体现，要尊重自己的工作，全身心投入工作，脚踏实地、一点一滴地积累，只有这样不断提升职业素养，才能迈向更高的目标。

# 第三节　创新素质培养

创新是科学精神的一个方面，是新知与新行的统一。新知即创新性思维，想前人所未想、想他人所不敢想的事；新行即进行创新实践活动，做前人所未做、做他人所不敢做的事。创新就是创造新事物。创新精神以敢于摒弃旧事物、旧思想，创立新事物、新思想为特征，同时又以遵循客观规律为前提。只有当创新精神符合客观需要和客观规律时，才能顺利地转化为创新成果，成为促进自然和社会发展的动力。创新精神提倡独特的思考，同时又受一定的道德观、价值观、审美观的制约。说自己的话，走自己的路；追求新颖、独特、异想天开、与众不同；不僵化、呆板，灵活地运用已有知识和能力解决问题……这些都是创新精神的具体表现。就个人素质而言，创新素质主要包括创新意识、创新思维、创新知识、创新能力与创新人格。

## 一、当代大学生创新素质现状及原因

某研究单位的一个课题组对几所高校大学生创新素质开展了调研活动，从调研报告表明，当今大学生的创新素质有喜有忧，主要表现及生成原因有以下两个方面。

### （一）大学生创新素质的现状

第一，具有创新意识，但不善于利用和创造条件。当今大学生普遍具有创新动机，对创新有一定程度的认识，希望在学习中产生新思想与新理论，积极寻找新的学习方法。但是，由于学校创造性学习条件的局限及学生自身不善于创设和利用学校现有的条件，他们普遍存在着缺乏向知识经验丰富的教师或同学请教的勇气，往往不能把握本学科最新的发展动态和相关学科知识的横向关系，由此限制了学生创新能力的进一步发展。

第二，思维相当敏捷，但缺乏创新性思维的方式。随着知识和经验的积累，大学生的想象力逐渐丰富，其思维能力，尤其是逻辑推理思维能力有了很大程度的发展，思维相当敏捷。然而，由于他们的知识面宽度不够，知识的吸收是独立的、互不相关的，因而出现了"见树不见森林"的现象。他们机械地、片面地看待各科知识的结构，对知识缺乏必要的合理整合，致使他们的思维方式往往是直线式的，思考问题也缺乏灵活性、全面性和深层次。他们处理问题的方式、方法也千篇一律、没有太多的新意和突破，最明显的是他们的发言、作业、试卷、论文缺乏新意。

第三，有创新的灵感，但缺少必备的创新技能。大学生经过不断的脑力劳动，其大脑皮层已产生某些暂时性的神经联系。在特定因素的诱发和引领下，这些神经联系会彼此刺激、产生灵感。然而，其灵感往往是短暂的、昙花一现。此时若有较强的创新技能，就会使灵感成为现实。创新技能是指创新主体的动作能力，包括新信息加工能力、动手操作能力、掌握和运用创新技法能力、创新成果表达能力及物化能力。由于长期受应试教育的影响，我们学生的应试能力较国外学生具有很大的优势，但在动手能力与运用创新技能方面却远远弱于外国学生。

第四，有创新的兴趣与热情，但缺乏毅力。创新过程并不仅仅是纯粹的智力活动过程，还需要以创新情感为动力，在智力和创新情感的共同作用下获得综合效应的能量。调查显示，大学生在兴趣的深度、广度、稳定性及效能，那有相当的发展，但还有待于进一步提高，这需要具有坚强的毅力。毅力是人自觉确定目标，根据目标来支配、调节自己的行动，克服各种困难，实现自己目标的心理过程。它是能动性和个体积极性的集中体现。大学生能够意识到毅力在创新活动中的重要性，但在实际工作中往往是虎头蛇尾、见异思迁、甚至放弃追求。

### （二）大学生创新素质不足的原因

分析上述现状可以发现，造成目前大学生创新素质不足的主要原因有以下两个方面。

第一，思维标准化。思维标准化对学生的独立思考有以下三种破坏作用：①功能固着。功能固着指的是学生将某种对象的功能或用途看成是固有不变的。比如在学习当中，功能固着突出表现为"一题一解""一问一答"的思维惯性，缺乏"一题多解""一问多答"的思维灵活性。②权威迷信。权威迷信指的是学生绝对相信所学过的知识、全无批判意识，它导致思想的僵化和禁锢。北京市一项对1200人的调查显示，如果教师在课堂上出现了错误，敢于当堂纠正老师错误的学生只有5.5%。这严重地压抑了学生的问题意识，阻碍了学生创新能力的发展。③思维惰性。思维惰性是标准化思维的另一后果，它使得学生不愿也不善于对学习内容做深入的思考。通常是教师考的就学、不考的就不学。这种功利性的教学对创新的阻滞非常明显。它不但养就了学生的思维惰性，也奴化了学生的人格。

第二，知识无活力化。知识无活力化指学生所学的知识很少或不能在实践中加以运用。①见树不见森林。知识无活力化的一个后果是使学生缺乏综合联想能力，所有的知识吸收都是独立而互不相关的。这导致了知识吸收的"见树不见林"现象，它使得学生机械、片面地看待各科知识的结构，不善于相互联系、融会贯通。它还使得学生对自己专业以外的知识持敌对的态度，对跨专业的理论设想嗤之以鼻。②学不致用。知识无活力化的另一后果是使学生对所学知识无法学以致用。知识是死的、寥无活力，也毫无用途。这不仅会使学生很快淡忘自己所学过的知识，也会使他疏于学用结合的练习，进而增强了思维的惰性。

## 二、大学生的创新思维培养

### （一）培养大学生创新思维的积极意义

创新思维（也称为创造性思维）是指在创造性活动中或需要创造性解决的情境中表现出的思维能力。这是人类未知领域的一种思维能力，亦是每个人都有可能发展的一种思维。现实社会的激烈竞争决定了创新思维的重要性，因此积极培养大学生的创新思维具有重大的现实和长远意义。

第一，利于大学生自身能力的完善和社会价值的实现。创新思维的开发，可以激发个人自身潜能，增加我们发现问题，解决问题的手段，实现自我能力的完善。此外，社会价值是人类的根本价值，而个人社会价值的实现应当具备敏锐的创新思维。只有具备敏锐的创新思维，你才能按照自己的意愿开拓，塑造自己心目中的世界，实现自我的社会价值。

第二，利于科技的发展和原创竞争力的增强。如果学习只在模仿，那么我们就不会有科学，大凡实际接触过科学研究的人都知道，不肯超越事实的人很少会有成就。因此，在科学上，每一条道路都应该走一走。成功固然好，但如果发现一条走不通的道路也是对科学的一大贡献。大学生作为将来科研力量的核心，培养其创新思维对科技发展的积极意义可见一斑。现实中，中国留学生成绩往往比一起学习的美国学生好，然而若干年后，科研成果却少得多，为什么呢？原因在于美国学生思维活跃，创造精神强。正因如此我国原创技术之少，原创竞争力之单薄，着实令人担忧。要改变这一现状只有创新。科技需要创新，只有创新才能打破传统的束缚，才能发展科学。竞争也一样，其优势的秘密是创新，这在现在比历史上任何时候都更是如此。

第三，利于经济的发展、社会的稳定、文化的繁荣。大学生要作为社会主义事业的合格建设者和可靠接班人，开发其创新思维是极有意义的。敏锐的创新思维有利于我们更好地把握经济规律，实现经济理论的创新，促进经济的飞跃进而促进社会的稳定和发展。此外，中华文明作为人类历史上唯一源远流长且从未中止过的文明。大学生作为及其重要继承者，具有创新思维，更能提高我国文化的质量，最终实现中华文明之伟大复兴。

### （二）大学生创新思维能力的培养

第一，突出一个"多"字，训练创新思维的广度。训练创新思维的广度，主要是训练思路的广延，横向扩散。在教学中，要善于引导学生全面的考察问题，从事物多种多样的联系中去认识事物。一是从渠道——改写，不拘泥于原题的客观顺序，从不同的渠道重组改写。这样唤起了学生广泛性思维，对已学知识进行反馈，又能为后面学习铺垫，更重要的是训练了学生思维的广度。二是多方向——思考，根据思维材料的不同内容，针对具体问题的具体特征，在确定思考方向时，"八仙过海，各显神通"。三是多侧面——联想，根据知识的网状结构，围绕同一个问题，从不同的侧面展开联想，探求多种多样的正确答案。

第二，体现一个"变"字，训练创新思维的深度。训练创新思维的深度，主要是纵向的发散思维，向深处发展。在教学中注意培养学生能够洞察客观条件的发展与变化，不受习惯定式的局限，自我调节思维方向，步入解题的捷径。一是变条件——转化，根据知识的联系，引导学生善于把问题的关键条件进行转化，通过转化，可以收到化难为易和举一反三的效果。二是变问题——延伸，根据知识内在联系，变化问题，综合发散，逐步引申发展，扩展知识的应用范围，加深对知识的理解，拓展思维的深度。三是变思路——转向，在探究某个问题时，一旦思维受阻，可及时改道转向，寻求解决问题的捷径。

第三，落实一个"新"字，训练创新思维的力度。训练创新思维的力度，是训练摆脱习惯性思维的束缚，进入创新的意境。在教学中，注意引导学生迅速地从发散转向集中思维，抓住事物的本质，运用新观点、新办法，提出与众不同的新见解。一是新途径——探索，不受固有模式的制约，打破教材例题的局限，探究问题的结构特征，寻求异于常规的探索途径。例如，推导出梯形的面积计算公式，学生在思考之后，在教材图解的基础上，通过动手剪拼，寻找新思路，将一个梯形进行割补后再推导。二是新角度——概括，周密考察客观事物的实质，独辟探索的蹊径，从新的角度概括出新的结论。三是新办法——求解，不满足循规蹈矩的思考方式，敢于跳出条条框框，寻求解决问题的新办法。

### （三）培养大学生良好的思维习惯

第一，注意质疑提问习惯的培养。教师要大胆鼓励学生质疑，不要怕丢面子。人民教育家陶行知说："发明千千万，起点一个问。"质疑提问是创新的开始，而好奇、质疑正是学生的天性。例如，教学"乘法估算"时，例题 $21 \times 48$ 可以看作 $20 \times 50$ 进行估算，一位学生质疑提问："48 看作 50 后，$21 \times 50$ 也可以口算，为什么一定要两个数都看作整十数呢？"问题的提出，引起学生争论，最后在质疑提问中得出了估算根据需要只要方法合理、方便都行。课堂中让学生质疑提问，既满足了学生的好奇心与求知欲，又使学生在宽松愉悦的课堂氛围中养成了质疑、敢问的习惯，学生创新意识的萌芽得到了保护，并逐步培养了会问、善问的思维品质。

在当今的信息社会，知识更新的速度大大加快。要在海量般的信息中获取有用的知识，教师必须培养学生具有良好的判断能力和批判精神。老师应当鼓励学生在学习和继承人类创造出来的优秀文明成果的基础上，勇于突破成规，勇于对现有知识质疑，挑战旧的学术体系，在发现和创新知识方面敢于独辟蹊径。要打破"听话的孩子就是好孩子"的观念，倡导勤思、善问的良好学风。老师要以一颗平常心对待学生的质疑，不要怕被学生问倒。我国著名特级教师宁鸿彬老师就对他的学生提出了"三个欢迎"（欢迎质疑，欢迎争辩，欢迎发表意见）和"三个允许"（允许出错，允许改正，允许保留意见），这些民主的教学思想为学生创新精神的培养创造了积极的条件。

第二，注重手脑结合，实践习惯的培养。实践是创新活动中必不可少的一个过程。在课堂教学过程中，培养学生手脑结合，注重实践的习惯不仅可以让学生主动参与知识的形成过程，了解知识的来龙去脉，还能促进学生思维的发展，有助于激发学生创新意识。例如：在讲解"分数的初步认识"这一节时，让学生通过联系生活中分东西的实际，对分数有一个初步的认识。并且通过动手操作：一张长方形纸的面积，圆形纸片的面积等，使动手和动脑结合起来，有很多同学就可以总结出几分之几的含义，并能说出关键"平均分"。

第三，注意多角度思考习惯的培养。多角度思考问题的习惯有利于培养和发展学生的求异思维、发散思维、逆向思维等进行创新活动所必需的思维形式。对数学而言，题目的答案可以是唯一的，而解题途径却不是唯一的。课堂上有了一种解法后，还要求两个、三个直至更多，甚至能从不同侧面来探讨和否定已有的答案，使学生善于打破思维定式，提高思维的灵活性。在轻松愉快的氛围中，学生的思维得到了很好的锻炼，体会到了数学的魅力。

### 三、大学生创新能力的培养

创新能力是指人们产生新认识、新思想和创造新事物的能力，它涉及一个人的多种能力，如认识能力、观察能力、记忆能力、判断能力、分析能力、想象能力、实验能力、自学能力、吸收知识能力、吸收信息能力等。创新能力是检验大学生是否成才的关键指标：在大学时代努力培养自己的创新能力是大学生增强个人竞争力的重要方面。哈佛大学校长普西认为："一个人是否具有创造力，是一流人才和三流人才的分水岭。"成才是青年发展需求中最本质和最重要的需求。青年要成才，就要不断加强各方面的学习，学习各种有用的知识，培养各种能力，而其中最关键的是学习各种新知识，以求知识常新，培养创新能力，以求成为一流人才。

#### （一）大学生的创新能力现状分析

从前面的一些范例中可见，大学生应该是最具有创新潜能的。只要采取适当的方式方法，创新能力是可以大幅度提高的。目前，我国大学生，特别是一般普通高校的大学生，创新能力普遍较低。如不培养创新能力，创新潜能很可能萎缩，以至消失。大学生创新能力不足主要表现在以下几个方面。

第一，缺乏创新的兴趣。现在，大学生的兴趣往往随着时间、环境、心情而经常变化，缺乏深度和广度。

第二，缺乏创新观念和创新欲望。许多大学生虽然不满足于现状，但往往只会牢骚满腹，唉声叹气，缺乏行动。

第三，缺乏创新的毅力。虽然有些大学生认识到毅力在创新活动中的重要性，但在实际的学习和工作中，往往虎头蛇尾，见异思迁，最终放弃追求。

第四，缺乏创新所需要的观察力。在观察的速度和广度、观察的整体性和概括性、观察的敏锐性和深刻性、观察的计划性和灵活性等方面，大学生普遍都存在着不足。

第五，缺乏创新性思维能力。有些大学生想创新，但不知道如何去创新。他们在直觉思维能力、逻辑思维能力、联想思维能力、发散思维能力、逆向思维能力等方面都还比较稚嫩，需要加强培养和锻炼。

### （二）大学生创新素质培养的基本途径

培养大学生的创新素质不能只挂在嘴上，而要落实在高校的各门课程、各项专业、各项活动的教育中，归纳起来需要做好以下几方面。

第一，树立创新教育的理念。创新教育是全面素质教育的具体化和深入化，是以加强学生的创新精神、创新能力、创新人格的培养为基本价值取向的教育。作为培养创新人才重要基地的高校，教师应转变教育理念中那些不利于创新人才培养的价值观、质量观、人才观，要以树立创新教育观念为先导，加强学生的创新精神和实践能力培养为重点，培养创新人才为核心目标，改变过去传授知识为主的教育模式，构建新型教育体系，将创新教育贯穿于人才培养全过程，落实到每个教学环节。为此，教师在教育理念上要实现三个转变：一是从传授知识为主转向培养学生会学习和创造为主的教育方式；二是从以教师为中心转变为以学生为中心，在教学中要充分发挥学生的主体地位与作用，使学生积极主动地参与教学，培养其创新心理素质；三是教师必须具有创新思想和创新意识。

第二，改变教育教学方法。要把过去"授业"为主的教学方法转变为启发式和讨论式的教学方法，激发学生进行独立思考，培养学生的科学精神和创新思维习惯。必须采取切实有效的措施，把培养学生的创新意识放在首位。要积极创造条件，让学生积极参与教学过程，使学生从被动学习变为主动学习，使其思维活跃、敏捷，善于动脑筋，能够解决各种问题。高等院校要根据创新人才的需要和提高学生创新思维的需求，开设一系列专门课程。通过创造技法、智力与创新能力的训练，培养学生的创新意识。

第三，营造创新教育的氛围。我们要积极营造创新教育的氛围，培养学生的创新意识。教育工作应该从单纯的教育、管理向引导、咨询、服务转变，从垂直、直线的管理体制向复杂的网络化方向发展。要加强校园文化建设，着力构建一种适合大学生成才的校园文化环境和学术氛围，调动学生的积极性和主动性。要通过各种社团活动，让学生在活动中长见识、增才干，培养创新精神。

第四，尊重学生的首创精神。大学生在参加活动的过程中，由于知识和能力的局限性，难免出现幼稚之举，甚至可笑之处，这是正常的。在培养学生创新能力过程中，应当充分尊重学生的首创精神，尊重并鼓励学生的创新意识，使学生在良好的学术氛围中大胆交流，共同提高。

# 第四节　互动能力培养

现代组织和群体是讲究团队精神的组织和群体，是相互依赖而生存发展的组织和群体，组织和群体中每个人都离不开他人的支持与帮助。美国贝尔实验室经调查发现，人际关系好的科研人员硕果累累，人际关系差的科研人员成果较少。计划组织协调、人际关系沟通、团队合作等互动能力，是职业人在职业生涯中不可缺少的。

## 一、大学生组织协调能力的培养

计划组织协调是大学毕业的求职择业中必不可少的一种职业能力，它不仅反映求职者互动职业能力，同时也影响着从业者往后事业的成败。

### （一）计划组织协调能力及测试

第一，基本含义。所谓计划组织协调能力就是指为完成一定的工作任务而具有的预先系统地安排工作的素质以及过程中合理调配各种资源的素质。它包含计划能力、组织能力、协调能力三方面的内容。计划是参照，组织是执行，协调是方法，三种能力对于一项工作或任务来说，缺一不可，互为条件。切实可行的计划、严密的组织实施、科学的工作方法，三者相一致才能使工作顺利高效地完成。计划组织协调能力是领导者必备的基本素质之一。对于领导者来说，面对的工作错综复杂，必须要有明确的目标、要统筹兼顾、协调各方、要合理安排各种资源，协调各方关系，才能把工作做好。因而，在公务员结构化面试中，该项能力往往是必考的项目，几乎各地区各行业均会设题进行考核。

第二，主要测试内容。①依据工作目标，预见未来的要求、机会和不利因素，并做出计划；②计划切实可行，具有操作性；③按计划执行的能力，执行过程中的变通能力；④组织实施的严密性、条理性、有条不紊，主次分明；⑤合理调配、安置人、财、物等有关资源，做到人尽其才、物为其用，财尽其力；⑥善于总结提高，把感性认识上升到理性认识，更好地开展工作。

### （二）大学生计划组织协调能力的培养

不是每一件事情都要作计划。在实际工作中，有一些活动是让你直接组织的，并不是要按部就班地作计划，而是需要直接去做，如单位里正在搞一次活动，负责这件事的人突然有事不能继续负责了，领导让你去接手，你该怎么做？俗话说："凡事预则立，不预则废"，又说"计划不如变化快"，讲的就是一个计划组织协调能力，没有完善的计划，没有较好的组织协调，任何工作都不会做好。组织协调能力是指根据工作任务，对资源进行分配，同时控制，激励和协调群体活动过程，使之相互融合，从而实现组织目标的能力。一般任务组织协调能力包括：组织能力，授权能力，冲突组织能力，激励下属能力。组织协调能力是必需的，而且是能否顺利开展工作的前提条件。只有具备较强的组织协调能力，才能有效地安排各项工作，使每个下级都承担相应的工作。组织能力对领导者来说是至关重要的，同样协调能力是必不可少的。

第一，组织能力的培养。组织能力是指组织人们去完成组织目标的能力，它是领导者成功有效地完成工作过程的心理特征。良好的组织能力是大学生完成工作的保证。组织能力可以通过以下途径进行培养：①培养坚强的意志，不被困难吓倒，不让失败和挫折压垮；②明确追求目的，目标明确，才能增强一个人的自信，并积极排除干扰和克服困难；③提高知觉能力。这是提高人的观察能力，获取信息和加工信息的主要通道；④积累丰富经验。经验可有效地引导人们处理好日常工作，并提高人的决策判断能力；⑤提高记忆能力。记忆力是提高领导者及管理时提取必要的信息；⑥勇挑工作重担。重要的工作经验及疑难问题的处理可以锻炼、检验人的组织才能；⑦提高交际及沟通技巧。这可以帮助一个人协调好各种人际关系，发挥团体组织能力的作用，调动员工的积极性，形成良好的群众基础和干群关系；⑧养成良好的工作习惯。良好的工作习惯可以提高工作效率，节省时间，分清主次；⑨培养广泛的兴趣。广泛的兴趣可以扩大知识面，提高综合能力和统揽全局的能力；⑩克服保守思想和惰性心理。可以增强人的活力，培养创新能力；⑪学会宽容。宽容是获得友谊和支持，营造良好人际关系及工作环境的保障；⑫充分信任下属能做好工作。让下属自己开展工作，由他们自己决定是否需要接受你的帮助和指导。

第二，解决冲突的能力培养。冲突产生的原因通常是人们对于同一个问题，往往有着不同的看法，以及人们在未实现自己的目标而奋斗时，往往会触犯他人的利益。在日常生活中，许多冲突都是可以避免的，然而怎样才能避免工作中的冲突呢？其方法是：①承认人们的价值观和需求期望以及对问题的看法往往存在差异；②对他人和自己都要诚实；③抽出足够的时间和精力与你常打交道的人多进行交流，更好地了解他们的价值观和信仰等；④不要以为你总是对的，要以为自己有时也会不对；⑤不要对不同意自己看法的人怀恨在心；⑥耐心倾听别人的谈话；⑦为人们表达某个看法和意见提高适当的渠道。

如果某种冲突的发生没能避免，那就要采取积极地建设性的措施来处理这些冲突。成功的处理方法必须建立在对工作冲突正确而充分的了解基础之上。其方法有：一是否认或隐瞒。这种方法是通过"否认"工作冲突的存在来处理冲突，当冲突不太严重或者冲突属于暴露前"平静期"时候采用这种方法比较见效。二是压制或缓解。掩盖矛盾，使组织重新恢复"和谐"。同样，这种方法也是在冲突不太严重或者冲突双方都能保持克制时候才能取得满意效果。三是支配式处理方式。这种方法是冲突中的某一方利用自身的地位和权威来解决矛盾，冲突的旁观者也可利用自身的权威和影响，采用类似的方法来调节冲突双方的矛盾。这种方法只有当凭借的"权威"确实有影响力或者冲突双方都同意这种方法时才能取得满意效果。四是妥协。这种方法要求冲突双方为达到和解目的都必须做出一定的让步。使用这种方法的前提是冲突双方都必须有足够的退让余地。五是合作。当承认人与人之间确实存在许多差别的事实之后往往就可以通过和解的方式来处理冲突。通过这种方式处理冲突，冲突双方都会感到他们是受益者。不过要使这种方法行之有效，一方面要有足够的时间保证，另一方面还必须让员工信任这种方式，而且冲突双方都必须具有较高的素质。

第三，激励下属的能力培养。著名管理者马斯洛把人们的需求分为五个层次：生理需求、安全需求、社交需求与接纳需求等。部下的积极性一般都是由领导者激励功能的发挥和个体需要得到满足等因素产生的。通常情况下，部下的积极性包括：接受和执行组织及团体目标的自觉程度；为实现组织及团体目标的热情；在为实现组织及团体目标的过程中所产生的效率、聪明才智和责任心等。因此，优秀的领导及管理者都善于将团体目标和个人目标统一起来，将团体目标和实现满足员工的需要统一起来，提高部下对团体目标的感受性，让部下充分体验团体目标中包含个人利益。只有将这两者统一起来，部下才能产生积极性。究竟怎样才能调动部下的积极性呢？一是高度信任。领导者对部下信任，部下才能与领导真心相处；管理者对部下放心，部下才不会有戒心。因此，领导者一定要善于利用部下对自己的信任来换取尊重，既正确看到部下的能力和水平，又勇于把担子交给部下，且适当放权。二是诚心尊重。诚心尊重部下，使部下体验到人格价值所在，这是调动起积极性重要的一环。管理者要做到诚心尊重部下，决策前虚心听取部下意见，对部下工作不轻易干预。三是主动关心。主动关心部下是领导者的责任，也是领导艺术的具体体现，既要关心部下的学习，又要关心部下的思想，还要关心部下的工作生活。四是用其所长。作为领导必须克服私心杂念，看到部下的长处，努力创造条件，使其发挥自己的才能。

## 二、大学生人际沟通能力的培养

在人类的交流过程中，人际沟通一直占据着很重要的位置。通过人际沟通交流，我们可以充分获取职场就业信息，实现资源共享目的。当今是信息时代，能否及时得到有价值的信息，这与一个人的人际关系密切相关。关系好人家就乐意把信息告诉你。因为信息中包含着机遇，有时一条有价值的信息就能改变你的一生；关系不好人家就不乐意告诉你，多一事不如少一事。若信息不通就可能错失良机，使事业发展受阻。

### （一）人际沟通的特点及方法

第一，人际沟通的特点：①目的性。在人际沟通中，沟通双方都有各自的动机、目的和立场，都设想和判定自己发出的信息会得到什么样的回答。因此，沟通的双方都处于积极主动的状态，在沟通过程中发生的不是简单的信息运动，而是信息的积极交流和理解。②两重性。人际沟通借助言语和非言语两类符号，这两类符号往往被同时使用，二者可能一致，也可能矛盾。③激励性。人际沟通是一种动态系统，沟通的双方都处于不断的相互作用中，刺激与反应互为因果，如乙的言语是对甲的言语的反应，同时也是对甲的刺激。④依附性。在人际沟通中，沟通的双方应有统一的或近似的编码系统和译码系统。这不仅指双方应有相同的词汇和语法体系，而且要对语义有相同的理解。语义在很大程度上依赖于沟通情境和社会背景。沟通场合以及沟通者的社会、政治、宗教、职业和地位等的差异都会对语义的理解产生影响。

第二，人际沟通的方法：①言语沟通。言语是人际沟通的主要手段。利用言语交流信息时，只要参与交流的各方对情境的理解高度一致，所交流的意义就损失得最少。特别是言语沟通伴随着合适的辅助言语和其他非言语手段时更能完美地传达信息。社会心理学家研究言语沟通的重点放在说者和听者是怎样合作以及对信息的理解是怎样依赖于沟通情境和社会背景的。②非言语沟通。非言语沟通是言语沟通的补充形式，有时也单独使用。非言语符号系统主要包括副言语和视觉符号两大类。视觉符号主要包括面部表情、身体运动和姿势、目光接触、人际距离、衣着等，身体接触也是人们常用的一种非言语符号。

### （二）大学生人际沟通能力的培养

大学生人际沟通能力培养主要包括宽容待己、宽容待人、增强个人信心、获得他人信任、稳固人际关系等。

第一，悦纳自己，克服自卑心理。要想协调好人际关系，让别人接纳和喜欢自己，首先要悦纳自己。正所谓：己不爱，焉能爱人，己不尊，何谈尊人。一个人自卑、缺乏自信往往与对自己没有形成正确的认识和评价有十分紧密的联系。我们与他人进行社会比较时，既要注意比较的标准，不能以己之短去比别人之长，这样势必导致比较的误差。同时比较时必须注意要客观，千万不能认为自己某一方面不如他人就什么都不如人。要善于发现自己的优点和长处。只有这样，才能对自己有一个客观公正、符合实际的自我认识与评价。当对自己的认识与评价客观合理时，才会增强自己的信心，自信心强才有可能克服不必要的自卑心理。如果对自己的认识与评价不符合实际，夸大了自己的缺点和短处，看不到自己的优点和长处，则只会使自己在别人面前丧失信心，增强自卑感。在沟通中，要有交往成功的信心，不要总是被人际交往会失败的心理所困扰。只有通过多与人沟通，才能增加与他人进行社会比较的机会，也才能有利于发现自己的长处，从而有利于形成正确的自我认识与评价，增强自己的信心，克服自卑感。

第二，真诚待人，尊重他人。大学生在认识交往中真诚待人，需要澄清若干错误的认识，需要分清真诚、正直、直率、正言四者之间的关系。一般情况下，应该遵循如下两条原则：第一，对事不对人。对事不对人就是在表达不满的时候，只对事件有本身发表自己不同的看法，不要攻击对方的人格。第二，对己不对人。对己不对人就是在表达不满的时候，要直接表达自己的内心感受，而不要轻易地对对方的行为下结论。要做到对他人的尊重，首先要学会面带微笑。英国诗人雪莱曾经说过："笑实在是仁爱的象征，快乐的源泉，亲近别人的桥梁。有了笑，人类的感情就有沟通了。"微笑是发自内心地对别人的友好、接纳、赞同、理解、宽容和尊重，不是皮笑肉不笑的虚情假意；严肃对人传达的则是封闭、冷漠、拒绝、敌对，仇恨等信息。其次，要认真倾听。尊重的另一个重要的表现方式是认真倾听。怎样才算是认真地倾听了？就是要诚心、耐心、细心地听，而且要四个"耳朵"听——两个耳朵、眼睛、头脑一起听。用眼睛观察对方讲话的表情，用脑子分析对方讲话的意图，以示对交往对象的尊重，即使对方讲的话并不十分令人感兴趣，也应让人家把话讲完。

第三，平等待人、宽诚待人。人际交往中的平等主要是指精神和人格上的平等。实际生活中，交往双方在政治、经济、文化、社会地位等方面是很难完全平等的，每个人的相貌、才学等也是有差异的，但每个人的人格尊严应该是平等的。马克思说过："搬运夫和哲学家之间的原始差别要比家犬和猎犬的差别小得多，他们之间的鸿沟是分工造成的。"在现实生活中，人与人之间在智力、体力、技能、成熟等各方面均存在差异，在政治、经济、文化以及社会地位上也不尽相同。但这是社会分工造成的，并不意味着人与人生下来就有高有低。因此，平等待人的原则意味着一种对一个人基本人权的尊重。同时平等待人的原则也意味着一个人基本人格的独立，意味着对人与人之间人身依附关系的否定。然而现实生活中，人与人之间真正要做到平等交往是很困难的。要把握平等交往的原则：一方面，要一视同仁，平等待人，不以貌取人，以势取人，以才取人，以物取人，以家境取人，以学习成绩取人；另一方面，也要平等待己，克服自卑心理，不要自视低人一等。

新时代的大学生应该有比古人更为远大的志向和更加广阔的胸怀，应该严以律己，宽限以待人，应该在与人交往中学会忍让，学会妥协，学会宽恕别人，这在某种意义上是一种更高水平的人格风范。大学生个性的多样化，感觉的"过敏"，不可避免地会产生一些矛盾。这就要求大学生在沟通中不要斤斤计较，而要谦让大度、克制忍让，不计较对方的态度，不计较对方的言辞，并勇于承担自己的行为责任，做到"宰相肚里能撑船"。只要胸怀宽广，发火的人一定也会自觉无趣。宽容克制并不是软弱、怯懦的表现。相反，它是有涵养"肚量"的表现，是建立良好人际关系的润滑剂，能"化干戈为玉帛"，赢得更多的朋友。

第四，掌握人际沟通的技巧。沟通方式的得体与否直接影响到良好人际关系的好坏。人际沟通中，语言是土壤，非语言技巧是雨露阳光。

首先，掌握语言沟通艺术。语言艺术运用得好，就能吸引和抓住对方，调动彼此倾谈的激情、兴趣，从内容到形式适应对方的心理需要知识经验、双方关系及交往场合，使交往关系密切起来。有效地将语言和非语言沟通技巧有机地结合并在现实沟通中最大化地加以运用，是当代大学生必备的能力之一。掌握人际沟通的语言艺术的方法有：①称呼得体。称呼反映出人们之间心理关系的程度。恰当得体的称呼，使人能获得一种心理满足，使对方感到亲切，交往便有了良好的心理气氛；称呼不得体，往往会引起对方的不快甚至反感，使交往受阻或中断。所以，在交往过程中，要根据对方的年龄、身份、职业等具体情况及交往的场合、双方关系的亲疏远近来决定对方的称呼。对长辈的称呼要尊敬，对同辈的称呼要亲切、友好，对关系密切的人可直呼其名，对不熟悉的要用敬辞。②说话注意礼貌。语言表达要清楚、生动、准确、有感染力、逻辑性强，少用俚语和方言，切忌平平淡淡，滥用辞藻，含含糊糊；语音、语调、语速要恰当，要根据谈话的内容和场合，采取相应的语音、语调和语速；讲笑话要注意对象、场合、分寸，以免笑话讲得不得体，伤害他人的自尊心。③适度地称赞对方。每个人都希望别人赞美自己的优点。如果我们能够发掘对方的优点，进行赞美，对方会很愿意与你多沟通。但是赞美要适度，要有具体的内容，绝不能曲意逢迎。真诚的赞美往往能获得出乎意料的效果。④避免争论。青年大学生喜欢争论，但争论往往是在互不服输、面红耳赤、不愉快甚至演化成直接的人身攻击或严重的敌意中结束，这对人际关系的有害影响是显而易见的。因此，大学生要尽量避免争论，而要通过讨论、协商的途径解决分歧。最终要以"求同存异"的方式，既表明必要的原则性，又不伤害彼此友谊，不强加于人，相互有保留的余地。

其次，掌握非语言沟通技巧。掌握非语言沟通技巧是大学生必备技能，它包括形体语言（目光、表情、手势、动作）、空间距离、衣着打扮等，所以又被称为身体语言沟通。非语言沟通在人际沟通中占有重要的位置。在人们每天的沟通中，语言沟通仅占7%，高达93%的沟通是非语言的。其中55%是通过面部表情、形体姿态和手势传递的，38%通过音调。爱默生说，"人的眼睛和舌头所说的话一样多，不需要字典，却能够从眼睛语言中了解整个世界，这是它的好处。"可见非语言沟通的学习在当代大学生成长成才、的过程中起着非常重要的作用。在与外界的沟通中，把握形体语言的好坏直接关系到个人在社会中的成长。"眼睛是心灵的窗户""眼睛像嘴一样会说话"。面部表情是内心情绪的外在表现，它们均能表达人的态度和情感。如眉飞色舞表示内心高兴，怒目圆睁表示愤怒等。沟通中还可以用人体动作来表达思想，大学生在人际交往中根据谈话的内容和场合，正确运用非语言艺术，巧妙地表达自己的思想感情，有时能起到"此时无声胜有声"的作用。但非语言艺术要运用得恰到好处不可过于频繁和夸张，以免给人矫揉造作之感。大学生还要学会有效的聆听。人际关系学者认为，"倾听"是维持人际关系的有效法宝，几乎所有的人都喜欢"听他人讲话"的。所以，大学生要学会有效的倾听、聆听。在沟通时，作为听者要少讲多听，不要打断对方的谈话，最好不要插话，要等别人讲完之后再发表自己的见解；要尽量表现出聆听的兴趣和恰如其分的肯定和称赞。听别人讲话时要正视对方，切忌小动作，以免对方认为你不耐烦。力求在对方的角色上设身处地地考虑问题，对对方表示关心、理解和同情，不要轻易地与对方争论或妄加评论。

## 三、大学生团队合作精神的培养

团队精神就是团队成员为了共同的目标而奋斗，为达到这个目标而具有的承担责任、拼搏奉献，共同分享，舍小我而顾大我的精神。团队合作精神的核心是具有共同的理念、信念和目标。

### (一) 团队合作的意义及作用

所谓团队，是指一群互助互利、团结一致为统一目标和标准而坚毅奋斗到底的一群人。团队不仅强调个人的业务成果，更强调团队的整体业绩。团队是在集体讨论研究和决策以及信息共享和标准强化的基础上，强调通过队员奋斗得到胜利果实，这些果实超过个人业绩的总和。这种共同奉献需要每一个队员能够为之信服的目标，并要切实可行而又具有挑战意义，还能激发团队的工作动力和奉献精神，为企业注入生命活力。俗话说："一个和尚挑水喝，两个和尚抬水喝，三个和尚没水喝。一只蚂蚁来搬米，搬来搬去搬不起，两只蚂蚁来搬米，身体晃来又晃去，三只蚂蚁来搬米，轻轻抬着进洞里。"上面这两种说法有截然不同的结果。"三个和尚"是一个团体，可是他们没水喝是因为互相推诿、不讲协作。"三只蚂蚁来搬米"之所以能"轻轻抬着进洞里"，正是团结协作的结果。有首歌唱得好，"团结就是力量"，而且团队合作的力量是无穷尽的，一旦被开发将创造出不可思议的奇迹。当今社会，随着知识经济时代的到来，各种知识、技术不断推陈出新，竞争日趋紧张激烈，社会需求越来越多样化，使人们在工作学习中所面临的情况和环境极其复杂。在很多情况下，单靠个人能力已很难完全处理各种错综复杂的问题并采取切实高效的行动。所有这些都需要人们组成团体，并要求组织成员之间进一步相互依赖、相互关联、共同合作，建立合作团队来解决错综复杂的问题，并进行必要的行动协调，开发团队应变能力和持续的创新能力，依靠团队合作的力量创造奇迹。团队合作往往能激发出团体不可思议的潜力，集体协作干出的成果往往能超过成员个人业绩的总和。正所谓"同心山成玉，协力土变金"。红军长征胜利是中国革命史上，乃至世界军事史上的一次奇迹。创造这个奇迹的红军战士和整支红军队伍就是有一个为天下所有贫苦人民打天下的共同目标。他们都不畏艰险，相互帮助、共同合作，充分发挥了团队合作的力量。他们是一支优秀的团队，在共同协作下不仅走出了困境还为革命的胜利打下了基础。在美国硅谷，做了这样一个调查，发现那些完全由聪明人组成的公司，只要是不注意团队精神培养的，95%的都失败了，成功的只有5%，这种现象被称之为"阿波罗现象"。"阿波罗"意为聪明的人组成的团队，就像一支完全由豪华球星组成的球队，有时它反而不能战胜一支配合默契的二流球队一样，是因为他们缺乏磨合与共同的团队精神。由此可见，人生事业的成功与否、单位（部门）能否发展壮大，与其成员是否具有团队精神密切相关。

### （二）培养大学生团队合作的能力

培养大学生团队精神，对团队的发展意义重大，对个人的就业、发展也有好处，大学生的团队合作能力培养要从以下两个方面着手。

第一，树立并坚持培养团队精神的出发点。①团队精神要求团队成员有基本一致的价值观。这里讲的价值观，是指认为做什么事是有价值的？俗话说的"物以类聚，人以群分"讲的也是具有基本一致价值观的人才能走到一块。让一个大公无私的人和一个损公肥私的人共事，肯定会有很多矛盾。但如果大家都树立了公私两利的价值观，沟通起来、合作起来可能就容易多了。②新入职人员要认真学习和研究企业的核心精神。大学生刚刚走出校园，社会经验不足，而你入职的机构可能已经经历了漫长的发展岁月，已经形成了比较稳定的企业文化和核心价值观，大型企业更是如此。作为新入职人员，要多听（听领导讲、听同事讲）、多看（看规章制度、看行为规范）、多学习（研究和学习企业文化的内涵，思考其合理性和先进性），然后主动与之协调和融合。③个人要努力服从团队，不要太计较小事。一个人有没有团队精神，往往看他有没有大局观，看他是看大局还是看局部，是看长远还是只顾眼前。这就好比树的主干如果枯死了，枝叶肯定也不能存在。"皮之不存，毛将焉附？"所以当个人利益与团队利益出现矛盾时，当个人意见与团队意见不相吻合时，要努力服从团队，不要太斤斤计较。④注意时时处处维护团队的声誉。生活中我们常看到这样的人，他（她）把自己的单位说得一无是处，领导不能干，制度不健全，同事不好处，问题一大堆。这种人一开口就丢分了。那么，不好的单位你还在那儿待着干什么？既然还在那儿待着，这个单位就是你的安身立命之处，就应该努力维护它的声誉，千方百计建设好它，而不是埋怨乃至诋毁它。⑤搞好人际关系是具有团队精神的一种表现。团队是一个集体，是由一个一个活生生的人组成的，所以与团队中的大多数人搞好人际关系是一个人是否具有团队精神的具体体现。

第二，强化大学生团队合作精神的培养。①积极发现每个成员的优点。在一个团队中，每个成员的优缺点都不尽相同。我们应该积极发现团队成员的优秀品质，并且学习它和发扬它，让自己的缺点在团队合作中逐渐消灭掉。团队强调的是协作，最好不要有命令和指示，这样团队的工作气氛就会变得轻松和谐，工作就会变得很顺畅，团队整体的工作效率就会大大提高。②对每个人都寄予鼓励。每个人都有被人重视的需求，特别是那些辛劳工作的基层员工更是如此。如我们的保安员、清洁工，他们工作时间长，工作又苦又累，有时给予他们一句小小的鼓励和赞许就可以使他们释放出无限的工作热情。最关键是当你对他们寄予表扬的同时，他们也同样会给予你希望。③时刻检查自己的缺点。"金无足赤，人无完人"，我们应时刻检讨一下自己的工作心态，对待日常工作是不是有所怠慢，对待客户的沟通工作做得怎样，能否虚心接受别人对自己的批评，这些缺点在自己看来可能不算什么，但在团队合作中它就会成为你进步成长的障碍。如果你固执己见，无法听取他人的意见，你的工作状态不可能有进步，甚至会影响到其他成员的工作积极性。团队的效率在于每个成员配合的默契，如果你意识到了自己的缺点，不妨坦诚的承认它，想方设法改掉它，也可以让大家共同帮助你改进。当然，承认自己的缺点可能会让你感到尴尬，但你不必担心别人的嘲笑，你只会得到他们的理解和帮助。④保持足够的谦虚。团队中的任何一位成员都可能是某个领域的专家，所以你必须保持足够的谦虚。任何人都不喜欢骄傲自大的人，这种人在团队合作中也不会被大家认可。你可能会觉得在某个方面他人不如你，但你更应该将自己的注意力放在他人的强项上，只有这样才能看到自己的肤浅和无知。谦虚会让你看到自己的短处，这种压力会促使自己在团队中不断地进步。在团队中，如果每个队员都能够不断地释放自己的潜在才能和技巧，能够相互尊重和被重视，相互鼓励和坦诚交流，大家就能在各自的岗位上找到最佳的协作方式，为了团队共同的目标，自觉地担负起各自的责任并为此积极奉献。

### （三）积极打造高绩效的团队

高绩效团队是一个具有持续的突出成绩的团队，这种团队通常具有革新性，关注质量和富有效率。此类团队的成员经常有很高的满意度、成就感，甚至是接受度。每个人都希望他们的团队是一个高绩效团队，成为高绩效团队的一个好方法是了解其他高绩效团队显示出来的特征。研究表明，至少有 8 个特征是高绩效团队经常显示出来的特征。非高绩效团队经常缺少这些特征中的一个或多个。而事实上，高绩效团队一位著名的顾问声称他们"就像母鸡的牙一样少"，但它依然是我们追逐的期望。

第一，高绩效团队的特征。①目的意识。如果我们向高绩效团队的成员提出"我们在这里到底是为了什么？"这个问题，你会立即得到明确的答复。他们很清楚他们在干什么，以及他们的工作为什么很重要。他们有着共同的目的，并且为实现他们的目的设定了雄心勃勃的目标和阶段性标志。②开放的交流。交谈、共享、听取，这些都是高绩效团队的标志。群体的开放使得成员们能确定并解决冲突、达成共识、彼此心照不宣并共同成长。③信任和相互尊重。在高绩效团队，他们相互信任、相互尊重甚至相互关照。他们有很强的专业尊重和个人尊重意识，这些都是由强有力的关系纽带连接起来的。④共同领导。高绩效团队由谁负责？人人负责！根据手头的任务和小组的需要，不同的团队成员承担不同的领导责任，而所有人都对团队的效用负责。⑤有效的工作程序。团队有规则，有实践，也有程序（通常都很有效）。但他们不受这些程序的阻碍。相反，成员们鼓励创造性、革新性、冒险和挑战"老套路"。⑥以差异为本。"差异是好事"，可能是很多高绩效团队的口号。这些团队将团队成员的不同技能、知识和个人力量最大限度地融合起来。他们追求各抒己见，相互学习。⑦灵活性和适应性。你必须站在自己的立场考虑并迅速参与高绩效团队的团队行动。实际上，高绩效团队希望出现变化，并将变化视为重新思考和学习的机会。⑧不断学习。高绩效团队鼓励冒险，并从错误中学到东西。他们欢迎有难度的挑战，并通过彼此的互动学到东西。

第二，学会做好团队的一面镜子。①扮演好"导演和教练"的角色。一个企业的领头人往往要比别人看问题看得高，看得远。1999年，何恩培曾提出团队每一位管理人员都必须具有三个顾问：第一个必须是行业的老大；第二个必须是不在自己的行业；第三个至少在某一方面有特长。这样在管理团队有10个人的时候，那实际上就有30个人参与管理，这可以把各种思想先经过顾问放大，回来再缩小，取其精华。他认为，自己在企业里扮演的是一个"导演和教练"的角色。自己最擅长做团队中每个人的一面镜子，做一个交流者和沟通者。他说道："作为领导者，当大伙热火朝天干活的时候，你要提醒他人方向可能要调整一下；当大伙在埋头苦干的时候，你要要求他们更换一种方式；在大伙某种工作方式不对的时候，你更要鼓励大家探讨一些新的方式。""我们不是学习MBA，而是通过请顾问在实战中学习，我们团队的创新能力就来源于这种机制。"②勇于带领团队不断创新。一个团队工作的核心，首先是需要有一个能带领大家不断开创新天地的领头人，并让整个团队都具有这种能力，要不断地进行交流，使每个人都懂得如何去做。因为一个团队存在的价值和原因不是金钱，而是共同的新的希望和理想。比如，交大铭泰团队就是一个稳定的团队，不仅团队人员自创业以来基本上没什么变化，而且团队在企业创新方面也取得了不少的成绩。最初，在互联网刚兴起的时候，他们敏锐地发现人们的学习能力不可能一日之间就能上升，但是信息量和信息的交换速度却是飞速上升的，这时必然需要一种工具，于是他们抓住机会做了《东方快车》翻译软件。在2000年互联网步入发展期的时候他们提出了"软件"，2003 年该团队又提出了东方翻译工厂的概念。③坚持忍耐、宽容、细心，有人情味。处世细腻周到、思考全面、深入，这是何恩培性格的一大特点。他说过："为什么这些年我的挫折少了一些？就是因为比别人多思考百分之一到五，做的每一件事都有 120% 的准备。每一次商战，我会把各种可能发生的情况和应急措施预先想好。有一句话叫'千里之堤，毁于蚁穴'，而千里长堤也是靠一个个小细节筑就的，哪一个小细节被忽略，可能就会功亏一篑，坏了大事。"忍耐、宽容、细心、有人情味，虽说并不深奥，但真正做到却很不容易。何恩培的高明，就高在别人不一定能做到的他做到了，所以他成功了。

# 第二章　大学生职业理想与择业心里调适

大学生毕业进入择业阶段，这是决定自己命运的关键时刻。很多人不知究竟"路在何方"，心里难免忐忑不安。他们在观察和处理问题时，习惯用书本上学到的理念去生搬硬套，缺少理性的思维和成熟的眼光，显现在择业过程中，他们不同程度地折射出浮躁、焦虑和恐惧等心理障碍，严重影响了择业。因此，大学毕业生应该正确面对这些问题，树立高尚的职业理想，运用科学的方法，及时地化解自身的心理障碍，使择业顺利进行。

## 第一节　职业理想的树立

### 一、职业理想的含义

职业理想是个人对未来职业的向往和追求。既包括个人对将来所从事的职业种类和职业方向的追求，也包括对事业成就的追求。它是人们实现个人生活理想、道德理想和社会理想的手段，并受社会理想的制约。

职业理想是人们对职业活动和职业成就的超前反映，它与人的世界观、人生观、价值观、职业期待、职业目标密切相关，体现了人们的职业价值观，直接指导着人们的择业行为。大学时期是青年学生的人生观、世界观形成的时期，也是我们的职业理想孕育的关键时期。

### 二、职业理想的特征

职业理想作为人生理想体系的重要组成部分具有以下三个特征。

#### （一）多样性

一个人选择什么样的职业，与他的政治思想觉悟、思想品德、知识结构、能力水平、兴趣爱好、气质性格等都有很大的关系。政治思想觉悟、道德修养水准以及人生观决定着一个人的职业理想方向；知识结构、能力水平决定着一个人的职业理想追求的层次；个人的兴趣爱好、气质性格等非智力因素以及性别特征、身体状况等生理特征也影响着一个人的职业选择。因此，职业理想具有多样性。

## （二）发展性

一个人的职业理想的内容会因时、因地、因事变化。随着年龄的增长、社会阅历的增强、知识水平的提高，职业理想会由朦胧变得清晰，由幻想变得理智，由波动变得稳定。因此，职业理想具有一定的发展性。

## （三）时代性

社会的分工、职业的变化，是影响一个人职业理想的决定因素。生产力发展的水平不同、社会实践的深度和广度的不同，人们的职业追求目标也会不同，因为职业理想是一定的生产方式及其所形成的职业地位、职业声望在一个人头脑中的反映。

## 三、职业理想的作用

### （一）职业理想的导向作用

理想是前进的方向，是心中的目标。人生发展的目标是通过职业理想来确立的，并最终通过职业理想来实现。俄国的托尔斯泰曾说过："理想是指路的明灯，没有理想就没有坚定的方向，就没有生活。"大家在现阶段的学习生活中也已经深切地感受到，一旦学习目的不明确，学习的热情就会低落，学习的效果就不明显。因此，有了明确的、切合实际的职业理想，再经过努力奋斗，人生发展目标必然会实现。

### （二）职业理想的调节作用

职业理想在现实生活中具有参照系的作用，它指导并调整着我们的职业活动。当一个人在工作中偏离了理想目标时，职业理想就会发挥纠偏作用，尤其是在实践中遇到困难和阻力时，如果没有职业理想的支撑，人就会心灰意冷、丧失斗志。也就是说，一个人只有树立正确的职业理想，无论是在顺境或者是在逆境，都会奋发进取，勇往直前。

### （三）职业理想的激励作用

职业理想源于现实又高于现实，它比现实更美好。为使美好的未来和宏伟的憧憬变成现实，人们会以坚韧不拔的毅力、顽强的拼搏精神和开拓创新的行动去为之努力奋斗。

## 四、树立高尚的职业理想

在职业活动中，不同的价值追求所体现的人生境界是不同的，所产生的价值和意义也是不同的。青年马克思 1835 年在特利尔中学毕业时写的一篇关于职业理想的文章《青年在选择职业时的考虑》，就提出了一些针对今天的大学生求职择业仍有深刻启迪的看法。他在谈到职业选择时指出："如果我们的生活条件容许我们选择任何一种职业，那么我们就可以选择一种使我们获得最高尊严的职业，一种建立在我们深信其正确的思想上的职业，一种能给我们提供最广阔的场所来为人类工作，并使我们自己不断接近共同目标，即臻于完善境界的职业，而对这个共同目标来说，任何职业只不过是一种手段。"在马克思看来，"我们的使命绝不是求得一个最足以炫耀的职业，我们应该遵循的主要方针是人类的幸福和我们自身的完善"，所以，"如果我们选择了最能为人类福利而劳动的职业，那么，重担就不能把我们压倒，因为这是为大家而献身；那时我们所感到的就不是可怜、有限度的、自私的乐趣，我们属于千百万人，我们的事业将默默地但是永恒发挥作用地存在下去。面对我们的骨灰，高尚的人们将洒下热泪。"马克思最初的高尚的职业理想，为他日后所从事的为解放全人类的革命事业奠定了坚实的基础。事实上，由于对职业理想的坚定信念和深刻理解，马克思一生对自己所从事的事业义无反顾，能努力克服事业中的重重困难，坚定地实践了自己青年时代对未来将从事的职业构想。马克思的至理名言，对我们今天的大学生树立自己的职业理想具有重要的指导作用。在选择职业的问题上，马克思的青年时代的职业理想很值得今天的大学生好好学习。我们要像马克思那样，树立高尚的职业理想，选择最能为人类福利而劳动的职业。

## 五、在艰苦中锻炼，在实践中实现职业理想

### （一）实现职业理想的条件

一些让人怦然心动但不能实现的职业理想，它不能成为真正的职业理想，充其量只是幻想或空想而已，真正的职业理想的实现需要具备以下条件。

#### 1. 了解自己

青年学生更容易把自己放在很高的起点去观察我们的周围环境，思考我们的职业未来，甚至还想将来所从事的工作条件要比别人好一些，付出的劳动比别人少一些，拿的工资却要比别人高一些。显然，这种失去"自我"的职业憧憬是"空中楼阁"，是"水中月亮"，永远是可望而不可即的。只有从自身出发，从自己的所受教育、自己的能力倾向、自己的个性特征、自己的身体健康状况出发，才能够准确定位，瞄准适合自己的岗位而不懈努力。

#### 2. 了解职业

人们的职业活动，除了应具备观察、思维、表达、操作、公关等一般能力之外，一些特殊行业还有特殊要求。比如，会计、出纳、统计等职业，就要求从业人员必须具备很强的计算能力，与图纸、建筑、工程等打交道的工作，对空间判断能力的要求较高。因此，有选择地、有针对性地培养自己的能力，主动去适应并接受职业岗位的挑战是十分重要的。

#### 3. 了解社会

了解社会主要是要了解社会需求量、竞争系数和职业发展趋势。社会需求量是指一定

时期职业需求的总量，这是一个动态的又相对稳定的数量。例如，有的职业有很高的社会名望，但需求量很少；有的职业不为多数人看好，但有发展前途，且需求量较大。竞争系数是指谋求同一种职业的劳动者人数的多少，在其他条件一定的情况下，竞争系数越大，求职成功的概率越小，社会地位高、工作条件好、工资待遇优的职业，想要谋取的人数多，相应地竞争系数就大。职业发展趋势是指职业未来发展的态势，有些职业一时需求量大，竞争激烈，但随着社会的发展将日趋衰落，有些职业暂时处于冷落状况，但随着社会的发展会日益兴旺。因此，加强对社会职业需求的分析和预测，了解社会职业岗位需求情况是极其重要的。

### （二）实现职业理想的步骤

#### 1. 择业

我国现阶段实行的是"双向选择"的就业方式，即个人和用人单位的相互选择。这就要求人们在择业时须树立正确的就业观。首先，要形成"自找市场"的就业观。就业凭竞争，上岗靠技能。想就业就要勇敢地投身于就业竞争的劳动力市场中，这是实现就业的必由之路。其次，要确立"先求生存，再求发展"的就业观。不要把"既舒适又赚钱"作为择业的必要条件，而是要先找到岗位，融入社会，然后再实现自身价值。

在择业时要筛选和运用职业信息。对于择业者所搜集到的各类职业信息，择业者应当结合自己的实际情况加以处理。只有这样才能使获得的信息全面、准确、有效，使之更好地为自己的择业服务。一是要运用有价值的信息寻找适合自己的工作，二是要对照筛选出的信息找到自己的不足，三是要为他人输送有效的信息。

在择业时要考虑影响择业意向的因素。职业的选择是在综合了各种因素之后所作出的选择。在选择职业时，首先，要根据所学专业的具体情况择业。其次，要根据自己的学历层次择业。再次，要根据自己的学业成绩和综合表现择业。最后，还要根据地域环境的特点择业。

在择业时要做好遭受挫折的准备。在激烈的劳动力市场的竞争当中，择业的成功和失败是并存的，机遇和挑战是同行的。因此，在择业时要做好遭受挫折的准备，不要因一时的挫折让自己陷入困境，因为阳光总在风雨之后。实践证明，成功的最大敌人不是挫折本身，而是被挫折击倒的我们自己。

#### 2. 立业

求职不易，立业更难。立业有两种理解：一是指选定一个可以赖以谋生的职业，亦即"谋生"。这是低层次上的但又是最基本的需求，因为，就业是人生存和发展的基本手段。二是不仅指谋生，而且求发展，说的是一个人有抱负、有追求，并且事业有成，即所谓"谋业"。这是高层次上的立业。对青年而言，谋求生计很重要，因为获取必要的物质生活资料必须通过就业来获得，此外别无他法。因此，当成功择业后就须热爱就业岗位，同时还要使自己尽快进入角色，适应职业岗位。如服从安排，主动工作，尽职尽责。又如，在工作中严于律己，宽以待人，尊重他人，团结互助。只有这样，才能使自己在较短的时间里适应工作岗位的需要。应当肯定"谋生"意义上的立业，但更应鼓励"谋业"意义上的立业，因为这种立业使个人价值更能体现，对社会的贡献也更大。众所周知，就业给家庭带来了稳定的收入，这不仅保证了家庭生活的稳定，也促进了生活质量的提升。尤其是那些敬业乐业的家庭，父母亲的兢兢业业为他们自身实现自我价值提供了可能，其良好的工作作风也为子女树立了良好的榜样，有助于引导子女了解社会，并为他们进入社会做好准备。

### 3. 创业

创业，顾名思义，就是创建一份自己的事业。也就是创业者运用知识和技能，以创造性的劳动把理想转化为现实的过程，它包括两层含义：一是在自己所从事的职业活动中，以有别于以往、有别于常规、有别于他人的思维方式和行为方式开展工作。二是自主创业，不仅解决自己的生存问题，而且还为别人提供就业岗位。在激烈的市场竞争下，创业已经成了我们这个时代的特征和潮流。对青年学子们而言，开展创业不仅仅要有理论，更重要的还有实践经验。创业应具备七大条件：

第一，充分的资源（Resources），它包括人力和财力资源。创业者要具备充足的经验、学历、流动资金、时间、精神和毅力。

第二，可行的概念（Ideas）。生意概念不怕旧，最重要的是可行，有长久性、可以继续开发、扩展。

第三，适当的基本技能（Skills）。它不是行业中的一般技能，而是通常性的企业管理技能。

第四，有关行业的知识（Knowledge）。

第五，才智（Intelligence）。创业者不仅要有高智商，还要能够善于把握时机去做出明确的决定。

第六，网络和关系（Network）。创业者需要有人帮助和支持，不断扩大朋友网络和搞好人际关系会带来不少方便。

第七，确定的目标（Goal）。

非常巧的是，将七大条件的首个英文字母串在一起，恰好是"RISKING"（冒险）一词，这也反映出创业是要冒风险的。

尽管创业需要具备一定的条件，但创业者是不能等条件都具备了再创业的。待条件都具备之后再创业，这种创业就不是真正的创业，因为创业的机遇实际已经与你擦肩而过。因此，对于创业者而言，除了上述条件外，还需要具备良好的创业心理品质。这就是独立思考，敢想敢干，持之以恒，适时调整。实践证明，妨碍创业的除了各种客观条件外，最大的障碍是自己。在创业最困难、最黑暗的时候，应该是创业者最坚强、最需要激情的时候。

### （三）在艰苦的锻炼中实现职业理想

"梅花香自苦寒来"。在人生存发展过程中，客观环境不会主动地满足人的需要，人必须去改造它，才能使自己与环境相适应。人才的成长，也必然要经历这样一个在改造环境中来适应环境，使环境成为自己成长发展的重要条件的过程。对于立志成材的大学生来说，直面艰苦，才会使自己对客观现实、对人生真谛和自我价值有更深层次的认识与更切实的体验，才能磨炼自己的意志，发挥自己的才智，挖掘自己的潜能。

我国社会主义现代化事业的发展，中华民族的伟大复兴，在很大程度上取决于广大的基层、农村和边疆的发展繁荣。祖国各地城乡的基层单位求贤若渴。尤其是中西部地区的基层单位，相对来说生活条件和工作条件都要艰苦一些，但是那里对人才的渴求最为强烈，也能够为大学生提供施展才华的广阔空间。今天的大学生要把个人成才的主观愿望同社会发展的客观需要有机地结合起来，自觉地适应社会发展的客观需要，到基层去，到农村去，到祖国最需要的地方去，在艰苦的锻炼中实现自己的职业理想。

## 第二节  常见择业心里问题及解决方案

求职择业，对大学生来说是生平第一次，在择业的过程中，往往会产生一系列的矛盾。

### 一、大学毕业生在择业过程中常见的心理矛盾

大学生的择业心理是复杂而多变的。通过几年的大学生活，在知识、能力与人格方面有了明显的发展。大学生在毕业时都为自己即将走向社会，将自己所学的知识与本领奉献给人民，实现自己的人生价值而感到由衷的高兴。就业制度的改革为大学生就业提供了更多的机遇和更大的自由度，提供了挑战与竞争的基础条件，许多大学生都摩拳擦掌，跃跃欲试，准备在专业领域内大显身手。但是，在择业过程中大学生又难免会出现种种心理矛盾，这些矛盾既有需求矛盾，也有目标矛盾，主要表现为以下五个方面。

### （一）理想与现实的矛盾

人的一生总是在追求美好的未来，大学生在择业过程中这种追求和憧憬更为丰富，更为远大。经过充实而丰富的大学生活，大学生知识的羽翼日渐丰满。面对汹涌的市场经济大潮，他们豪情满怀准备搏击一番。然而，由于他们接触社会较少，理想往往脱离客观条

件，如许多大学生都想成为大经理、大老板、"大款"，想走商业巨子之路，但是在择业中他们并未深入思考自己的知识、能力、性格、爱好、气质等是否适合从商，以致出现了理想自我膨胀和现实自我萎缩之间的矛盾。

### （二）干大事业与艰苦创业的矛盾

在择业中，很多大学生都愿意从专业出发，准备干一番事业，实现自己的人生价值，不愿意庸庸碌碌，无所作为。但也有的大学生缺乏艰苦创业的心理准备，想走捷径，想涉足层次高、工作条件好的单位，想一举成名，一蹴而就。不愿意到艰苦的地方去，不愿意到边远地区去，不愿意深入基层，产生了干大事业与艰苦创业的矛盾。

### （三）有较强的自我观念与缺乏客观的自我评价之间的矛盾

丰富的大学生生活，使大学生的自我意识日趋完善，他们对自我的存在及意义有了正确的认识。在择业中，他们意识到自己作为人才，将会为社会贡献自己的聪明和才智，同时，他们也迫切需要社会的承认。但是，由于他们涉世尚浅，社会经验不足，自我意识还不够完善，还不能正确地认识自我和评价自我，在择业的过程中，会遇到多个单位的选择，对众多单位的选择有时又不能把握自我，遇到顺利的事，忘乎所以，狂喜狂欢，遇到挫折时，烦躁苦闷，自暴自弃，不能冷静地面对现实，缺乏驾驭自我的能力。

### （四）渴望竞争与信心不足的矛盾

就业制度的改革，为大学生择业提供了公平、平等的竞争环境。大多数学生对此渴望已久，他们已经意识到，在商品意识广泛渗透到社会生活的各个方面、世界经济面向"大市场"的情况下，一个人如果没有强烈的竞争意识，就不可能成就事业。但是，当真正面对社会为自己提供的竞争机会时，许多大学生又顾虑重重，缺乏勇气，有的怕竞争失败丢了面子，有的怕竞争伤了和气，尤其是一些学生在择业中遇到困难时，不善于调整目标，调整自己，而是自己给自己打退堂鼓，自己拱手出让竞争的权利。

### （五）选择就业与继续深造的矛盾

近年来，大学生选择继续深造的越来越多。一方面是我们国家对知识越来越重视，许多大学生充分认识到了知识的重要性；另一方面也说明学历在择业中仍然起着举足轻重的作用。因而，一部分大学生担心拿不到高学历就找不到理想的工作，但是，又想到继续深造以后仍然要面对择业的问题，于是又担心继续深造毕业后就业压力会更大。因此，产生了选择就业与继续深造的矛盾。

由于以上五对矛盾的存在，往往会引起诸如浮躁、焦虑和恐惧等一系列的心理问题，及时解决这些问题对于大学生顺利就业有重要的作用。

## 二、大学生择业浮躁心理的形成及其解决的方法

随着经济全球化的日渐深入，我国社会主义市场经济体制逐步得以完善，高等教育的改革发展正在进一步得到深化。大学毕业生就业制度正逐步实行在国家就业政策指导下，自己走向人才市场，自主择业的新政策。很多大学毕业生都能够正确转变择业观念，主动迎接人才市场的挑战，积极投入到自主择业的行列中。然而，也有部分毕业生面对纷繁复杂、竞争激烈的人才市场，感到无所适从，产生了浮躁心理。

### （一）大学生择业浮躁心理的形成

#### 1. 青年期固有特征的影响

从小学、中学到考取大学，通常需要 12 年，大学毕业，年龄一般都在 22 岁左右。处在这个时期的青年，呈现出接受新鲜事物快，思想容易产生幻想，理想主义倾向尤其突出，情绪波动大，处理问题好冲动，自我意识比较强烈等特点。虽然他们的生理发育已经成熟，但相当一部分大学生心理发育还不成熟、不稳定，生理状况与心理因素有明显的不同步性，再加上他们知识结构不完善，每个人的生活体验又千差万别等因素，其个性心理特征就会有较大的差异。在面对择业这一人生重大选择的时候，感到寻找工作无从下手、无从做起，既想尽快步入社会，又不知归宿何处，就往往表现出浮躁、彷徨和不安等心理状态。

#### 2. 心理弱点

从学校到社会，这是人生的一个重要转折。面对这一转折，心理不成熟的大学毕业生往往缺乏正确选择与决断的能力。要么面对就业机会优柔寡断、犹豫不决，要么从众追求热门职业，如行政机关、事业单位、金融机构等，形成"千军万马过独木桥"的局面，而一些急需大批人才的冷门职业却"门前冷落鞍马稀"。这种犹豫不决的心理弱点往往会使他们产生"这山望着那山高""不识庐山真面目"的浮躁感，以致白白失去许多择业良机。这样，在人才市场上就出现了"热门难进，冷门更冷"的怪现象。

#### 3. 不正确的心态

一些大学生因自己的学习成绩优秀、政治条件好、学校牌子响、专业需求旺盛、求职门路广、家庭条件优越，或者因自己的能力强，在同学中有一定的竞争实力，或者因自己的相貌出众、能说会唱等，产生了一种自命不凡的优越感。这种骄狂自大心理，表现在求职时，往往狂妄自大，不屑一顾，伤害他人的自尊心，过高地估计自己，眼睛一味地往上看，这家单位瞧不上，那家单位也不遂心，结果使自己丧失许多就业的机会。而用人单位对这种缺乏自知之明、自视清高、对自己的缺陷和困难估计不足的大学毕业生是最有戒心的，认为他们心情浮躁、盲目自信的心态是缺少社会经验、心理素质不成熟的表现，

必然导致走上岗位后办事浮躁，不会有崇高的敬业精神，不能胜任本职工作。当这些没有端正心态的人在竞争激烈的就业市场中遭受挫折后，就会因心态失衡而产生浮躁心理。

**4. 期望过高的心理**

大学生在毕业时都希望找到一份能施展自己才华和实现自己人生抱负的工作，这是人之常情，是完全可以理解的。但是从目前情况来看，绝大多数毕业生普遍希望到大市场、大机关、大公司、大企业及重点院校、科研单位等大单位去工作。根据某媒体在全国范围内所做的大规模抽样调查：75%的毕业生想留在大城市，72.8%的毕业生希望在沿海地区工作，政府机关、外资企业、金融机构等是许多大学毕业生最理想的单位。这一切都说明，大学毕业生择业期望值普遍过高，对社会需求不了解，结果往往形成大城市、大公司、大机关进不去，小城市、小公司、小机关不愿去的局面。

## （二）大学生择业浮躁心理的解决方法

在大学生进入人才市场自由择业的改革步伐不断加快、竞争日益激烈、信息量逐步增大、人们观念发生较大变化的新形势下，大学生的种种浮躁心理问题可以通过以下方法解决：

**1. 认真做好毕业生就业指导工作**

大学生择业时受到了主客观两方面因素的制约。针对不少大学毕业生择业过程中存在的浮躁心理，指导毕业生用正确的价值观念、道德标准和行为规范参与择业活动，就显得十分重要。就业指导工作的内容主要有三个方面：一是信息指导，二是思想指导，三是技巧指导。针对心理浮躁问题，思想指导和技巧指导尤为重要。信息指导是就业指导的基础，通过信息指导，让大学毕业生尽可能多地掌握用人单位需求信息，以便主动投身到择业过程中去，避免择业的盲目性。思想指导主要是要帮助大学毕业生树立正确的就业观。要教育毕业生从个人实际出发，主动适应社会需要，正确认识和处理好眼前利益和长远利益的关系、理想和现实的关系、挑战和机遇的关系、挫折和成功的关系、个人和社会的关系等。只有克服浮躁的情绪，正确把握自己，顺应时代潮流，转变择业观念，才能一步一个脚印地去实现自己的人生价值目标。

择业技巧是就业指导课的基本内容之一，大学毕业生存在的择业浮躁心理，在一定程度上起因于缺乏恰当的择业技巧。面临就业选择的大学毕业生，思想准备普遍不足，有浮躁感，不清楚有关的政策规定，不了解自己有哪些权利和义务。至于具体的应聘程序、资料的整理和使用、面对用人单位应如何介绍自己、如何了解对方，以及应有的礼仪和言谈举止，也需要学校进行必要的指导。这样，可以避免由于介绍不着边际、材料不得要领、礼貌不周、言语不当、衣冠不整、手续不全等技巧原因而造成择业的障碍。

**2. 大学生要在发展变化的社会中找寻最佳位置**

选择职业，就是选择未来。每个大学毕业生，如果正确地选择了职业，就是为未来的成功奠定了良好的基础。为此，毕业生要把握好机遇，迎接挑战，争取迈好走向社会的第一步。那么如何迈好这第一步呢？首先需要对所处的社会环境进行比较全面的了解和认识，弄清当前大学毕业生面临的就业形势。就总体而言，随着社会主义市场经济体制的逐步建立，我国经济发展加快，社会对大学毕业生需求总体会不断增加，毕业生就业形势还是比较乐观的。但具体到某个地区、某个学校、某个专业，情况就不尽相同了。

由于我国人口众多，生产力发展水平较低，接受高等教育的人数在逐年增加，而就业机会往往不能同步扩大，就业难仍旧是困扰各级政府的一大难题，加之国企改造，国家行政机关和事业单位压缩编制、裁减人员，下岗失业人员日益增多。因此，面对以上情况，大学毕业生不能把期望值定得太高，即使热门专业的毕业生，也同样要不断调整自我的期望值，使自己的理想更加切合实际，更加符合社会需要，这样才能在激烈的竞争中掌握主动权，从而得到比较理想的工作。

**3. 大学生的思想观念要适应市场经济环境的需要**

在社会主义市场经济体制下，我国的毕业生分配制度已经从传统的"统分统包制"转向在国家计划指导下的以市场为媒介的"双向选择制"，大学生的就业实行了在国家政策指导下的自主择业方式。在这种与过去统包统分就业制度完全不同的就业方式中，大学生自身的思想观念转变至关重要，这就需要大学生择业意识行为要主动与国家的毕业生就业制度"接轨"。大学毕业生处在社会主义市场经济环境中，每一个人都要问一问自己，自己的思想观念、思维方式适应市场经济的需要吗？经济体制发生了巨大的转变，不管我们喜不喜欢，愿不愿意，一切都要进入市场。企业进入了市场，人才也进入了市场。如果不想被历史的列车无情地抛下，就必须努力去认识市场，主动适应市场，牢固树立市场观念。有人认为，大学生的天职主要是学习科学文化知识，以后未必在经济领域工作，有无市场观念关系不大。其实，这种看法是错误的。高校毕业生就业制度的一个重要特点就是，把社会主义市场经济的竞争引入大学生的就业之中，建立起公平、公正、公开合理的人才竞争环境。作为未来的科技文化人才，在市场经济环境中却不懂得市场规律，不懂得经济规律，是很难在经济大潮中站稳脚跟的。在经济舞台上，不仅仅是经济的竞争，而且是人才的竞争，是把科学技术转化为生产力的竞争。人才的竞争，对于每一个大学生来讲，都是一种新的挑战。所以，大学生必须树立市场竞争意识，才能与之相适应。

我们必须深刻认识到，人才的竞争对社会主义的发展和个人的成才有着十分积极的作用。只有通过平等的竞争，促使人们高水平、高标准地表现自己，充分发挥自己的潜力，才有利于人才的成长。只有通过平等的竞争，才能体现实力的较量，才能克服不正之风对人才成长的干扰，使真正有实力的人得以充分发挥和展示自己的才华，促进社会的发展。邓小平指出："科学技术是第一生产力。"大学生在学校所学的各种科学文化知识，将来能否转化为现实的生产力，能否产生经济效益，这在很大程度上取决于大学生自己是否具有市场意识。因为，无论你的专业知识如何扎实精深，设计出来的产品有多先进，如果缺乏市场意识，不能转化成受社会欢迎的商品，仍然产生不了经济效益，那么你的劳动以及你本人依然不会被社会承认，依然难于对社会做出贡献。可以说，具有市场意识是当今社会对人才的必然要求，是大学生自身能够迎接新挑战、跟上新时代的标志之一，是大学生适应社会、回报国家和民族的标志之一。

要清醒地认识到，市场经济的供求规律还深深地影响着人才市场。供不应求，择业的范围就大，就业就比较容易。供过于求，择业的范围就小，就业就比较困难。明白这一市场规律，毕业生在求职择业时就不会一厢情愿想当然，就不会只想着自己有什么学历就应该得到什么工作，就应该有什么样的待遇。市场是从来也没有什么"应该"的东西，它有自己不可逆转的运行规律。在大学生供大于求的时候，要求太高，肯定很少有人问津。所以，大学生毕业应该在思想上牢固树立起市场观念。只有确立了市场观念，认识市场，主动适应市场，才能不断强化自身的竞争意识，做好参与竞争的思想准备。

## 三、大学生择业焦虑心理的形成及其解决的方法

心理学研究表明，适度的焦虑能使个体产生压力，这种压力可增强大学毕业生的进取心，使他们产生求胜的心理和行动。但是，如果心理上过度地焦虑，自己又不能在一定时间内化解，就会严重影响个人主观能动性的发挥，给择业带来不必要的困难，甚至造成择业失败。

### （一）大学生择业焦虑心理的形成

#### 1. 依赖心理的存在

依赖是指在就业中不愿承担责任，缺乏独立意识，没有个人独立的决策能力，没有进取精神，只是依靠父母或老师、学校，甚至还怀念过去那种统包统分的制度，希望学校解决就业问题，当别人为自己找的工作不合心意时就大发脾气，抱怨父母或学校。还有不少毕业生由家长陪着参加供需见面会，职业的好坏完全由父母决定，缺乏自主择业的能力。在求职择业中又具体表现为两种倾向：一是依赖大多数人的心理，自己缺乏独立的见解，不是从自己的实际情况出发做出切合实际的选择，而是人云亦云，见别人都往大城市、大机关、大公司里挤，自己也跟着凑热闹；另一种是依赖政策、依赖他人的倾向，不是主动选择、积极竞争，而是觉得反正国家要"保底"，反正有"优生优分"的政策，依靠学校给自己推荐单位。这种心态与激烈竞争的社会现实格格不入。大家都知道，职业的选择往往也是对机遇的一种把握，错过机遇，你将会与成功失之交臂，有时甚至会遗憾终生，一旦今后找到的工作不理想，焦虑感就会随之而来。

#### 2. 等待心理的存在

等待心理的存在，一种是大学毕业生自己不积极主动走向社会去择业，而是等待学校

找来就业岗位、等待用人单位主动到学校招聘或等待父母和亲朋好友出面四处奔波，到处找关系、托人情为自己谋求职位，缺少择业的主动性。即使在别人的帮助下一时能找到职业，也难以适应今后的竞争。另一种是有些大学生在用人单位人才需求量较大时，就是不与用人单位签订协议，而是等待更好的待遇与工作，结果是"过了这村，没了这店"。当断不断，反受其乱，患得患失，举棋不定，等到机会丧失时便产生焦虑、苦闷的情绪，这也是导致许多毕业生陷入择业误区的一种因素。

### 3. 短视心理的存在

有些毕业生在择业时过于功利，只顾眼前利益，忽视职业发展。一心只想进大城市、大机关、去沿海发达地区，到挣钱多、待遇好的单位，甚至为了暂时的功利可抛弃所学的专业。这种心理可能会使你得到一些眼前利益和满足，但从长远发展看并非明智之举。另外，有相当一部分毕业生认为，只有到大型企业去干，才能充分发挥聪明才智，因为大型企业具备实现人生价值的物质和精神条件，那里机遇好、福利好、工作稳定，而小企业只有几十或几百号人，资金不雄厚，更谈不上什么发展前途。进不了大企业他们就产生心理焦虑，而一旦真的进了大企业，发现里面人才济济，竞争非常激烈，"大材小用"现象十分普遍，心理同样焦虑。

## （二）大学生择业焦虑心理的解决方法

大学毕业生择业的过程，是一个复杂的过程。面对严峻的就业形势，面对众多的竞争对手，要想获得择业的成功，没有充分的心理准备，没有良好的竞技状态是不行的。因此，必须克服焦虑心理，主要是更新观念，打破传统的事事求稳、求顺的思想，不怕风险和挫折，并且客观地分析自己，合理地设计求职目标，尽量减少挫折，增强求职的勇气，不断地减轻心理焦虑的程度。

### 1. 转换角色，适应社会需要

求职择业不同于学习期间的社会实践，它是要找到一个适合自己的工作岗位，并能在这个岗位上充分发挥自己的作用。毕业生在求职前必须从宏观上了解国家的有关政策，了解正在实施的改革措施及存在的问题。从微观处了解自己所学专业的就业基本情况和改革趋势，以及劳动人事管理的办法和动态、用人数量和标准，同时还应尽可能地了解有关政策和法规。了解的目的不是研究、评判，而是为了接纳、适应。因为社会变化迅速，经过数年专业学习的大学生在毕业时，人才需求的数量和模式与当年入学时所做的预测可能已发生了很大的变化。许多同学经过几年的学习，对专业和行业的认识和情感也发生了很大变化。一些专业由热变冷了，由"短线"变成了"长线"，尽管一些专业在不断地调整和改造中，却依然跟不上形势的变化和需求。种种现象使大学毕业生在求职择业时感到焦虑、无奈和迷茫。要想有所作为，走出无奈，毕业生只有走出象牙塔，正确认识自己的求职地位，不要把学校、社会、家庭、亲友所给予的尊重、爱护关心当成社会给予的最终认可，而是要转换角色，投入社会，了解社会，积极主动地适应社会需求，主动接受社会选择。

### 2. 客观评价自己，树立良好心态

"尺有所短，寸有所长"。每个人都有自己的优点和长处，也都有自己的缺点，所以每个毕业生对自己和自身能力都应有客观和正确的认识，明确自己能干什么和不能干什么，明确自己今后的职业发展方向是什么，自己的性格气质特点是什么，自己最适合干什么工作，自己的优势和劣势是什么。这就是所谓的"知人者智，自知者明"。只有这样，我们每个毕业生才能树立良好的心态，在求职中抓住机遇，从而避免盲目和减少失败。良好的择业心态主要表现在以下几个方面。

第一，确定适当的择业目标。自己的择业目标，要与社会需要、自己的客观定位相一致，确定能够实现的目标，扬长避短是成功的钥匙。

第二，避免从众心理。大学毕业生处在择业大潮中，自己的期望水平会受大众择业期望的影响。虚荣心，侥幸心理会使他们改变原有的自我期望而采取不切实际的从众行为。学成从业、服务社会、实现自身价值，是每一位大学毕业生美好的愿望，但是有些毕业生在择业过程中，不是从自身的特点、自身的能力、自身的优势和社会的需要出发，而是在同学中盲目攀比，好像不到一个比别人更好的单位就不能实现自身的价值。到头来，为了求得一时的心理平衡，却不利于自身价值的实现和长远发展。因此，一定不能盲从，要时时记住，只有适合自己的才是最好的。

第三，避免理想主义。大学毕业生择业期望值普遍居高不下，已经影响到毕业生顺利就业。有些大学毕业生由于刻意追求最满意的结果，而错过了其他好的就业机会，甚至造成就业困难，待在家里无所事事。尤其是有些各方面条件比较好的大学毕业生，在择业过程中，脚踩几只船，"这山望着那山高"，不能及时调整就业期望值，以至于后来就业困难，悔之不及。

第四，克服依赖心理。有些毕业生在择业过程中依赖思想严重，把希望寄托在拉关系、走后门上，有的甚至由家长出面与用人单位洽谈，殊不知这样做的结果恰恰让用人单位对毕业生产生缺乏开拓能力、独立生活和工作能力差的印象。当今社会，挑战与机遇并存，失败与成功同在，只有在择业之初就树立强烈的自信心，自主抉择，自己筹划自己的未来，敢于竞争、勇于竞争，才能在众多的求职者中脱颖而出。

### 3. 无私奉献，具有高尚的敬业精神

对于即将进入社会的大学毕业生来说，树立高尚的敬业精神是准备进入社会的思想成熟的重要标志之一。大学生是否具有敬业精神，关系到今后的职业生涯能否顺利、能否成

才、事业能否发展等一系列问题。在高校毕业生就业制度已经发生重大变革的形势下，具有敬业精神已经成为社会对高校毕业生素质的新要求。因此，大学毕业生要树立良好的敬业精神，把良好的敬业精神作为准备就业的必要条件。敬业精神就是一个人对自己所从事的职业的忠诚与热爱的表现，包括工作热情、工作作风、工作方法等。敬业就是要热爱本职工作、忠于职守、保证工作质量，对技术精益求精，能团结协作，能公平竞争，对社会负责，对人民负责。新的毕业生就业制度使用人单位和毕业生可以在国家政策指导下进行自由的双向选择，在毕业生供大于求的形势下，用人单位有较大的选择权。目前，社会上用人单位除非常重视大学生的能力外，已越来越看重一个人的敬业精神，对于刚出校门、毫无资历和经验的高校毕业生来说，首先要获得社会认可的工作素质就是敬业精神。

在市场经济环境中，竞争是无处不在的，大学毕业生进入社会后，靠能力吃饭、靠本事生存的严酷现实马上就会摆在面前，如果没有高尚的敬业精神，即使有一定的才华，有一定的能力，也谈不上有竞争力，而且很快会被边缘化，最终被社会淘汰。纵观当代社会，各国都非常重视国民的敬业精神。德国、日本都把企业员工的敬业精神摆在择业教育的第一位。现在我国的许多单位也在大力提倡各自的企业精神，尽管其中说法各异，但共同的一点都包含着敬业精神的深刻内涵。

### 4. 扎根基层，实现人生理想

大学生准备求职择业，还必须面向基层，做好艰苦创业的思想准备。冷静地分析当前的就业形势与今后的趋势，我们就会发现，经过改革开放以来三十多年的培养和补充，现在大城市和各大型企事业单位的科技人才已相对饱和，基本形成了一个比较完整的人才系统。它所需要的只是进一步的调整和提高，在招聘人才时往往只对具有丰富实践经验的高级人才感兴趣，这势必会对一般大学生特别是大专生产生"就业难，难于上青天"的现象。

## 四、大学生择业恐惧心理的形成及其解决的方法

当前，大学毕业生就业求职呈现出多元化趋势，拓宽了大学毕业生择业的广度，但是职业的选择自由度越大，职业选择行为的责任就越重，择业的心理恐惧感便越大。大学毕业生应弄清恐惧的原因，正确评价自我、他人和社会，在真正进入人才市场后才能驾轻就熟。择业中要充分自信，克服恐惧心理，应注意正确估价自己的实力和层次，不要妄自菲薄。

### （一）大学生择业恐惧心理的形成

#### 1. 受传统观念的影响而形成择业恐惧心理

有的大学毕业生把社会上的某些传统观念作为自己选择职业的依据，中国几千年的传

统文化，使部分青年学生有"苦读十年，荣宗耀祖"的观念、家庭地域观念很重，他们选择职业时，首先是征求父母的意见，想到的是对家庭有没有利，有没有面子，离家远不远，而事业发展则是第二位的，无形之中，家庭、亲友利用其特殊地位，对大学毕业生的就业择业起了代替的作用。有的大学生虽然对一些社会习俗有自己的独立见解，很不赞同，但迫于社会舆论的压力，产生了从众心理，因而在择业时，求稳、求静、求享受，缺乏艰苦创业的准备，因此，唯恐进不了大机关、大公司、大城市。

**2. 受自卑心理的影响而形成择业恐惧心理**

有的大学生毕业了，也具备了一定的实力和优势，而面对激烈的竞争，却觉得自己这也不行，那也不如别人，自卑心理使得自己缺乏竞争勇气，缺乏自信心，走进就业市场心理发怵，参加招聘面试更加忐忑不安。在这一阶段或者在前一阶段的就业竞争中遭受了挫折，或者是考研以及出国没成功，这些都可能造成情绪上的低落。另外，如果自己所学的专业在社会上竞争力不强，未必能在人才市场的竞争中占优势，也很容易对自己的能力缺乏自信心，产生自卑心理。一旦自卑心理产生，很容易形成择业恐惧心理。

**3. 受信心不足的影响而形成择业恐惧心理**

有些大学毕业生在"双向选择，供需见面"的市场竞争中又往往会流露出信心不足的心理。尤其是一些性格比较内向、不善言辞的学生，一些学习成绩平平甚至曾受过处分的学生，在面对择业市场时，缺乏自信的心理表现得更为明显的形成这样的心理，一方面是受到社会和用人单位的影响，另一方面也说明大学毕业生不敢正视现实，对自己的长处估计不够，缺乏竞争的勇气。有的毕业生因为心理负担过重，缺乏应试的临场经验、现实应变、自我控制能力等，以至在求职过程中非常怯懦。有的怀疑就业制度不健全，还有的大学生想当然地认为，就业时的"关系""能力"在竞争中有"四两拨千斤"的作用，而不去公平竞争，免得白费心血。还有的大学毕业生容易在"大学生择业难"的阴影下产生恐惧心理和示弱心态："我能竞争得过别人吗？""要是碰了钉子多丢人！""万一失败了怎么办？"这种自己给自己设置的心理障碍，往往使大学毕业生缺乏竞争的勇气和获胜的信心而形成择业恐惧心理。

**4. 受怕苦思想的影响而形成择业恐惧心理**

在大学毕业生求职过程中，普遍存在着攀高的心理，他们对理想职业的选择标准是"三高"，即起点高、薪水高、职位高。大学毕业生们要求所选择的工作要名声好一点、牌子响一点、效益高一点、工作轻一点、离家近一点、管理松一点，这是典型的贪图享受、怕吃苦、怕受累的表现。在怕苦怕累的心理驱使下，形成了选择职业的面很窄，出现了"千军万马过独木桥"的局面，其直接后果是增加了大学毕业生求职的失败率和困难。

大家都知道，没有耕耘哪有收获，不经风雨，怎见彩虹？追求事业成功必须付出艰苦的努力，艰苦的环境与事业的成功是联系在一起的，由于缺乏艰苦奋斗的思想准备，追求轻松、舒适、安逸的情调，所以在择业时，常把发挥能力干一番事业摆在了舒服的工作、生活之后。有的人对到艰苦的地方去工作顾虑重重，甚至表现出极大的不情愿，他们不是看自己的专业特长能否发挥作用，从而在实现社会价值的同时实现个人价值，而是贪图享乐，希望能去名声好、条件好、待遇高、有出国机会、离家比较近的单位工作。一旦愿望没有实现就产生了择业恐惧心理。

### （二）大学生择业恐惧心理的解决方法

为了提高大学生的心理健康水平，保证求职择业的顺利进行，不仅应当积极排除择业期间可能会出现的以上种种心理恐慌障碍，而且还应及早进行心理锻炼，以形成正确、健康的择业心态。

#### 1. 必须正视现实

现实是客观的，既有有利于自己的一面，也有不利于自己的一面。应该看到我国目前的生产力发展水平还比较落后，社会为大学毕业生提供的工作岗位不可能让人人满意。供需形势也很不平衡，发达地区、沿海城市、高薪行业等人满为患，边远地区，艰苦行业、基层和第一线急需人才。这些都是客观现实，大学毕业生应该面对这些事实，一切从实际出发，正视现实，既不要心存幻想，也不能逃避现实。正视现实还包括正视自身，一个不能正确认识自己的人不可能把主观愿望和客观现实有机结合起来。正视自身，包括对自己的思想表现、专业学习状况、各种能力、身心素质等都有一个客观认识。对自己有充分认识，有助于确定恰当择业目标。

#### 2. 消除自卑心理

以下方法可以消除自卑心理。

第一，正确评价自己。正确评价自己的办法就是要纠正过低的自我评价，多找自己的长处，即使微不足道的长处也不要忽略，利用自己的优势以长补短，寻求成功的经验，增强自信，可以有效克服自卑感。

第二，信心是成功的第一要诀。在求职择业过程中，信心不仅可以给自己带来勇气和力量，也会使用人单位在气势上产生认同感。要使自己在择业过程中保持坚定的信心，就要相信自己的能力，相信自己能够胜任工作，要经常对自己进行积极的心理暗示，"别人能干好，我一定也能干好""我一定能干得更好"等。

第三，要注意发挥自己的优势，扬长避短。要抓住自身的特点，发挥自己的优势，尽量避开自己的不足，这样，就有可能使你在择业竞争中占据主动。

第四，要有一腔打动用人单位的热情。要让人感觉到，我是热爱生活、热爱事业的，只要你们给我一次机会，我是会尽心尽力干好本职工作的，你们是不会因为选择我而感到失望的。

**3. 树立自信心**

自信是对自己的一种积极评价，它是一种勇于面对生活的信心和勇气。自信是事业成功的前提条件之一。大学生在择业求职时树立自信心，就是要在正确估量自己的情况下，鼓起勇气去迎接挑战，参与竞争，相信自己具备能求得合适职业的能力。如果没有足够的信心，怀疑自己，认为自己处处不如人，畏畏缩缩，不敢大胆地推销自己，甚至在面试时面红耳赤，语无伦次，首先就会给人留下一种无能而缺乏自信的印象。当然，自信不是骄傲，自信要有资本和基础，这个资本和基础就是真才实学。有真才实学作后盾，才会有真正的自信。因此，要树立真正的自信心，也就意味着要学好专业知识，全面提高自己的综合素质。要知道，无能者是不可能在激烈竞争的社会中长期站住脚的，他必将被社会和变化的时代所淘汰。

# 第三节 毕业生择业心里调适方法

## 一、树立正确的择业观

大学生要树立正确的择业观。择业观是大学生人生价值观的重要成分，它与大学生的世界观、道德意识及心理认知水平相互影响、相互制约，大学生择业过程中出现的急功近利、求闲怕苦、虚荣攀比等心理误区，在一定程度上影响了他们的职业发展，错误的择业观约束了大学生认知水平的提高。学校要在大学生中加强正确的择业观教育，引导学生正确处理国家、集体和个人发展之间的关系，把个人职业发展与社会要求有机地结合起来，树立自尊、自强、自立、自爱意识，发扬艰苦创业精神，在正确的择业观指导下促进大学生全面素质的提高。尽管社会为大学生择业提供了"双向选择"的机会，多数大学生可以通过"双向选择"获得较满意的职业，但择业难的问题并没有从根本上得到解决。要清醒地看到，择业是自己的生活起点，一定要全身心地投入，才能使自己成长、发展、充实，从而实现人生的目的，实现服务于社会的目的。

大学生要充分认识到基层是锻炼人的最好地方，基层为大学生施展才华提供了有利条件，大学生要想成才，没有什么捷径可走，只有立足基层，才能有所作为。要看到国家正在实行的西部大开发战略已经取得了显著成效，西部地区与发达地区的差距正在日益缩小，在今后相当长的时间内，西部地区仍是我国最具有活力的地区。有理想、有抱负、有才华的青年大学毕业生，应该怀着一腔热血，到祖国最需要的地方去，到广大的西部地区去建功立业，奉献青春。到艰苦的地方去，要克服怕苦怕累的心理，首先要有事业的追求，即使是非常好的职位也同样需要吃苦。另外，也应该认识到最艰苦的环境最容易锻炼人，也最容易成功。当然，要克服怕苦怕累的心理，培养自己艰苦奋斗的作风，更需要实践。大学毕业生要在日常的工作和学习中有意识地做好吃苦耐劳的思想准备，这不仅会对求职成功大有益处，而且对自己的一生都会产生积极的影响。我们已经看到，我国人事制度正在进行较大的改革，随着社会主义市场经济体制的不断完善，就业制度也正在适应这一要求，趋向越来越开放，人才流动的机会将会越来越多。首次择业未成功或未能如愿，还可以有第二次、第三次甚至更多次的择业机会，人才市场将会为毕业生提供更为广阔的前景。

## 二、树立科学的择业意识

大学生择业意识具有明显的时代特征，当代大学生在选择职业时应树立以下十种意识。

第一，定位意识。所谓定位意识，就是指毕业生在充分了解社会就业形势与环境，并在客观评价自我的基础上，对适合自己发展的生活空间做出及时、准确的判断。

第二，推销意识。在人才竞争激烈的环境下，毕业生应具有一定的推销意识，积极地推销自我，展现自我。

第三，效率意识。应届毕业生择业同社会职工再就业之间最大的区别就是具有较强的时效性，毕业生必须充分把握时机，提高效率意识，积极主动地参与到人才市场的竞争中来，在尽可能多地搜集就业信息的基础上，及时地进行分析、了解、取舍，尽快确定自己的就业去向，犹豫不决往往会坐失良机。

第四，信用意识。市场经济可以说是信用经济，缺乏信用的经济主体在竞争中必然遭受淘汰，毕业生就业过程中也是如此。因此，要求毕业生要从大局出发，树立信用意识。

第五，法律意识。大学毕业生在与用人单位确立劳动关系时要签订劳动合同，依法签订劳动合同是其产生法律约束力的前提，但是如果签订的劳动合同不合法，那么求职者的权益保护就会遇到困难。因此，求职者一定要先确认自己签订的劳动合同是否具备产生法律约束力的条件，其中，包括用人单位这一劳动合同主体须符合法定条件，用人单位应当依法成立，能够依法支付工资、缴纳社会保险费、提供劳动保护条件，并能够承担相应的民事责任。双方签订的劳动合同内容（权利与义务）必须符合法律、法规和劳动政策，不得从事非法工作。签订劳动合同的程序、形式必须合法，经协商一致、采用书面形式签订。

第六，回报社会意识。要用高度的社会责任感来回报社会。

第七，危机意识。大学生在就业的过程中要有危机感。

第八，艰苦创业意识。大学生在就业的过程中要准备艰苦创业。

第九，竞争意识。当今社会处处充满竞争，市场规律、竞争机制的引入使社会发生了很大的变化。大学生离开校门走向社会就不得不接受优胜劣汰的洗礼，亲身体验现实的严峻性和挑战性。因此，大学毕业生在择业时要自觉培养自己勇于竞争的心理素质，要敢于向社会挑战，扩大就业成功的机会，使自己成为竞争社会的强者。大学毕业生应该有青年人的朝气和锐气，要敢想、敢说、敢干，有敢为天下先的精神和气概，不能事事唯唯诺诺、胆小怕事。敢于竞争，就要从实际出发，充分考虑到自己的专业、性格、气质、爱好等，扬长避短，发挥自己特长。敢于竞争，要有一定的实力，靠真才实学，而不能靠纸上谈兵，更不能靠互相拆台或互相嫉妒，竞争应该是在互学、互勉、共同进步中进行。

第十，开拓意识。大学生在就业的过程中要有开拓创新的精神。

## 三、不怕挫折

大学毕业生就业制度的改革，为大学毕业生和用人单位提供了"双向选择"的机会，使大学生能够根据国家赋予自己的权利，结合自己的专业、爱好、性格、特长、愿望等挑选工作岗位。大学毕业生应该珍惜自己的这个机遇，不怕挫折，通过适当的途径和方式，努力实现自己的抱负和人生理想。要知道，在择业中遇到挫折是很正常的事情，挫折能使人成熟、坚强，增强心理承受能力。不怕挫折，就要有充分的思想准备，尤其是做好遭受挫折或暂时失败的思想准备。在择业竞争中，遭遇挫折失败在所难免。重要的是遇到挫折，要认真分析其原因，是主观努力不够，还是客观条件不具备。只有认真分析，才能心中有数，调节好心态，成为竞争中的强者。

此外，大学生毕业时的"双向选择"，既表明大学生有选择单位的权利，也表明了用人单位有选择应聘者的权利，因此，当大学毕业生面对自己的愿望、动机、行为不被社会接纳时，就应当将自己的心理能量导向比较崇高的方向，使之符合社会文化与规范的要求。要学会优势互补，学业上竞争不过别人，就在能力上与别人竞争，如果因为性别或生源而遭受到不公平的待遇时，要能够进行适当的自我安慰，维护个人尊严，保持进取心，平衡身心，不为一时一事的困难和挫折所吓倒。

## 四、合理宣泄情绪

大学生面临毕业时，经常会因这样或那样的事情影响个人情绪稳定，比较容易出现情绪低落或心情暴躁的情况，在这种情况下，如果能够选择适当的地点或时间，进行合理的宣泄是非常必要的。在漫长的人生道路上，预想不到的困难和挫折是不可避免的，择业中遇到挫折是很正常的事情，大学生千万不要大惊小怪，更不要因此而心理不安。在挫折之后，一定要对自己的挫折进行正确归因，查漏补缺，扬长避短。按照现代的归因理论，成功或失败可归因于四个方面，即个人能力、努力程度、任务难度和机会。前两者属于主观因素，后两者属于客观因素。若把自己的挫折过多地归结于外部客观因素，就容易丧失自信。最好的办法就是客观分析自我，努力克服择业过程中容易产生的浮躁、焦虑、恐惧等心理障碍，以积极的心态、平衡的心境、出众的心智、旺盛的心力、顽强的心志、平稳的心绪和乐观的心情投入到择业中去，为找到自己理想的职业而努力。

# 第三章 大学生就业过程中的自我意识与职业认知

## 第一节 自我认知

一个人的工作满意度取决于其从事的工作是否与自身的性格、兴趣、价值观、能力相匹配。一个人知道自己适合做什么、喜欢做什么、能做什么、环境需要自己做什么、做什么才有成就感，对其职业生涯的发展至关重要。我们对自我了解得越多、越深，知道自己更适合选择哪一条道路，职业发展方向也就越明确。所以在职业生涯规划中认识自我是关键的部分，也是核心。

### 一、自我认知内涵

古语云："人贵有自知之明。"所谓自知，是自我感知、自我认识的意思。人有自知之明，是指人能够正确地认识自我。但在现实生活中，能够正确认识自我的人并不多。

美国心理学家约瑟夫·卢夫特和盖瑞·查普曼提出的关于自我认知的"乔韩窗口理论"认为，人的自我由四个不断发展变化着的领域构成。这四个领域是：公开的自我，即透明真实的自我，是自己很了解，别人也很了解的部分；盲目的自我，即别人看得很清楚，自己却不了解的部分；秘密的自我，即自己了解但别人不了解的部分；未知的自我，即别人和自己都不了解的潜在部分，通过一些契机可以激发出来。

一个人自我公开领域扩大，其生活将变得更真实，无论与人交往还是独处，都会感到轻松愉快而充满活力，如果盲目领域变小，人对自我的认识就会更清晰，在生活中就更容易扬长避短，发挥自己的潜力。因此，我们要主动开放自我，扩大公开领域，通过他人的反馈使部分隐秘区、盲目区进入公开区，通过与他人互动、分享，使许多未知区的未知事物进入隐秘区或盲目区，逐步实现自我认知，更好地发挥自身优势，获得人生的成功。

#### （一）自我认知的含义及内容

自我认知包括个体对自身生理状态、心理状态以及自己与周围关系的认识和评价。

##### 1. 个体对自身生理状态的认识和评价

个体对自身生理状态的认识和评价，指对自己身高、体重、容貌、身材、性别等的认识以及生理病痛、温饱饥饿、劳累疲乏的感受等。这方面的认知对处于青年期的大学生尤为重要，大学生对自己的生理状况往往特别关注，有时伴有较强的自卑心，有时又过分自负。如果一个人对自己的生理自我不能接纳，如嫌自己个子矮、不漂亮、身材差等，就会讨厌自己，表现出自卑，缺乏自信，没有行动力。

### 2. 个体对自身心理状态的认识和评价

个体对自身心理状态的认识和评价指对自己知识、能力、情绪、兴趣、爱好、性格、气质、道德水准等内在精神因素的认识和体验。如果一个人对自我评价低，嫌自己能力差、智商不高、情绪起伏过强、自制力差等，就会否定自己。

个体对自身心理状态的认识和评价是个体自我认知的核心。它可以使人调节控制自己的心理和行为，修正自己的经验与观念，确立坚定的信念和信仰，探索自己的人生之路。

### 3. 个体对自己与周围关系的认识与评价

个体对自己与周围关系的认识与评价，指对自己在群体中的地位、作用以及自己和他人相互关系的认识、评价和体验，这对个体自信心的形成影响很大，可以促进个人的人际交往和沟通能力，有助于与他人建立起更丰富、更密切、更有成效的关系，有利于个人的成长和以后的职业生涯发展，如果一个人认为周围的人不喜欢自己，不接纳自己，找不到知心朋友，就会感到孤独、寂寞。

影响个体自我认知的因素除了与人的自我态度、成长经历、生活环境有关以外，他人对个体的评价，特别是一些重要人物，例如家人、老师、朋友、同学等对待个体的态度，会对个体的自我认知起着重要的作用。

### （二）自我认知的作用

自我认知就是个人正确地认识自己，了解自己的兴趣、爱好、性格、能力及价值追求等。知道自己是块什么"材料"，根据材料类型决定其用途。也就是说，搞清自己是根"直木"，还是一根"弯木"。直木宜作檩，可盖房建大厦；弯木宜作犁，可耕地种庄稼。各有其用途，如果用错了地方，就难以发挥其作用。

### 1. 自我认知是大学生进行个人职业生涯规划的基础

认识自己是个体做出任何一个决策的基本前提，对于大学生职业生涯规划来说更是如此。一个人去从事一项自己不胜任的工作，是无效的和痛苦的；一个人去从事一项自己不愿意做的工作，同样是低效的和痛苦的。

大学生只有多角度、全方位、尽可能客观地认识自己才能对个人的职业生涯进行很好的计划和周密的考虑，确定自我奋斗的目标和方向，选择适合自己的职业道路，坚定并自信地走下去。

**2. 自我认知有助于大学生入职匹配，最大限度地实现个人的抱负**

一方面，大学生通过对自我的认知，结合社会需要选择适合自己发展的职业；另一方面，不同职业对求职者的知识、能力、性格等都有不同要求，所以职业也在选择大学生求职者。因此，自我认知能够使大学生在职业生涯中，做到让自己的人格特点与职业类型相匹配，激发自身发展的动力，借助职业平台实现个人抱负。

**3. 自我认知能帮助大学生更好地开发潜能，取得事业成功**

大学生只有通过自我认知，才能对自我做出正确的评价，尽可能发现并挖掘个人的潜能，使自己未来的职业生涯达到一个更高的水平。所以，只有正确认识自己，才能对自己的职业做出正确选择，才能选定适合自己发展的职业生涯路线，才能对自己的职业生涯目标做出最佳抉择。因此，自我认知是职业生涯设计的首要一步，也是毕业生求职择业的重要一步。所以，大学生要想获得职业生涯的成功，就必须了解自己，正确评价自己，发现自己的优势，扬长避短，在职业生涯中充分发挥自己的优势，取得人生的成功。

### （三）自我认知的原则

大学生在认识自我、评价自我、接受自我并调整自我的过程中应遵循以下原则：

**1. 客观性原则**

大学生在认识自我时，要以客观事实为基础和依据，尽量避免主观因素的影响。一般来讲，既要防止由于过度自卑而导致的消极悲观，又要防止过分自负而脱离实际的孤芳自赏。

**2. 全面性原则**

大学生在认知自我时，应对自己做出整体认知和综合判断，不要片面、孤立、不分主次。同时，又要注意自我各部分之间的关系，把自我各方面的情况放在社会对某一方面专业人才的整体要求这样一个系统中去认识与评判。只有这样，才能全面而正确地反映自己的整体素质状况，做出实事求是的自我认知与评价，才能对自我进行良好的激励和培养。

**3. 发展性原则**

大学阶段及迈向社会的最初几年是青年人可塑性最强、最容易挖掘其潜能而快速成长的时期。因此大学生在认识自我的过程中要对自己的发展潜力做出适当的评价，用发展的眼光来看待自己，预测自己在知识结构、工作兴趣、工作能力等方面会有什么样的发展变化，并把它作为选择职业的依据之一。这种预测性的自我认识在人的一生中十分重要，预测的准确性越高，职业选择就越准确，自我发展的空间也越广阔。如果缺乏这种预测性的自我评价，目光短浅只顾眼前，往往会导致职业选择的失误，对自己今后的发展不利。所以，每个大学生都要用发展的眼光来审视自己、分析自己、评价自己，对自己的过去、现在以至将来进行合理的、相对准确的认知。

#### 4. 稳定性原则

青年时期的大学生还没有形成关于自我认知的稳固形象，以致常常对已形成的自我认知发生动摇。比如，常会因一个很小的过失和他人的否定而心灰意冷，也会因为获得小小的一次成功得到表扬，而过分自负。因此，大学生在认知自己时，要尽量避免因情绪的波动导致自我评价的过度浮动。如果一个人对自己的评价忽高忽低，只能说明他心理上的不成熟，这种忽高忽低的评价也会与现实自我相差甚远。

#### 5. 现实性原则

处于青年期的大学生常处于理想自我和现实自我的矛盾之中。理想自我是指希望自己成为怎样的人，现实自我是指我现在是怎样一个人，处于一个怎样的现实环境之中。由于大学生涉世不深，理想自我往往带有很强的幻想色彩，实现的可能性较小。以理想自我形象作为蓝本去认识和评价现实中的自我，必然产生理想自我与现实自我之间的矛盾。要想解决这个矛盾，就要立足于现实，紧紧把握住现实自我，减少理想自我对现实自我评价的负性作用。避免出现焦虑、抑郁、自暴自弃、怨天尤人等心理困扰。

### （四）自我认知的方法

#### 1. 自我评估

（1）与他人比较评价自己

在社会交往中，把他人当作反映自己的镜子，在与他人比较中了解自己，这是个人获得自我认识的重要来源。

一般来说，当局者迷，旁观者清。周围人对我们的态度和评价能帮助我们认识自己、了解自己。因此，我们要尊重他人的态度与评价，既不盲从也不忽视，冷静地分析，虚心向别人学习，获得足够的经验，然后按照自己的需要去规划自己的前途。通常情况下，我们应跟别人比较行动后的结果，而不是行动前的条件。比如，我们应该和别人比较学习结果、能力提高情况、交往情况，而不是比自己的家庭条件等。跟他人比较时的标准应是相对和可变化的标准，而不是绝对不可变的标准，如与自己条件相类似的人比较，才有可比性，而身材、家世是不能改变的条件，没有比较的实际意义。所以，在与别人比较认识自己时，确立一个合理的参照标准，明确一个合理的立足点尤为重要。

（2）从个人的成败经验评价自己

通过自己所取得的成果、成就，从做事的经验中了解自己所拥有的知识、能力；同样，通过自己的失败经历也可以认识自我的弱势及差距。对聪明又善用智慧的人来说，成功和失败的经验都可以助其再成功，因为他们了解自己，有坚强的人格特征，善于学习，因而可以避免重蹈失败的覆辙；对于某些比较脆弱的人来说，失败的经验只能使其更失败，他们往往不能从失败中学到教训，改变策略追求成功，而且挫败后形成惧怕心理，不敢面对现实去应付困境或挑战，甚至失去许多良机；而对有些狂妄自大的人而言，成功反可能导致失败，他们获得成功便骄傲自大，以后做事便自不量力，往往失败的较多。因此，由成败经验获得的自我意识也要细加分析和甄别，这样才能获得更多的成功。

（3）自我观察认识自己

古人曰："吾日三省吾身。"要认识自己，我们就必须要做一个有心人，经常反省自己在日常生活中的点滴表现，总结自己，找出自己的优点和缺点。自我观察是进行自我教育、自我提高的重要途径。

第一，自己眼中的我，即个人实际观察到的客观的我，包括身体、容貌、性别、年龄、职业、性格、气质、能力等。经常把审视的眼光投向自己，与自己的内心接触，了解自己的感受，自己的需要，分析自己的优势、特点，检查自己的行为举止、言谈的分寸和品位，然后管理自我并培养自我。

第二，自己心中的我，指自己对自己的期许，即理想的我。我们要经常在夜深人静或没有干扰的情况下，聆听自己的内心，看看自己到底喜欢什么、真正想要什么，想成为什么样的人，从而了解自己的喜好、需求和期望。

**2. 他人评价**

不同的人对你的反应和评价是不一样的，因此，通过访问周围与自己关系密切的人，如家人、老师、朋友、同学、其他社会关系等，收集他们对自己的评价和定位，可以比较全面的、多角度认知自我。

在他人评价中，用得比较多的是360°评估。所谓360°评估就是由与被评价人有密切关系的人对被评价人进行匿名评价的综合评价系统。通过360°评估可以全面、客观地搜集被评价人工作表现的信息，了解被评价人的优势和不足，帮助被评价人进行科学的自我评价，促进被评价人不断成长。

360°评估由选择评估对象、设计评估问卷、实施评估、分析总结等四个步骤组成。这四个步骤进行得是否严谨，直接影响评估结果的有效性。

**3. 职业测评**

（1）职业测评的含义

把心理测验应用于职业选择就是职业测评，包括对应试者的性格、兴趣、技能、价值观的测定。相对于其他方法，通过职业测评了解自己更加科学、更加客观。它能对人的知识水平、能力、个性特质、职业倾向和发展潜力等方面的素质进行综合测评，帮助不同素质水平的人选择适合自身发展的职业，以充分发挥个体的优势和潜能，也为用人单位选拔合格人才提供客观的依据。

（2）职业测评的作用

就像到医院做各种身体检查，通过检查结果给医生提供分析依据，最终达到确诊、治疗的目的一样，职业测评也是手段，不是目的。通过测评，给测评者提供分析自我的依据，使其对规划对象进行各项指标分析，挖掘他们自身的优势和潜质，从而帮助他们科学定位，找到各阶段的发展平台。通过分析结果规划出一个发展目标和方向，确定职业发展的每一步怎么走，每个平台怎么搭，然后根据主观原因和客观原因的变化，及时反馈和修正，使规划对象始终沿着一个方向，一步一步向前走，最后获得成功。

大学生可以通过职业测评了解自己的性格、兴趣、能力、价值观等个性特征，做好求职择业的心理与行为准备。

（3）职业测评应注意的问题

通过职业测评得出的结论是比较客观的。职业测评测试用的题目、施测说明、施测者的言语、态度及施测时的物理环境、评分的原则和手续、分数的转换和解释等都有统一的标准。但职业测评得出的结论不是100%准确的。第一，职业测评缺乏坚实的理论基础。比如，智力和人格，到目前为止，心理学界还没有统一的定义和理论。第二，职业测评是间接地测评人的心理品质，只能是通过测评者的外显行为，来推论出他的心理特质，具有间接性。第三，职业测评在具体操作时，不可避免地存在一些误差。所以，在使用职业测评这种工具时，特别是解释分数的时候，一定要谨慎，不能光看测试成绩，还得结合其他有关资料。目前为止，还没有一种更有效、更实用的方法能够取代职业测评来测量人的心理特性。

## 二、性格与职业

"天才摆错位置就成了庸才。"其实很多时候是我们自己把自己当成了垃圾随地乱扔，荒废了自己的才能。处于市场经济时代，市场经济的运作十分强调把资源配置放到最能发挥效率的地方，而我们自身也是一种资源，应该寻找最适合自身优势发挥的岗位，并对自己的选择保持一份坚定与执着，这对我们自身的发展很重要。

大学生在性格与职业选择的问题上，要么不清楚自己是什么性格，不知道从性格的角度考虑自己适合的专业、工作。要么对自己的性格有这样那样的不满，担心自己的性格影响未来的发展。要解决这些困惑，需要清晰地了解自己的性格，找出适合自己性格特征的职业，为自己的职业生涯规划提供依据。

### （一）性格的概念

性格是一个人在生活中对他人、对事、对自己、对外在环境所表现出来的稳定的行为方式。每个人在其成长经历中，可能受到生理、遗传、家庭教养、文化、学习经验等因素的交互作用，从而形成自己独特的个性，在不同的情境中表现出特定的性格。

## （二）性格与职业发展

当我们用自己常用的那只手签名时，通常会感到"得心应手"，很自如，几乎不假思索，也不用费什么力气，对自己能够做好这件事也很有信心。而当我们换另一只手时，就感到不习惯、别扭、费劲，而且签的名字也歪歪扭扭。

其实，我们在其他事情上也是如此，每个人都有自己擅长的一面，也有自己不擅长的一面。如果能够找到一个适合个人性格的环境，能够发挥自己的长处和优势，那么我们会很自信，并且往往会取得佳绩。相反，如果要求我们做不擅长的事情，那么多半会感到不舒服、不自在，而且也可能干不好这项工作。

所以，性格偏好就意味着你以某种方式做事的天生爱好，就像你的左右手。性格偏好使人与人之间有着很大的区别，有人乐意干事务性的工作，而有的人对信息加工与处理非常擅长，还有的人热衷于人与人之间的沟通和交流。这就是人的性格偏好所起的作用。因此，性格能让你在一种职业环境中获得成功，但也可能使你在另一种职业环境中大受挫折。

总之，性格与职业成败有着密切的关系。理解、认清自己的性格偏好，找出自身的优点、缺点，并且学会在工作中扬长避短，才能在职业竞争中立于不败之地。

## （三）探索性格的方法

### 1. "MBTI"性格理论

MBTI是一种信度、效度都较高的性格测评工具。MBTI的理论来源于瑞典心理学家卡尔·荣格（Carljung）有关知觉、判断和人格态度的观点，是由嘉芙莲·谷嘉·碧瑞斯（Katharine Cook Briggs）和她的女儿伊莎贝·碧瑞斯·麦尔斯（Iasbel Briggs Myers）共同研究并发展成为性格测评工具，简称MBTI。

MBTI衡量的是个人的类型偏好或倾向。所谓"偏好"是一种天生的倾向性，是一种特定的行为和思考方式。这些偏好并没有优劣之分，却形成了人与人之间的不同。它们各自识别了一些人类正常和有价值的行为，也可能成为误解和偏见的来源。

### 2. 通过他人评价探索自己的性格

通过MBTI以及相关活动往往很难一下就准确地判断一个人的性格类型，所以除了完成前面的活动以更好地了解个人的MBTI类型外，还可以采用"他人眼中的我"和"360°评估"来探索自己的性格，总结出自己的性格特征及其适配的职业。

### 3. 通过职业测评探索自己的性格

通过职业测评软件测评自己的性格及适配职业是一种比较正式且有效的方法。可以通过学校或职业辅导网站的职业测评软件进行性格测评，把结果与其他的自我探索结合，总结归纳出自己的性格及适配职业，为自己的职业生涯规划积累参考依据。

**4. 正确理解性格类型与职业的适配**

性格类型没有对错，而在工作或人际关系上，也没有更好或更坏的组合。每一种性格类型给每一个人都能带来独特的优点。你可以用性格类型去理解和原谅自己，但不能以它作为你做或不做任何事情的借口，不要让性格类型左右你的择业，但可作为职业选择的参考依据之一。

## 三、兴趣与职业

获得诺贝尔物理学奖的丁肇中说过："兴趣比天才重要。"实践证明，在影响个人职业生涯规划与发展的众多主观因素中，兴趣就像一双无形的手，所起的作用最大。那么，什么是兴趣呢？兴趣是怎样发展和影响个人职业生涯的呢？

### （一）什么是兴趣

兴趣是人们力求认识、掌握某种事物，并经常参与该种活动的心理倾向。或者说，兴趣是人们积极探究某种事物的认识倾向。例如，你对某种职业感兴趣，就会对该职业活动表现出肯定的态度，并积极思考、探索和追求。

兴趣可分为物质兴趣、精神兴趣和社会兴趣。物质兴趣与你的需要相关联，表现为对物质的迷恋和追求，例如收藏的兴趣；精神兴趣主要是指对文化、科学和艺术的迷恋和追求，例如旅游、写作、绘画、书法、摄影、发明创造等兴趣；社会兴趣主要是指对社会工作等活动的兴趣。兴趣又可以分为直接兴趣和间接兴趣。你喜欢跳舞、打球，可能是因为这些活动本身对你有吸引力，通过这些活动你会获得愉快和满足，这就是直接兴趣；你可能感到学外语是一件很枯燥的事情，但对它仍然兴致很浓，这并不是学外语本身会给你带来轻松愉快，而是学外语可以继续攻读学位，可以直接了解国外最新信息，可以找到满意的工作，可以出国学习或交流等，是这些结果在吸引你学习，这就是间接兴趣。直接兴趣和间接兴趣可以互相转化，也可以相互结合，从而更有效地调动你的积极性。

### （二）兴趣与职业发展

**1. 兴趣是职业生涯规划选择的重要依据**

爱因斯坦说过："兴趣是最好的老师。"兴趣是一种强大的精神力量，可以使人集中精力去获得你所喜欢的职业，启迪智慧并创造性地开展工作。当一个人对某种职业发生兴趣时，就能发挥整个身心的能量，积极主动地去感知和关注该职业知识、动态并且积极思考、大胆探索；就能情绪高涨、想象丰富；就能增强记忆效果，增强克服困难的意志。反之，是不会取得良好效果的，当然也就很难在该职业上发挥个人的优势、做出巨大贡献。正像一个人在日常生活中喜欢从事自己感兴趣的活动一样，大学生更倾向于寻找与自己兴趣相关的职业，特别是在外界环境限制较小时，大学生更倾向于选择自己感兴趣的职业。所以，大学生要充分利用自我认知的各种方法对自己的兴趣进行探索，为自己的职业生涯规划提供参考依据。

**2. 兴趣可以充分发挥一个人的才能，提高工作效率**

一个人对某一方面的工作感兴趣时，枯燥的工作会变得丰富多彩、趣味无穷。兴趣使工作不再是一种负担，而是一种享受。因为兴趣可以调动人的全部精力，以敏锐的观察力、高度的注意力、活跃的思维和丰富的想象力投入工作，促进能力的发挥，兴趣和能力的结合会大大提高工作效率。曾有人进行过研究：如果一个人从事自己感兴趣的职业，则能发挥他的全部才能的80%～90%，而且长时间保持高效率而不感到疲劳；而一个人对所从事工作没有兴趣，只能发挥他全部才能的20%～30%。爱迪生就是个很好的例子，他几乎每天都在实验室里辛苦工作十几小时，在那里吃饭、睡觉，但丝毫不以为苦，"我一生中从未间断过一天工作""我每天其乐无穷。"难怪他会取得巨大成功。

**3. 兴趣是保证职业稳定、职场成功的重要因素**

兴趣是工作动力的主要源泉之一。对于一个人来说，对工作感兴趣，就愿意钻研，就能出成就——这正是兴趣的作用所在。在其他条件相似的情况下，从事自己感兴趣的职业不但让你感到满意，而且能够让人善于应付多变的环境。因此，兴趣是职场成功的一个重要因素，它能将你的潜能最大限度地调动起来，使你长期专注于某一方向，做出艰苦的努力，取得令人注目的成绩。

因此，在选择长期、稳定的职业生涯时，不仅需要知道自己有能力从事什么样的工作，更重要的是需要知道自己对哪类工作感兴趣。只有将能力和兴趣结合起来考虑，才更有可能规划好职业生涯并取得职业生涯的成功。北森测评网与原劳动和社会保障部劳动科学研究所、新浪网联合进行的"当代大学生第一份工作现状调查"发现，找到第一份工作后有50%的大学生选择在一年内更换工作，两年内大学生的跳槽率达到75%。这些现象充分说明了兴趣与工作的满意度、职业成就感和职业稳定性之间有着密切的联系。因此，大学生要积极主动探索自己的职业兴趣，为自己的职业选择提供参考依据，保证职业生涯的顺利发展。

## （三）探索兴趣的方法

**1. 霍兰德兴趣类型理论**

著名的生涯辅导理论专家霍兰德（Holland）自20世纪70年代以来，提出了一系列的研究假设。

霍兰德认为：职业选择是人格的一种表现，某一类型的职业通常会吸引具有相同人格特质的人，这种人格特质反映在职业上就是职业兴趣。大多数人的职业兴趣可以归纳为六种类型：实用型（Realistic type，简称 R）、研究型（Investigative type，简称 I）、艺术型（Artistic type，简称 A）、社会型（Social type，简称 S）、企业型（Enterprising type，简称 E）、常规型（Conventional type，简称 C）。个人的职业兴趣往往是多方面的，很少只是集中在某一种类型上。大家可能或多或少地具有六种兴趣倾向，只是偏好程度不同。因此，为了比较全面地描绘个人的职业兴趣，通常会用最强的三种兴趣的字母（代表 3 种兴趣类型）代码来标示一个人的职业兴趣，这个代码称为"霍兰德代码"。这三个字母之间的顺序表示了不同类型兴趣的强弱程度的不同。比如，SAI 和 AIS 的人具有相似的兴趣，但他们对同一类型事务的兴趣强弱程度是不同的。

霍兰德还认为：同一职业团体内的人有相似的人格特质，因此，他们对情境和问题会有类似的反应，从而产生特定的职业氛围以及职业环境。这种职业环境具有特定的价值观、态度倾向和行为模式。由此，工作环境也可以分为六种类型，其名称及性质与人格类型的分类一致，具体职业通常也采用上述 3 个字母代码的方式来描述其工作性质和职业氛围。例如，建筑师这一职业的代码是 AIR，律师是 ESA，而会计则是 CRI。

### 2. 通过剪报探索兴趣

连续三个星期，随心所欲地剪下报刊及杂志上你认为最有兴趣和价值的文章，剪报的时候有一条规则，就是不得翻阅审查自己以前剪下来的文章。完成整个练习后，将剪下来的文章分类，你会发觉你的兴趣所在。

仔细地整理一下你的兴趣收藏，试着把它们归类，看看哪些是可以与职业相联系的，然后选择那些你可能从事的职业，因为它们本身就是你的兴趣所在，从事这些与自己兴趣相关的职业能激发你最大的潜能。

### 3. 通过职业测评进行职业兴趣探索

通过职业测评软件测评自己的职业兴趣及适配职业是一种比较正式且有效的方法。可以通过学校或职业辅导网站的职业测评软件进行兴趣测评，把结果与其他的自我探索结合，总结归纳出自己的职业兴趣及适配职业，为自己的职业生涯规划积累参考依据。

### （四）正确理解兴趣类型与职业的适配

#### 1. 个人兴趣与职业环境之间的适配是一种理想

当我们倡导在职业选择上寻求个人兴趣与职业环境之间的适配时，"完全的适配"只是我们不断接近的一个理想目标。现实中，我们做不到100%的适配，但不必因此而放弃对个人兴趣的重视。我们的职业至少应当在一定程度上体现我们的兴趣，可以是90%，也可以是40%，而其余的部分可以在生活中的其他方面，通过其他活动（如业余爱好、志愿者活动、辅修专业等）来实现。

**2. 把专业类型与兴趣类型结合起来选择职业**

专业类型可以与兴趣类型结合，哪怕是相对的两种类型也是如此。比如，一个喜爱文学（艺术型兴趣较高）而学习计算机专业（实用性）的大学生，可以考虑在毕业后去《电脑世界》一类的杂志社工作，这样就可以将自己艺术类型的兴趣与实用性的专业结合起来，在一定程度上满足自己的兴趣。

**3. 切勿在兴趣中迷失职业发展**

人们常说"兴趣是最好的老师"，但对于职场新人来说，却有可能在兴趣中迷失方向。很多职场新人过分看重职业兴趣，一旦遇到问题就将责任都归咎于兴趣，却不能从深层次发现问题的根源。

## 四、技能与职业

乔纳森·斯威夫特曾说："尽管我们常常谴责人类不了解自己的缺点，但恐怕也很少有人了解自己的长处。就像在泥土中埋藏着一罐金子，土地的主人却不知道一样。"职业技能对于个人的职业生涯的成功至关重要，我们必须要弄清楚自己的技能优势是什么，在自己的优势方向上寻找自己胜任的职业，才能够保证职业发展的稳定性，增强职业满意度，获得一个持续发展的职业生涯。

### （一）什么是技能

在劳动力市场中，雇主们经常关注的能力叫技能。技能是经过后天学习和练习而培养形成的能力，是顺利完成某种活动所必备的，如阅读能力、人际交往能力、表达能力、分析问题解决问题的能力等。

"你有什么样的技能"是每一个求职者都要面对的问题。其实，每个人都有自己擅长的方面，有自己独有的技能和能力，就看你能不能、会不会发掘出自己的能力，并采取适当的方式、方法去表现、提高它们。怎样发现、培养和表现自己的技能，从而在劳动力市场中拥有竞争力，是非常关键的。

### （二）技能与职业发展

任何一种职业都要求从业者具备相应的技能，所以技能是职业适应性的首要和基本的制约因素。我国职业教育奠基者黄炎培先生曾指出："一个人职业和才能相当和不相当，相差很大。用经济的眼光看起来：要是相当，不晓得增加多少效能；要是不相当，不晓得埋没多少人才。就个人论起来：相当，不晓得有多少快乐；不相当，不晓得有多少怨苦。"因此，大学生要清楚自己的技能状况，要了解自身存在哪些技能优势，还有哪些不足。过高估计自己拥有的技能，就业期望值就会偏高，导致择业受挫；而过低估计自己拥有的技能，则会出现就业错位、大材小用的现象。

### （三）技能的分类

根据辛迪·梵和理查德·鲍尔斯对技能的分类，技能可以分为知识技能、自我管理技能、可迁移技能（或称通用技能）。

**1. 知识技能**

（1）概念

知识技能是指那些需要通过教育或者培训才能获得的特别的知识或能力，也就是我们学习的科目，所懂得的东西。例如，你是否掌握外语、中国古代史、电脑编程、国际贸易、证券分析等知识。专业知识技能一般用名词来表示，例如英语、数学、C 语言、Flash 等。

（2）作用

知识技能不能够迁移，需要经过有意识地、专门的学习，它常常与我们的专业学习或工作内容直接相关。正因为如此，许多同学由于不喜欢自己的专业，在找工作时往往陷入两难的境地：一方面，他们认为找工作必须"专业对口"，但是又不喜欢自己的专业，不想将之作为从事一生的职业；另一方面，如果"专业不对口"，自己不是"科班出身"，则担心自己与专业出身的应聘者相比缺乏竞争力，甚至觉得很难跨越专业的鸿沟。在这种情况下，似乎唯一可行的方式就是通过考研来改换专业。

事实上，知识技能并非只有通过正式的专业教育才能获得，还可以通过课外培训、辅导班、资格认证考试、专业会议、讲座或研讨会、自学、爱好、娱乐休闲、社会实践、社团活动、上岗培训等途径获得。因此，如果想从事本专业之外的工作而不愿或不能重新选修一个专业的话，仍然有许多途径可以帮助我们获得相关的知识技能。同时，在招聘中，知识技能也绝对不是用人单位所重视的唯一条件，可能更加看重个人的综合素质，即自我管理技能和可迁移技能。

（3）知识技能的组合

知识技能的组合使我们在人才市场上更具竞争力，也更有可能将工作完成好。通常我们所说的"复合型人才"正是指具有不同知识技能的人。例如，如今懂英语的人很多，但既精通英语又精通建筑专业知识的人不多。而在大型合资建筑工程中，特别需要能与外国专家进行良好沟通的专业人才。从这个角度上讲，不论你现在学习的专业是否是你所喜爱的，或是你将来要从事的，你从中获得的专业知识在某个时候就有可能派上用场。甚至一些看似与专业无关的知识，都有可能在面试或工作中发挥作用。比如，小时候学习的绘画可能使你更具创意感和美感，而这样的创意也许就是招聘者所需要的。

**2. 自我管理技能**

（1）概念

自我管理技能经常被看作个性品质，用来描述或说明人具有的某些特征。自我管理技能常以形容词和副词的形式出现，如认真地、有创造力地、生动地、负责任地、主动地、敬业地等等。自我管理技能可以从非工作生活领域转换到工作领域，它涉及个人在不同环境下如何管理自己：是勇于创新还是循规蹈矩，是兢兢业业还是敷衍了事，能否在压力下保持镇定，是否对工作有热情，是否自信，等等。

（2）作用

良好的自我管理技能能够帮助个体更好地适应周围环境，应对工作中出现的问题，因此它也被称为"适应性机能"。一个人如何使用自己的专业知识，以什么样的态度从事工作，这甚至比工作内容本身更为重要。面试时正是这样一些品质和态度，将个人与许多其他具有相同知识技能的应聘者区别开来，最终得到一份工作，并能够适应新环境和规则，在工作中取得成就，获得加薪和晋升的机会。因此，有人把自我管理技能称为"成功所需要的品质、个人最有价值的资产"。

事实上，人们被解雇或离职更多的时候是因为缺乏自我管理技能，而不是因为缺乏知识技能。在用人单位对刚毕业大学生的反馈意见中，常听到的就是"缺乏敬业精神、没有服务意识、眼高手低、不认真踏实、没有主动进取精神"等，而这些都是与自我管理技能相关的。很多大学生因为从小受到父母、老师的呵护，缺乏这方面的意识，在处理工作问题和人际关系上往往显得不成熟，以自我为中心。他们没有意识到，企业要求员工是成熟、能负责、能独立解决问题的成年人。所以说，在大学生从校园走向社会之前，培养良好的自我管理技能，学会为人处世是至关重要的。

**3. 可迁移技能**

（1）概念

可迁移技能就是一个人所能做的事，比如教学、设计、安装、计算、维修、分析、决策等等，一般用行为动词来表达。可迁移技能的特征是它们可以从生活中的方方面面得到发展，也可以从生活中迁移应用于不同的工作中。换句话说，它们是一些在任何工作当中都可以用到的技能，所以也被称为通用技能，常常是个人能够持续运用和能够依靠的技能。

（2）作用

与知识技能相比，可迁移技能无所谓更新换代，而且无论你的需求和工作环境有什么样的变化，它们都可以得到应用。随着我们工作经验和生活阅历的增加，可迁移技能还会得到不断的发展。索尼技术中心会计部经理曾说："我在聘用一个人时，最为看重的是他的人际沟通能力。这项能力极其重要，因为必须有能力与人交谈才能获得需要的信息……我把80％的时间用在与索尼其他部门打交道上，我的员工也花费大量时间与本部门之外的人打交道。"

事实上，知识技能的运用是建立在可迁移技能基础之上。例如，你掌握的知识技能是动物学，但你将怎样运用它呢？是"教授"动物学，还是当宠物医生为动物"治疗"，或是"写作"科普文章宣传爱护野生动物知识，抑或在流浪小动物协会帮助"照料"小动物？这些加引号的词都是可迁移技能。你以前可能没有正式当过教师，但是通过当家教、在课堂上汇报讲解小组科研项目等经历，你已经具备了"教学"的技能。当你把"教学"技能与"动物学"知识结合在一起时，你就可以去应聘相关的职位了。

从这个意义上说，在求职的时候，尽管你从来没有从事过某个职务，但只要已具备这个职务所要求的种种技能，你就可以证明自己有资格去从事它。因此，如果你不是"科班"出身，仍然有可能跨专业从事你想从事的职业，尤其是那些对知识技能要求并不是很高而可迁移技能占重要地位的职业。比如，也许你并不是营销专业的学生，但凭着良好的人际交往技能，你曾经担任过某报社的校园代理，并在地区销售评比中取得过第二名的好成绩。从可迁移技能的角度看，这样的经历足可以使你成功地应聘一个公司的销售职位。

学习文学、历史、哲学等人文专业的学生常常感到苦恼，因为他们认为所学专业似乎不如计算机、建筑、机械等理工科的专业实用。事实上，人文专业的学习除了使他们具备一些专业知识以外，也使他们掌握了许多可迁移技能，例如沟通技能（课堂上的有效沟通、小组讨论、写作论文等）、问题解决技能（分析和抽象思维、找出同一问题的不同解决方法、说服他人等）、人际关系技能（与同学合作完成老师布置的任务等）、研究技能（搜索数据库或检索书面资料等），等等。这些可迁移技能也都是用人单位所看重的技能。

### （四）如何发现自己的成就及技能

#### 1. 个人可衡量的业绩

回顾自己在过往历史上，有什么样的业绩可以量化？例如，期末考试全年级总评第三，连续三年获得一等奖学金，作为校学生会文艺部长，成功组织了300人的大型表演活动，在兼职推销可口可乐期间提高了当月部门销售额达10%等。

#### 2. 来自他人的认可

可以是个人所得到的奖励，如比赛获奖等级、被同学选举为学生干部，也可以是他人对自己的口头或书面表扬。

当别人说"你最在行的是做……""这件事交给你办确保无误了""我早知道你对此事的反应会这样""你别的可能不行，这个一定行""这是你典型的反应"等话时，将这些话语详细地用笔记录下来，如此做了数星期之后，系统地分析你的笔记，你会发觉你的行为有一定的模式，原来你一直在人前显露自己某方面的兴趣及才华。这些兴趣及才华可能是你以前从来未意识到的，不过如果你相信"旁观者清，当局者迷"这句话，你就不会对这些发现掉以轻心，因为他们会引导你发掘自己真正的潜能所在。

#### 3. 阅读技能词汇表判断自己的技能优势

参考《专业知识技能词汇表》《自我管理技能词汇表》《可迁移技能词汇表》，看看分别有哪些词汇能够描述你的三种技能。

**4. 成就故事**

写下生活中令你有成就感的具体事件，然后对其进行分析，看看你在其中使用了哪些技能（尤其是可迁移技能）。这些成就事件可以是工作或学习上的，也可以是课外活动或家庭生活中发生的，比如同学聚会、一次美好而难忘的旅游，等等。它们不必是惊天动地的大事，只要符合以下两条标准，就可以被视为"成就"故事：一是你喜欢做这件事时体验到的感受；二是你为完成它所带来的结果感到自豪。假如你还获得了他人的认可和表扬那就更好了，不过这并不重要。

**5. 通过职业测评了解自己的技能优势**

通过职业测评软件测评自己的技能优势及适配职业是一种比较正式且有效的方法。可以通过学校或职业辅导网站的职业测评软件进行技能测评，把结果与其他的自我探索结合，总结归纳出自己的技能优势及适配职业，为自己的职业生涯规划积累参考依据。

## 五、价值观与职业

价值观决定人的自我认识，它直接影响和决定一个人的理想、信念、生活目标和追求方向。因此，大学生在进行职业选择，规划自己的职业生涯时，必须要清晰自己想要什么，看重什么？使自己的选择既符合自己的理想，同时也符合社会的要求。

### （一）价值观的概念

价值观是一个很简单的哲学概念，就是你对周围的人和事的看法或观点，或者说，你认为什么是有意义和有价值的，是值得去追求和努力的；什么是没有意义、没有价值的，不能也不值得去追求的。

比如，孩子和父母的价值观是绝对不同的，孩子会兴高采烈地在海滩上捡贝壳，而父母会说："将它们丢掉，你为什么要浪费时间？"但是对孩子而言，那些贝壳非常漂亮。父母们在追逐金钱，而孩子们想要收集贝壳，孩子们无法了解他们的父母为什么对金钱那么感兴趣："你们要那么多钱干什么？"这就是价值观。

### （二）价值观的作用

**1. 价值观的导向作用**

不同的价值取向决定了不同的人生选择，不同的价值观形成了不同的人生。有什么样的决定，就会造就什么样的命运，而主宰一个人做出不同决定的关键因素就是个人的价值观。在人生的历程中，相信大学生曾经遇到过棘手的情况，迟迟下不了决定的时候，其中的原因就是你不清楚在这种情况下，对你来说什么是最重要的价值，什么才是你的最爱。因此，你陷入了犹豫和彷徨。

**2. 价值观的激励作用**

马斯洛提出，人有五个层次的需求：生理需求，安全需求，归属需求，尊重需求和自我实现的需求。只有低层次的需求得到基本满足后，个人才能关注并致力于满足下一层次的需求，这些需求是强大的内驱力，我们所做的事情正是为了满足这些需求。它们在我们的生活中反映出来，就体现为我们的价值观。比如，有些学生会比较重视工作能带给自己多少收入，而有些学生可能更多地考虑要做自己喜欢的工作。这两者的不同在很大程度上可以归结于他们所处的需求层次不同，前者在"生理""安全"的层面上，而后者是在较低层次的需求已经满足的情况下，追求对"归属""自我尊重""自我实现"的需求。

# 第二节　职业认知

## 一、职业认知的内涵

大学生进行职业认知，主要是针对自身比较感兴趣或者有意向的一些目标职业进行对比分析。了解这些职业的生存环境、组织环境等，结合自我认知情况，分析目标职业的从业要求，评估职业获取的机会（优势）和职业获取的威胁（劣势弥补的可能与程度），找出自身存在的差距，分析职业获取的可行性。只有对职业有了准确的认知，大学生才能根据社会发展对人才的需要及自身素质条件，确立既有利于社会，又利于个人的职业目标。

### （一）职业认知的内容

**1. 社会环境认知**

所谓社会环境认知，就是大学生对于自己选择的目标职业所处的社会政治环境、经济环境、法制环境、科技环境、文化环境等宏观因素的分析，主要目的是认识社会环境对个人职业发展的重要性，顺应环境，规划自己的职业发展。通常把社会环境分为五大类：即经济环境、人口环境、科技环境、政治和法律环境、社会文化环境。

**1. 经济环境**

社会经济的发展，作为一种决定性力量，制约着社会就业的数量和质量。从整个国家范围来说，经济的发展和科学技术的进步，劳动生产率的提高，职业演化速度的加快，就业岗位的增加，都是极为相关的因素。就我国而言，GDP的微量变化，就可能影响很多人的就业，就会使各个行业的平均工资上下浮动一定幅度。从一个国家的区域性经济发展状况来说，由于其不平衡性，往往使经济发展速度快的地区成为大学生择业的热点。同时，社会经济大环境的改变，不仅从整体上影响社会经济的兴衰，更主要的是会使不同行业、不同企业大起大落，势不可挡。这些都能影响到大学生的职业方向选择和职业发展。当经济繁荣时，百业兴旺，就业渠道、薪资提升和职业发展的机会就会大增；反之，就会使人的职业发展受阻。因此，经济环境是影响职业选择和职业发展的重要因素。

经济环境方面的因素主要包括：经济发展阶段、地区与行业的经济发展状况、消费者收入水平等。一个国家所处的经济发展阶段不同，其强化的重点行业和支柱产业也会不同，并由此带动相关产业的高速发展。我国各地经济发展的不平衡，客观上形成了东部、中部和西部三大地区并存，经济发展水平东高西低的总体区域趋势，行业和部门的发展也存在差异。另外，消费者收入水平直接影响市场容量和消费者支出模式，从而决定购买力水平。社会对人力资源的需求是一种派生的需求，当人们的收入水平提高时，对商品消费的需求会增加，企业扩大生产，从而增加对人力资源的需求，职业选择和职业发展的机会增多，相反，职业选择和职业发展的机会减少。

**2. 人口环境**

人口环境尤其是大学生所在地区的人口因素对其职业选择与职业发展有重要影响。其影响因素主要包括：人口规模、人口结构、区域劳动力质量和专业结构、人口流动、人口老龄化等。社会总人口的多少影响社会人力资源的供给，从而影响着职业选择、发展的机会。总人口越多，个人职业选择与职业发展机会就越少，相反，个人职业选择与职业发展机会就越多。人口结构主要包括人口的年龄结构、家庭结构和社会结构等。我国人口年龄结构的显著特点是：出现"人口老龄化"现象，不同年龄段有不同的追求，在收入、生理需要、价值观念、生活方式、社会活动等方面存在差异性，这决定了他们的职业价值观的不同。社会劳动力的质量和专业结构影响职业选择和职业发展的机会。例如，我国东南沿海和西部人口密度及劳动力质量和专业结构之差异必然影响大学毕业生的职业选择和职业发展。国家也出台了支援西部计划等政策，鼓励大学生到西部去发展。大量的统计数据表明，我国人口流动的特点是：农村人口大量流入城市或工矿地区，内地人口迁往沿海经济开放地区，经商、学习、观光、旅游等使人口流动加速。这两年中央开发中西部地区的战略会对中西部地区的发展起到推动作用，不过中西部地区的发展还需要一段时间。就业和职业发展的机会在近期来说主要还是集中于沿海地区。所以，大学生在确定自己的职业发展地域时，必须对该区域影响个人职业发展的相关因素进行分析，确保所选择的工作地域适合自己的职业发展。

**3. 科技环境**

科学技术是人类在长期实践活动中所积累的经验、知识和技能的总和。科技的发展，首先会引起经济、自然环境因素的变化，进而引起人口、政治法律、社会文化环境等因素的变化。科技成果应用于生产、通信、交通等领域，使之直接推动经济的发展；科技的发展为人类不断提供新能源，如核能和太阳能的开发利用等。近些年来，以电子、光纤、生物工程等为代表的科技成果得到迅速发展和应用，以电子、光纤技术为核心的信息产业初步形成，这对社会生产方式、人们的思维方式、生活习俗和消费习惯、人口的增长与流动、政治法律因素等产生直接影响，而这些变化，又会影响企业市场营销活动。技术进步的超额利润可以让一个企业一夜暴富，同样，技术落后的企业可能很快垮台。因此，科学技术对大学生职业生涯规划的影响是全面的。

### 4. 政治与法律环境

我们生活在一个政治制度和法律制度比较完善的社会里，这种政治法律环境对我们的职业选择和职业发展有着重要影响。政治和经济是相互影响的，政治不仅影响到一国的经济体制，而且影响着企业的组织体制，从而直接影响到个人的职业发展。政治制度和政治氛围还会潜移默化地影响个人的追求，从而对职业发展产生影响。

政治环境主要涉及国家的方针、政策。影响职业的政治因素包括：教育制度、政治体制、经济管理体制、人才流动的政策等。现代教育体制的改革，更多的年轻人能有接受高等教育的机会，使高学历人才迅速增多，高素质人才的竞争将更为激烈。但另一方面，我国教育体制改革忽略了职业技术教育，我们将面临技术工人匮乏的问题。另外，政治与法律环境对高级人才的限制较少，而对低层次的劳动力的限制比较多，许多地方出台了一些政策对低层次劳动力的流人进行限制。面对大学生就业压力，政府出台了许多优惠政策。例如"大学生村干部计划""三支一扶""毕业生自主创业优惠政策""大学生应征入伍""特岗教师"等，这些都是政治环境对职业选择的影响的表现。

法律因素是指中央和地方的有关法规和有关规定，如政府有关人员招聘、工时制、最低工资的强制性规定，现行的户籍制度、住房制度、人事制度和社会保障制度等，这些因素都会对职业的选择和发展产生重要的影响。在我国目前条件下，法律、法规尚在逐步建设过程中，政策、法规变化也比较大，而这些政策、法律的变化，不仅对企业、事业单位兴衰影响很大，而且可能影响到整个行业的兴衰。所以，大学生在进行职业生涯设计时，一定要了解政策法规，并注意它们的发展趋势，进而影响他们选择职业方向。

### 5. 社会文化环境

社会文化是人类在创造物质财富过程中所积累的精神财富的总和。它体现着一个国家或地区的社会文明程度。社会文化环境，通常是指在一定社会形态下的教育水平和道德规范、价值观念、消费习俗以及世代相传的风俗习惯等被社会所公认的各种行为规范、其影响因素主要包括：教育水平、社会价值观念、消费习俗、亚文化群等。教育水平的高低对企业营销调研、目标市场选择和采用何种经销方式等均有很大影响。消费者对商品的需求和购买行为深受价值观念的影响，对于不同价值观念的消费者，企业市场营销人员必须采取不同的策略，消费习俗是人类各种习俗中的重要习俗之一，是人们历代传递下来的一种消费方式，可以说是人们在长期经济与社会活动中所形成的一种消费习惯。不同的消费习俗，具有不同的商品需要，研究消费习俗，不但有利于组织好消费用品的生产与销售，而且有利于正确、主动地引导健康的消费。每一种社会文化的内部都包含若干亚文化群。亚文化群实质上是一种非正式组织，它对企业市场营销有着重要的影响。

总体来说，我们现在面临一个非常好的宏观环境，社会安定，政治稳定，经济发展迅速，并与全球一体化接轨，法制建设不断完善，文化繁荣自由，尖端技术、高新技术突飞猛进。因此，在这个大前提之下，我们需要特别注意的是职业其他环境的变化。

### （二）行业认知

#### 1. 行业认知的内涵

行业认知，就是通过理论分析和实际调研的方式对将要从事的目标行业进行全方位的解读。行业是社会分工的大类，通过了解行业能很好了解职业世界。行业认知，属于中观层面的职业探索，是在社会环境认知的基础上，进一步引导学生从比较具体的行业方面进行认知和探索，帮助大学生更好地了解和分析行业环境对职业发展的影响。通过行业认知，结合向身实际情况，从而做出行业选择和定位，避免盲目择业和非理性择业，避免片面追求热门行业和高薪行业。

#### 2. 如何进行行业认知

求职时，"趋热避冷"是很多求职者的思维定式。银行业、IT业等热门行业往往意味着高收入、高福利和长远发展，而农林牧渔业、传统制造业等行业却总给人收入低、工作枯燥的印象。在人才市场中，热门行业总是人满为患，冷门行业常常乏人问津。

但是，择业不宜只盯着热门行业。首先，行业的冷与热是相对的，其次，热门行业中也有冷门职位，而冷门行业中也有热门职位，行业前景不等于职业前景。懂得避开热门行业中的冷门职位，或善于发现冷门行业中有潜力的、成长性的职位，才是聪明之举。究竟如何处理热门与冷门的关系，找到最适合自己的、前景最好的职业呢？有关专家认为，市场瞬息万变，冷门、热门也在不停变化。想从事热门职业，关键要有前瞻性，把成长性强的职业作为自己的目标。归纳起来，需要从两大关键点进行分析。

（1）行业生命周期分析

行业生命周期是行业演进的动态过程。行业生命周期分成四个阶段：形成期、成长期、成熟期和衰退期。

第一，形成期。形成期是指某一行业刚出现的阶段。在此阶段，有较多的小企业出现，因企业刚建立或刚生产某种产品，忙于发展各自的技术能力而不能全力投入竞争，所以竞争压力较小。研究开发产品和技术是这个阶段的重要职能，在营销上则着重广告宣传，增进顾客对产品的了解。

第二，成长期。进入成长期，行业的产品已较完善，顾客对产品已有认识，市场迅速扩大，企业的销售额和利润迅速增长。同时，有不少后续企业参加进来，行业的规模扩大，竞争日趋激烈，那些不成功的企业开始退出，市场营销和生产管理成为关键性职能。

第三，成熟期。进入成熟期后，一方面行业的市场已趋于饱和，销售额已难以增长，在此阶段的后期甚至会开始下降，另一方面行业内部竞争异常激烈，合并、兼并大量出现，许多小企业退出，于是行业由分散走向集中，往往只留下少量的大企业。产品成本和市场营销有效性成为企业的关键因素。

第四，衰退期。到了衰退期，市场萎缩，行业规模也缩小，留下的企业越来越少，竞争依然很残酷。这一阶段的行业就是所谓的"夕阳行业"。

（2）行业竞争结构分析

行业竞争五种基本竞争力量有：新进入者的威胁、行业中现有企业间的竞争、替代品或服务的威胁、购买者的谈判能力和供应者的谈判能力。这五种基本竞争力量的状况以及综合强度，引发行业内经济结构的变化，从而决定着行业内部竞争的激烈程度，决定着行业中获得利润的最终潜力。

第一，新进入者的威胁。这种威胁的大小依进入市场的障碍、市场潜力以及现有企业的反应程度而定。

第二，行业中现有企业间的竞争。

第三，替代品或服务的威胁。主要表现为替代品对企业产品价格的限制。

第四，购买者的谈判能力。

第五，供应者的谈判能力。

### （三）组织认知

#### 1. 组织认知的内涵

有一种说法，选择了一个组织，就选择了一种生活。通过对组织环境的分析，了解用人单位的过去、现在和未来，使我们的职业选择建立在清楚的"知彼"的基础上，不仅有利于我们的职业生涯规划制订，而且有利于今后我们的求职就业。

组织认知，属于微观层面的职业探索，是在社会环境认知，行业认知的基础上进一步深化，目的是让大学生学会分析自己所要从事职业的组织环境，使职业的选择建立在对用人单位的充分了解之上。当组织环境适宜于个人发展时，个人职业更容易取得成功。但组织环境同社会环境一样，也在不断地变化，这些变化同样对职业提出了不同的要求，因此，在制订职业生涯规划时，个人所在的组织环境也是应考虑的重要因素。

#### 2. 组织认知的具体内容

从组织内部环境看，影响职业发展的因素也是多方面的，主要包括组织的一般特征、组织的发展战略、组织文化、组织的人力资源状况和人力资源规划等。

（1）组织的实力

用人单位在社会中的地位和声望如何；目前的产品、服务和活动范畴是什么；组织的发展领域在哪些方面；发展前景如何；战略目标是什么；技术力量和设施是否先进；在本行业中是否具备很强的竞争力；是发展扩张阶段，还是倒退紧缩，处于一个很快就会被吞并的位置；谁是竞争对手；组织目前的财政状况如何；要仔细观察是真正在"做大""做强"，还是空有其壳；有没有长久的生命力；组织结构是怎样的，是扁平的还是等级制的等。

达尔文说过："物竞天择，适者生存。"在激烈的市场竞争当中不一定是最大的组织才能生存，而是适者生存，只有适应这个环境、适应社会发展趋势的组织才能生存。关注组织的生存状况，可以从其在市场上的发展前景来分析。有些产品红极一时，却像流星一样短暂，没有生命力。能够影响和改变人们的生活方式的产品和服务才是最有生命力的。

（2）组织制度

组织制度涉及的范围比较广，包括管理制度、用人制度、培训制度等，尽可能了解这些信息，了解组织结构的特征与发展变化趋势，分析这种安排对自己的未来可能带来什么样的影响。特别要注意组织的用人制度如何，是用人唯贤还是用人唯亲；能否提供教育培训机会，提供的条件是什么；自己将来有没有可能在该组织担任更高级的职务或担负更大的责任；个人待遇提升的空间有多大，是基于能力还是工作年限；组织的标准工作时间怎样，是固定的还是可以变通的；当然也还要考虑组织提供的薪酬和福利待遇与行业内其他单位相比如何。

（3）组织文化

除了很好的福利、吸引人的薪酬、舒适的工作环境和出色的管理之外，优秀的组织还会创造积极的组织文化，让员工感到快乐和受尊重，工作更有创造性。因此，在求职时选择什么样的组织文化氛围让你觉得最舒服，也是至关重要的。

组织文化是全体员工在长期的工作活动中形成并共同遵循的最高目标、价值标准、基本信念和行为规范。组织文化说到底就是一个组织的集体作风和性格。一个组织最本质的文化到哪里去找？墙上写的标语，彩色宣传单里印的口号和领导大会上讲的那些是组织文化吗？是，但并不是最本质的组织文化。最本质的组织文化可以到单位的卫生间里去找，到食堂找，到电梯里找，到楼道里找，因为真正的组织文化是在没有任何掩饰的时候仍然坚持的理念。组织文化也是影响单位经营效益的重要因素。如果员工个人的价值观与组织文化有冲突，难以适应组织文化，会导致沉重的心理负担，并且会阻碍员工潜能的发挥，从而影响他们事业的发展。因此，有必要认真思考：你是否认同这个组织的文化，组织的文化是否与自己的价值观相冲突，组织能够提供什么样的职业发展途径。从某种角度来说，组织文化折射了单位领导人的抱负。优秀的组织文化是组织的经营管理之魂，是组织的宝贵资产。

### 3. 如何进行组织认知

个人在选择用人单位时有必要通过个人可能获得的一切渠道。比如，可以通过单位所在地的新闻机构来了解该单位的详细情况和富有深度的财政经济状况；通过有关书籍和组织发展史、当地各种公开活动、组织人物获奖的细节也能了解到可供参考的资料信息。另外组织的网站上介绍组织价值观念的那些主页也会透露一些组织文化的有关线索，并且还可以通过参观或参加面试时的谈话资料和知识背景来充分了解和考虑各种因素。

（1）进行组织调研

从十个方面去了解用人单位。简介历史（何时成立、对外的介绍），产品服务（核心产品、产品线或服务），经营战略（发展战略、经营策略），组织机构（规模、部门和岗位的设置），组织文化，人力资源战略（校园招聘的途径和职位），薪酬福利，单位员工（创始人、现任领导、现任高层、核心员工、目标部门主管和员工、企业以往员工），图片活动；其他文件。

（2）了解组织发展阶段

组织的发展，如同人的生涯发展，也有诞生、成长、壮大、衰退直到死亡的过程。一个组织从其诞生到其死亡的活动的全部过程就是组织的生命周期。在生命周期的不同阶段，组织的发展战略、经营方针及人力资源制度都有着不同的特点。

"开发期"组织——晋升的机会通常较多，短时间可能升到较高位置，但由于组织基础尚不够稳固，势必要承受较大的经营风险。

"成长前期"组织——晋升机会较多，但速度略微缓慢。

"成长后期"组织——制度和体系稳定，短期内难获得晋升或加薪（大型企业多属于此阶段）。

"成熟期"组织——晋升的可能性较小，工作生涯可能很漫长辛苦。

"衰退期"组织——除非你具有超凡的能力，可以使濒临倒闭的组织起死回生，否则根本不需要考虑。

## （四）岗位认知

### 1. 岗位认知的内涵

岗位认知，也属于微观范畴，是对组织内部某个具体岗位进行探索和分析。通过目标职业的岗位分析，了解岗位的工作职责、工作环境、任职资格和岗位技能要求，这是胜任岗位工作的前提条件。明确自己从事岗位工作的优势与不足，为职业选择和职业发展指明方向，建立起长效的学习、实践的动力机制。

工作岗位是一个组织的"细胞"，岗位亦称职位，是一个人工作的阵地。大学生在进行岗位定位时，要在客观评价自我的基础上，根据自己的性格特点、优劣势，对照相关岗位的标准、条件、要求，实事求是地选择自己力所能及的、合适的岗位，不要人云亦云、追随大流，而要选择有利于自己的潜能发挥和事业发展的岗位，适合自己的才是最好的。岗位认知是目标职业认知的核心点。

**2. 岗位认知的具体内容**

第一，工作岗位在单位的地位、职能与作用。

第二，工作岗位的工作内容和质量标准。

第三，工作岗位的人员组成与构成。

第四，工作岗位的工作环境。

第五，工作岗位的特殊技能要求。

第六，工作岗位的薪酬标准及晋升路线。

**3. 如何进行岗位认知**

（1）分析岗位描述

岗位描述是对岗位的定义、工作内容及具体素质要求的描述，这是岗位的基本内容，是理解一个岗位的最直观方面。具体包括：这个岗位是什么（岗位的一般定义）；这个岗位做什么（核心工作内容——典型的一天工作的内容）；这个岗位要具备什么（岗位胜任素质）；谁做过和谁从事着这个岗位（过来人的看法）；岗位分析是对企业各类岗位的性质、任务、职责、劳动条件和环境，以及员工承担本岗位任务应具备的资格、条件所进行的系统分析与评估，并由此制订岗位规范、工作说明书等人力资源管理文件的过程，其中，岗位规范、岗位说明书是企业进行规范化管理的基础性文件。在企业中，每一个劳动岗位都有它的名称、工作地点、劳动对象和劳动资料。

（2）了解岗位晋升通路

岗位是在工作职能的基础上根据具体需要而分化产生的，所以在同一部门、同一职位上一定会有多个类似的岗位，而了解这个岗位能为自己岗位轮换、工作转换、升职等带来很大的方便。包括两方面：与这个岗位相关的岗位是什么（拓展发展方向及为轮岗、转换工作做准备）？这个岗位的职业发展通路是什么（岗位的晋升方向）？

（3）明确不同背景下的岗位要求

岗位的通用要求加上不同背景下的岗位理解构成了一个岗位的最终描述，大学生在求职时要特别考虑以下因素，因为这些因素才是制约大学生在公司发展的关键。不同行业对这个岗位的理解（行业背景下的岗位要求），不同类型企业及企业所处发展阶段对这个岗位的理解（企业背景下的岗位要求），不同领导和上司对这个岗位的理解和要求（人为背景下的岗位要求）。

（4）量化个人与岗位的差距

当大学生综合了解岗位要求后，就可以进行差距量化和差距补充了。全面、准确地了解自己是量化与岗位差距的前提和基础。差距是可以量化的，如组织能力不强，英语口语不好等。如果差距不进行量化，就不能明确地行动，那么补充也就没有针对性。

### （五）从业条件认知

职业的从业条件，指一定职业对于任职者的受教育程度、技能技巧、工作能力、道德品质、身体状况等各项素质的综合要求。通过分析目标职业的从业条件，对照自身已具备的条件，找出目前存在的差距，更有利于大学生明确奋斗目标，做好大学期间的职业生涯规划。一般情况下，职业的从业条件从硬件和软件两个方面来说，可分为专业知识要求和职业素质要求两方面。

**1. 专业知识要求**

专业知识要求属于硬件方面的，是对从业者在知识储备上的一个硬性规定，包括学历、学位、专业能力、资格证书等。

（1）专业能力

专业能力是指从事职业和创业活动所必需的知识和技能，以及运用已经掌握的知识和技能解决工作中实际问题的能力。专业能力是人们从事某一特定社会职业所必须具备的能力和本领，是大学生能力培养中最为基础也是最重要的能力，是影响大学生就业的重要因素，精通专业知识、掌握专业技能是大学生适应社会生活、对社会有所贡献所必须具备的条件。一般来说，毕业生就业后能否很快适应专业工作要求，取得工作单位上司和同事的认同，与其掌握的专业知识和技能密切相关。专业知识技能的水平越高，就越有利于其开展工作，也越有利于工作中各种关系的处理，越有利于形成良好的职业发展循环。

（2）职业资格证书

职业资格证书是按照国家制定的职业技能标准或任职资格条件，通过政府认定的考核鉴定机构，对劳动者的技能水平或职业资格进行客观公正、科学规范的评价和鉴定，对合格者授予相应的国家职业资格证书。它是表明劳动者具有从事某一职业所必备的学识和技能的证明，是劳动者求职、任职、开业的资格凭证，是用人单位招聘、录用劳动者的主要依据。各行各业都有自己特有的资格证书，如律师资格证书、会计师资格证书、医师资格证书等。例如：教师资格证书是国家对符合教师资格条件的公民依法授予教师资格的法定凭证，在中华人民共和国境内的各级各类学校或者其他教育机构中担任教师工作的人员，必须持有教师资格证书。

我国职业资格证书分为五个等级：初级（五级）、中级（四级）、高级（三级）、技师（二级）和高级技师（一级）。不同级别反映了实际工作中该级别所需的知识的能力，以及在工作中拥有的责任和权力大小的不同。

**2. 职业素质要求**

职业素质要求属于软件方面的，是对从业者在职业活动中体现出来的内在的、相对稳定的基本品质所做出的规定，包括职业兴趣、职业能力、职业个性、职业情绪等。

（1）职业形象

职业形象包括职业着装、商务礼仪等，这能最直接地体现一个人的职业素养，简要概括为举止得体、仪表大方、谈吐温文尔雅。职业形象必须与个人职业气质相契合、与个人年龄相契合、与办公风格相契合、与工作特点相契合、与行业要求相契合。要突出"职业"特征，为"职业目标"服务，要具有时代感和整体性。

（2）职业技能

职业技能也称职业能力，是人们进行职业活动、履行职业责任的能力和手段。职业技能既能体现职业的态度，又能在具体的思考问题的方式和工作行为中体现出专业、职业形象，继而提高每个人的工作效率（绩效）。可以说，职业能力就是一个人能否从业的先决条件，是能否胜任职业岗位的主观条件。职业能力一般可分为通识能力和专业能力两种。通识能力是从事职业活动应普遍具备的能力，是在许多基本活动中都表现出来，顺利完成各项任务必须具备的职业能力。主要包括适应能力、表达能力、动手能力、时间管理能力、组织管理能力、人际交往能力、分析问题与解决问题的能力等。通识能力广泛作用于各种职业。专业能力是对某一专业领域的活动有特殊作用，并在其活动中表现出来的能力，它是顺利完成该项活动或工作的条件，它是通识能力在某一方向上的高度发展。如数学家的抽象思维能力、演员的艺术表演能力、作家的写作能力等。专业能力所涉及的是特定的职业，它们只对某类特定的职业活动有影响。由于职业的类别纷繁复杂，专业能力的种类自然也是多种多样的。

（3）沟通与交往能力

懂得面对不同的沟通对象，选择合适的沟通方式，并懂得沟通的基本要素：表述、倾听、反馈。与领导沟通方面，应主动与主管领导就下一步工作打算进行沟通，以便统一思路，提高效率。另外，要懂得复命——完成上级部署的工作任务后，应及时向主管领导反馈工作进展情况、工作结果，而不是被动地等待主管领导过问。在内部沟通方面，在推进一些工作的时候，和单位内部相关部门的人员经常保持沟通，以便取得他们的支持。在外部沟通方面，应主动与和自己工作相关的单位或部门联系，并将反馈情况及时传达给自己的主管领导或相关同事。对于工作布置和工作交流，特别是非面对面的方式进行的，应尽快给予答复，表示收到信息，并告知下一步打算，如有必要，同时抄送相关人员，这是效率的体现，也是对工作伙伴的一种尊重。

（4）团队合作精神

所谓团队精神，是指组织成员对组织感到满意与认同，自觉地以组织的利益和目标为重，在各自的工作中尽职尽责，自愿并主动与其他成员积极协作、共同努力奋斗的意愿和作风。将同事关系定位为工作伙伴关系，在工作中，不以私人感情影响工作关系，能够在团队中找到自己合适的角色定位，与其他成员一起为团队发展做出自己最大的贡献，实现团队的目标。团队合作精神包含三个层面的内容：首先，是团队的凝聚力。团队精神表现为团队强烈的归属感和一体性，每个成员都能强烈感受到自己是团队当中的一分子，自觉地把个人工作和团队目标联系在一起。其次，是团队的合作意识。团队成员间相互帮助、相互关怀，大家彼此共同提高，在一个团队中，只有每个成员都能最大限度地发挥自己的潜能，并在共同目标的基础上协调一致，才能发挥团队的整体威力，产生整体大于各部分之和的协同效应。再次，是团队的高昂士气。它体现了团队成员对团队事务的态度，表现为团队成员对团队事务的尽心尽力及全方位的投入。

（5）全局观念

在单位内部，每个部门和每个岗位都有自己的职责，但总有一些突发事件无法明确地划分到哪一个部门或哪一个人，而这些事情往往是比较紧急或重要的。作为单位中的一员应从维护单位利益的角度出发，积极地去处理这些事情，无论成败与否，这种迎难而上的精神也会让大家对你产生认可。承担艰巨的任务是锻炼你能力的难得机会，在完成任务的过程中你可能会感到痛苦，但痛苦只会让你成熟。对上级领导的决策不盲从。如有不同意见，应坦诚表达自己的观点、见解。即使不被采纳，也最好避免指责和抵触，主动适应与合作，不折不扣地执行。处理工作中的各种矛盾、突发性事件，应尽量控制情绪，运用对事不对人的原则。"善意的冲突是好的""建设性的冲突是必要的"。

（6）心理素质

心理素质是指人在认知、情绪、情感、意志、自我意识、价值观、适应能力等方面的素养。它是在环境的熏陶下，个体经过长期的修养，逐步内化出的一种心理结果。心理素质的水平直接影响着人的自身发展、活动效率以及对各种环境变化的适应。大学生应该培养积极的就业心理，乐观自信，敢于竞争，有风险意识，勇于承担，面对工作中的挫折、差距、失败、否定，能够自我调整，并保持平衡心态，做到"不卑不亢，宠辱不惊"。

（7）职业道德

职业道德是指从事一定职业劳动的人们，在特定的工作和劳动中以其内心信念和特殊社会手段来维系、以善恶进行评价的心理意识、行为原则和行为规范的总和，它是人们在从事职业的过程中形成的一种内在的、非强制性的约束机制。它包含丰富的内容：文明礼貌、爱岗敬业、公平公正、遵纪守法、正直诚信、注重职业形象、维护企业声誉、保守企业秘密、"规规矩矩做事，堂堂正正做人"等。避免"职业腐败"，如采购员索要回扣，无视产品质量，销售员私自跑单中饱私囊，仓管员顺手牵羊，行政管理人员谋取小恩小惠等。

（8）创新能力

创新能力是指一个人产生新思想、认识新事物的能力，即通过创新活动、创新行为而获得创新性成果的能力，实质就是创造性解决问题的能力。创新能力包括：发现问题、提出问题、发现规律的能力，创造性地分析问题和解决问题的能力，发明新技术、创造新产品的能力，提出新思想的能力等。它是由观察敏锐性、记忆保持性、思维灵活性、思考独立性、思维创造性、想象创造性和意识创新性等基本要素构成的。一个人的创新精神主要表现为，首创精神、进取精神、探索精神、顽强精神、献身精神、求是精神等。创新能力意味着不因循守旧，不循规蹈矩，不故步自封。随着知识经济时代的来临，知识创新将成为未来社会文化的基础和核心，创新型人才将成为决定国家和企业竞争力的关键。大学生创新能力是毕业生适应日新月异的社会最有效的通行证，它包括接受新知识的能力、树立新观念的能力、预见未来发展的能力、创业能力等。对于大学生而言，要想在职场的竞争中立于不败之地，要想在事业上获得成功，就必须自觉地培养开拓创新能力。

职场风云变幻，未来还会有很多变数，突如其来的变化会影响行业的发展，进而影响个人就业。职业世界信息只是学生做决策时要考虑的因素之一，不能完全根据外部环境的情况来决定自己的发展，只有综合考虑包括兴趣、能力等其他因素才能做出正确的决策。当外部环境条件比较恶劣的时候，我们尤其要关注自己的内部资源，一味地抱怨和害怕只能让自己更加丧失力量和判断力。世界在变，唯一不变的是个人的核心竞争力。做好职业规划，在一个领域、一个方向上持续地累积，"长期坚持，必有成效"。

## 二、职业认知的方法

### （一）社会调查

社会调查主要指的是大学生通过信息搜集、招聘广告分析等一些具体的方式对于目标职业所做的一个基础调查工作，以便对目标职业形成一个初步的认识，评估职业获取的可行性。

**1. 调查目的**

认识目标职业的社会意义，熟悉职业环境，使自己对做好职业工作所需要的知识、技能、生理条件及个性特征有一个初步的认识，对该职业的生存环境及发展前途以及个人发展可能取得的职业成就等形成初步印象，评估职业发展前景和职业获取的必要性。

**2. 调查内容**

认识目标职业（依托单位）所处的政治、经济、文化及法律环境，依托单位的组织结构与工作流程，岗位环境及要求，从业条件，社会信誉度，薪酬福利待遇等。

**3. 调查方式**

（1）网络信息搜集

信息科技高度发达，网络已经成为我们生活中不可缺少的部分，各类资讯在网络社会中的交流相当频繁和密切。因此，网络成为获得职业资讯的一种重要手段。专业网站、各企业网站、各大部委的网站、各类学校和培训机构的网站等，都可以提供相关的职位信息和人才需求信息。在各公司的网站，可以了解到公司的宗旨、风格和文化，以及它所提供的服务项目等。这是了解一个公司第一步所需要做的。但是，网络信息也有其局限性，比如，没有人能够保证，在网络中所获得的所有职业信息全部是及时有效的。

（2）参观观摩

到相关职业现场进行参观观摩。某些学校或机构的职业辅导中心设有一项服务，它可以帮助联系到工作场所直接观察学生感兴趣的工作，也可以鼓励学生自己去寻找机会——通过父母、亲戚或朋友联系安排实地考察，而不是坐等学校或其他机构来安排。通常，接受参观的企业或机构会有一名联系人专门负责接待前来参与这一实践活动的来访者，介绍自己所从事的工作或所在的机构等。这使个人有机会去熟悉、观察工作，亲眼看一下实际生活中的工作是什么样子的，并借此结识业内人士。通过参观，可以了解职业相应工作的性质、内容，职业环境及氛围，获得实实在在的职业感受。这一方式尤其适合那些没有工作经验、对工作感到陌生的在校学生。

（3）问卷调查

就是根据调查的目的、内容等，事先设计一套问卷，由被调查者填写，再将问卷加以汇总，从中找出有代表性的回答，形成对职业的描述信息。设计问卷时要做到：①提问要准确；②问卷表格要精练；③语言通俗易懂，问题不可模棱两可；④问卷表前面要有指导语；⑤引起被调查人兴趣的问题放在前面，问题排列要有逻辑。具体步骤为：问卷发放—问卷填答—问卷回收及整理—形成职业描述。问卷调查的优点是费用低、速度快、调查范围广，调查结果可实现量化，进行计算机处理。缺点是对问卷设计的要求较高，不像访谈法那样可以面对面地交流信息，因此，不容易了解被调查对象的态度和动机等较深层次的信息。另外，问卷法不易唤起被调查对象的兴趣，除非问卷容量很大，否则就不能获得足够详细的信息，还需要向调查者说明，否则会引起误解，产生信息误差。

（4）招聘广告分析

通过分析招聘广告，要求学生对岗位进行分类，进行岗位的从业要求描述，使学生了解这些职业岗位对从业者的素质要求，明确自己应该做好哪些方面的职业准备，在岗位对比中选择最适合自己的岗位。具体做法是：首先，从报纸、杂志、网络上收集与适配职业相关的招聘广告，熟悉招聘广告的内容；其次，进行目标职业的岗位分析，包括对广告内容进行分类和分析岗位的工作要求；再次，进行岗位获取的可行性分析，即岗位要求和自身素质之间的差距量化；最后，进行从业地点分析。促使学生思考以下问题：根据招聘广告要求，还应该进行哪些职业方面的准备？通过招聘广告的分析，学到哪些内容，对自己未来职业发展有哪些启示？此活动能够比较直观地接触到用人单位的用人需求，学生可以在广告分析中，通过对适配职业群的分析，为目标职业决策提供参考，找到最可能实现的适合自己的职业和工作岗位。

**4. 调查结果分析**

撰写调查报告，调查报告必须包括以下内容：

第一，调查情况介绍，包括调查目标职业所用的具体方式，调查对象的情况（包含职业现状、职业发展前景、职业获取可能性）等；

第二，调查过程详细记录；

第三，调查后的感想、目标差距、改进办法等。

## （二）实习见习

大学生实习、见习是高校教学活动的重要组成部分，是指大学生在校期间参加的职业实践活动，将理论知识运用于实践又在实践中丰富和提高的一种教学手段，是培养大学生理论联系实际的能力，是进行基本技能训练不可缺少的一个重要教学环节。

**1. 实习目的**

树立职业（角色）意识，积累职业经验，对目标职业搜集第一手的资料，更深入、更真实地对职业的工作任务、工作要求、工作环境及个人的适应情况进行了解、判断，培养大学生理论联系实际的能力，了解工作的程序、报酬、奖罚、管理及升迁发展的各种信息，提高实践能力，提高职业素质，为顺利就业打下基础。

**2. 实习内容**

了解用人单位的概况、外部环境和组织结构，用人单位的管理状况，组织内的现代化技术应用状况及信息化程度，组织文化，感兴趣的工作岗位的职能、工作内容、工作要求，职业获取的程序和条件等。

**3. 实习方式**

鼓励学生通过各种途径——职业辅导中心安排、教师推荐、家人朋友联系等方式，联系用人单位进行职业体验，到职业场所进行一定时间的打工、义务劳动或教学实习、实践。学校可与附近高新技术企业开展科技合作，以建立长期的实习基地的形式，为增强学生对专业、职业的认知提供便利。

（1）暑期社会实践

许多大学生早在大一、大二的暑假便进入单位实习，往往会选择适合自身专业特点和有发展前途的岗位，呈现出实习岗位与就业目标一致性的特点，以获得一个磨炼和积累的机会，为今后的正式就业添加自信的砝码。目前高校的学生管理部门也在不断地制订计划，鼓励学生参加社会实践。高年级的学生大多为了获取实习经验、争取进入实习单位，低年级的学生则出于赚点生活费的目的投入兼职大军。实践的范围包括援助希望工程、智力扶贫、公益劳动等，参与面相当广，内容也越来越丰富，如做家教、店员、职员、服务员、搞推销等。

（2）毕业实习

毕业实习可能是大学生第一次走向社会，体验与校园完全不同的生活状态，由此带来的职业感受是全新的，包括确定自己的职业角色，培养职业实践能力，适应新的人际关系等。一般来说，现在靠学校集中安排大学生毕业实习的可能性极其有限，还要靠大学生自己去主动寻找实习机会。获得实习信息是把握实习机会的一个基本前提，可以通过网络招聘信息、专场招聘会、校园宣讲会、学长介绍、学校推荐等途径获得实习信息。有时候，用人单位可能没有招收实习生的计划，也没有公开地招聘实习生。对于这种情况，如果我们的确对这家单位感兴趣并且希望获得在这家单位的工作经历，自我推荐主动上门也不失为一种好的方法。毕业实习可使学生得到职业锻炼，积累社会经验。实习表现获得认可，甚至有可能在实习单位就业，有些还可能在工作岗位上得到重用。因此，毕业实习可以看作大学生迈向社会、走向职业生涯成功的第一个台阶。

**4. 实习结果分析**

撰写实习总结必须包括以下内容：

第一，实习基本情况介绍，包括实习的时间、地点、实习单位的情况等；

第二，实习的收获：主要指通过实习，在专业、职业生涯认识上的收获体会，最好有典型的事例，并分析取得成效的原因；

第三，存在的问题：通过实习暴露出自己的思想、企业文化认识、专业水平、社交能力等方面的弱点和缺点，在总结时要实事求是地反映出来，分析其原因，如何改进等。

### （三）情景模拟

所谓情景模拟就是指根据参与者可能担任的职务，编制一套与该职务实际情况相似的工作情景，将参与者安排在模拟的、逼真的工作环境中，要求参与者处理可能出现的各种问题，从而了解职业的一系列方法。

**1. 活动目的**

情景模拟不仅考察参与者的职业能力、实际工作能力，而且可以体现出参与者是否存在高分低能现象。此种方法可以带给参与者比较真实的工作感受，从认知层面加深对工作的了解，评估自身条件与职业要求的契合度。

**2. 活动内容**

活动内容包括：考察从业者应具备的职业素质和技能；岗位工作的内容与效果考核标准；岗位工作应注意的事项；了解参与者心理素质和潜在能力，以及处理事情的沟通技巧，应急事件的应对技巧；现场处理问题的控制能力、分析能力、判断能力和决策能力等。

**3. 活动方式**

（1）公文处理

在这种方式中，参与者将扮演单位中某一重要角色。然后把这一角色日常工作中经常遇到的各种类型的公文经过编辑加工，设计成若干种公文等待参与者处理。这些待处理的公文包括各部门送来的各种报告，上级下发的各种文件，与单位相关的部门或业务单位发来的信函等，其内容涉及生产经营管理的各方面．如生产原材料的短缺、资金周转不灵、部门之间产生矛盾、职工福利问题、环境污染问题、生产安全问题、产品问题、市场开发问题等，既有重大决策问题，也有日常琐碎小事，要求参与者在规定的时间内对每一份文件都要做出处理，如写出处理或解决问题的意见、批示等。参与者是否能够分清轻重缓急、有条不紊地处理这些公文，是否能够恰当地授权下属，还是拘泥于细节、杂乱无章地处理。公文处理完后，要求参与者说明是如何处理这些公文的，以及这样处理的理由等，实现参与者对这类职业的认识。

（2）模拟会议

将若干参与者（10人左右）分为一组，就某一需要研讨的问题或需要布置的活动或需要决策的议题，由参与者自由发表议论，相互切磋探讨。具体形式有会议的模拟组织、主持、记录及无领导小组讨论等。无领导小组讨论为是指数名参与者集中在一起就某一问题进行讨论，事前并不指定讨论会的组织者，评价者则在一旁观察评价对象的行为表现并对参与者做出评价。讨论的题目、内容往往是大众化的热门话题，即参与者都熟悉的话题，避免偏僻或专业化，要让每个参与者都有开口的机会，讨论主题呈中性，即没有绝对的对或错，这样就容易形成辩论的形势，以便参与者有机会更充分地显示自己的才华。讨论的内容也可以是与拟聘岗位工作有关的内容，如某企业经营管理中出现的问题作为案例提出来由大家讨论。不管在哪种情况下，讨论的问题最好能给参与者比较广阔的空间，让参与者有余地，对于评价者来说，重要的是善于观察。观察可以从以下几个方面进行，如每个参与者对象提出了哪些观点，与自己观点不同时该怎么处理，测评对象是否坚持自己认为正确的提议，他们提出的观点是否有新意，怎样说服别人接受自己的观点以及谁引导讨论的进行并进行阶段性的总结等。在这个过程中还可以考察每个人的领导能力如何，独立见解如何，能否倾听别人的意见，是否尊重别人，是否侵犯别人的发言权等。

（3）角色扮演

如果你想从事一份从未接触过的工作，虽然你收集了大量的相关信息，但还是不能确定这是一份什么样的工作，它将带给你何种感受，可以尝试角色扮演。可以设置一系列尖锐的人际矛盾和人际冲突，要求参与者组成一个小团体，根据岗位工作要求，布置工作场景，各人分别扮演工作中的不同角色，模拟实际工作中的一个场景或典型日常事务，如接待来访、主持会议、汇报工作等，去处理各种问题和矛盾，使参与角色扮演的人体验在真实工作中的感受，达到了解职业的目的。

**4. 活动结果分析**

撰写体验报告，体验报告必须包括以下内容：

第一，活动情况介绍。包括活动的主题、参加人员、活动所用时间等；

第二，活动过程记录。包括活动的详细步骤，以及主要的言谈；

第三，活动之后的感想、存在的问题、改进办法等。

## （四）生涯人物访谈

生涯人物访谈，是通过与一定数量的职场人士（通常是自己感兴趣的职业从业者）会谈而获取关于一个行业、职业和单位"内部"信息的一种职业探索活动。通过访谈，了解该职业岗位的实际工作情况，获取相关职业领域的信息。进而判断是否真的对该工作感兴趣，实际上是一次间接、快速的职业体验。

**1. 访谈目的**

了解和认识社会需求、行业需求等基本状况，评估以前通过其他渠道获得的信息以及职业获取的可行性。

**2. 访谈内容**

访谈内容包括：从业资格与从业条件，职业获取程序，工作岗位的职能与工作质量标准，岗位的一般和特殊技能要求，岗位工作应注意事项，职业发展的前景与条件。

**3. 访谈形式**

可以采用面对面形式、QQ聊天、邮件交流、电话沟通等各种形式，最好是面对面访谈，了解相关职业的知识、技能需求、待遇和发展前景。

**4. 访谈程序**

第一步：寻找目标职业人物，确定访谈对象。

可能有很多学生会有这样的困惑：如何找到生涯人物？即使身边有这样的人，他们愿意接受自己的采访吗？这些都不是问题，想想看，有那么多已经毕业的师哥师姐，还有专业老师、就业指导老师，他们都是很好的访谈资源。根据职业经验，大多数有多年工作经验的人都非常愿意帮助学生认识各种职业特点，所以大胆开口就好，毕竟这关系到你未来的发展。

结合自己职业的性质、所属行业等，在相关（相近）领域内确定两位职场成功人士作为本次生涯人物访谈的对象，目标职业人物可以是自己的亲人、老师和朋友，可以是他们推荐的其他人，也可以借助行业协会、大型同学录或某个具体组织的网页来寻找其他职场人士。接受访谈者应是在这个职位上已经工作了 3 ~ 5 年甚至更长时间。

第二步：拟定访谈问题。

对目标职业人物的访谈可以围绕：职业探索、在校生努力方向、个人人格的塑造等几方面来进行。例如：在这个工作岗位上，每天都做些什么？到本领域工作所需要的基本前提是什么？什么样的个人品质或能力对本工作的成功来讲是重要的？大学生就业应该做好怎样的心理准备？如何培养自信？等等。

第三步：预约并实地采访。

预约方式有电话、QQ、电子邮件和普通信件等，其中电话预约最好。预约时首先介绍自己，然后说明找到他的途径、自己的采访目的、拟访谈的形式以及进行采访所需要的时间（通常 30 分钟左右），确认采访的日期、时间和地点。

面谈时，采访者一般可以先聊聊从其他渠道了解的目标职业人物的好消息，轻松打开话题。之后就可以按设计好的问题开始访谈了。遇到目标职业人物谈兴正浓时，采访者要乐于倾听，给目标职业人物留出提供其他信息的机会。

在访谈结束时，请目标职业人物再给自己推荐其他相关的生涯人物，这样就可以以滚雪球的方式拓展自己的职业认知领域。如：您的熟人中有谁能够成为我下次采访的对象吗？可以说是您介绍的吗？

**5. 访谈结果分析**

撰写生涯人物访谈报告，访谈报告必须包括以下内容：

第一，访谈情况介绍，包括访谈的时间、地点、访谈对象的情况及访谈所用时间等；

第二，访谈过程记录；

第三，访谈后的感想、目标差距、改进办法等。

# 第四章　大学生就业制度与职业选择

## 第一节　高校毕业生就业制度与就业指导

高等学校毕业生就业工作是多层次人力资源配置中最初始也是最重要的一环。这一环节工作的好坏直接制约着国家和个人各方面事业的发展。随着我国社会主义市场经济体制的逐步建立和劳动人事制度的改革，高等学校毕业生就业制度已经发生深刻的变化，单纯依靠组织分配就业的做法已被招聘、招考、录用等多元化的就业方式所取代。特别是高等教育步入大众化阶段后，高等学校毕业生就业形势也发生了较大的变化，以市场为导向，政府调控，学校推荐，学生与用人单位双向选择的毕业生就业机制已形成。对于大学生来说，了解我国毕业生就业制度的变化情况，毕业生就业制度的主要内容，毕业生就业工作面临的新特点及就业指导的意义、内容等，对走上社会、选择理想职业是十分必要的。

### 一、我国高校毕业生就业制度的变迁

所谓就业，就是劳动者与生产资料相结合，稳定地从事一定的社会劳动取得劳动报酬和经济收入的活动。从一般意义上讲，就是找到适当的职业岗位进行工作和谋生。就业必须具备三个基本条件：一是从事社会劳动，二是有劳动报酬和收入，三是得到社会承认。凡不具备这三个条件者，都不能算入就业者行列之中，如在校就读的学生，从事家务劳动的家庭妇女。就业是人类维持生存和繁衍、促进社会发展进步所必需的社会实践活动。良好的就业形势是一个国家发展经济，保持社会稳定的重要因素。我国政府历来重视民众的就业问题，并特别重视高校毕业生的就业问题。中华人民共和国成立以来，根据经济建设和形势的发展需要，我国高等学校毕业生的就业制度经历了不同的发展阶段。

### （一）"统包统分"的就业制度

自中华人民共和国成立初期至20世纪80年代初期，大学生就业一直由国家负责，按计划统一分配，即"统包统分"的制度。这种制度是由于中华人民共和国一成立就在意识形态及观念上将其定位于社会主义计划经济体制，从而确定了其社会资源的配置模式是一种计划配置模式。高校毕业生是社会资源的一种，自然应采用计划配置模式。在中华人民

共和国成立初期，百废待兴、百业待举的现实使得党和政府痛感人才的匮乏。在大规模经济建设的形势下，高校毕业生自然被视为一种稀缺资源。"统一计划，兼筹并顾""集中使用，重点配置"以及"在适应国家建设需要的基础上贯彻学用一致的原则"，自然也就成了当时高校毕业生就业的方针政策。与计划经济相适应的毕业生"统包统分"制度，具体来讲，就是高等学校学生的培养费全部由国家承担，毕业生全部由国家按指令性计划分配到全民所有制单位（少数也有到集体所有制单位）当国家干部。每年分配毕业生时，先由国家主管部门根据毕业生人数及各单位的需求情况制定毕业生分配方案，分别下达到学校和用人单位，再由学校制定调配方案，把每一个学生分配到某一用人单位。这种分配毕业生的政策一般不得跨部门（如某部所属学校毕业生只能到所在部的下属单位）、跨地区来使用，严格限制在一定范围内，毕业生和用人部门互不见面，互不了解，都必须服从主管部门下达的分配计划。这种分配制度适应了当时高度集中的计划经济体制的需要，改变了新中国成立前大学生毕业即失业的状况，国家急需人才的单位得到了一定数量的毕业生，为国家的经济建设发挥了重要的作用。这种制度的优点是：第一，在供需矛盾突出、人才紧缺的情况下，可以保证国家重点建设单位，以及边远地区、艰苦地区对人才的需要。中华人民共和国成立后，整个国家百废待兴，需要大量人才，尤其是国家的一些重点工程，如苏联援建的156个重点工程和研制原子弹、人造卫星等都需要很多高级技术人才。而我国专业技术人才十分缺乏，在这种供需极不平衡的情况下，国家实行保证重点、统筹安排的政策，给国家经济重点建设部门、地区和单位分配了一大批急需专业的毕业生，有力地保证了国家重点建设的正常进行。同时，我国地域辽阔，地区之间的发展很不平衡。革命老区、少数民族地区、边远地区、贫困地区经济落后，人才极端缺乏，为促进这些地区经济和文化教育事业的发展，国家采取了一系列的改革措施。第一，对来源于这些地区的毕业生凡是原地区需要的仍分配回原地区。号召内地和经济文化发达地区的毕业生支援这些地区，并给予种种优惠政策。采取指令性计划的形式从内地支援这些地区分配一些毕业生等，使这些地区各类人才的紧缺情况有所缓解，促进了这些地区的经济和文化教育事业的发展。第二，分配方法比较简单，分配速度较快，无论对学校、毕业生、用人单位都简便，没有复杂的中间环节，也有利于学生在校安心学习，毕业生在最后一年可以安心学习和参加毕业设计。第三，大学生毕业及时就业，有利于社会安定。但这种就业制度也存在着弊端，主要表现在：①指令性计划是少数人关在房间里制定出来的，并不完全符合用人单位的需要及学生的现状和要求，毕业生和用人单位双方不见面，供需双方均无选择权、自主权，这样容易产生学非所用、用非所学，也不利于用人单位惜才和用才。②不利于调动学生的学习积极性。学生学好学坏一个样，反正毕业时由国家统一分配，所以，学习缺乏压力和动力，不少学生抱着得过且过的态度，不利于教育质量的提高。③不利于调动学校的办学积极性。在这种就业制度下，学校办得好与差，教学质量的高与低，专业设置及教学内容是否符合社会的需要，都很少受到社会的检验，学校也不用主动搜集社会对这方面的反馈信息，因而缺乏主动适应社会和经济发展需要的机制。随着我国政治、经济和教育的发展，这些弊端越来越明显和严重，因此必须进行改革。

## （二）不断进行改革的就业制度

从20世纪80年代初开始，国家在对高校大学生继续实行计划派遣就业的同时，紧密结合经济体制和教育体制改革的实践，对毕业生分配工作进行了一些积极的探索和尝试，相继出台了一些改革措施和办法。如"供需见面""双向选择"等。

"供需见面"是指在"统包统分"这个模式还没有打破的基础上，在具体做法上加以修改的一种就业形式。就是学生入学后培养费仍然由国家全部承担，学生毕业后仍由国家负责统一分配，但是在制定分配计划、扩大用人单位选择权、增加分配工作的透明度以及学校如何适应社会和经济的发展方面都做了较大的改革。在毕业生分配计划的制订方面，由原100%的指令性计划，改革为按毕业生的人数分比例的"切块计划"（即国家指令性计划和学校自主权计划各一块）。在具体落实计划时，基本上采用了由主管部门出面，邀请所属高校（供方）和用人地区或单位（需方）在一起充分协商，提出分专业、分单位的调配方案。这种在一定范围内的"供需见面"的方法，对于克服原来"统包统分"的弊端，适应社会和经济发展的需要都起了很好的作用，受到了学校和用人单位的欢迎。但它毕竟是当时新旧制度交替时期的办法，还不是完善的就业制度。

在面上实行"供需见面"的同时，从1985年开始，原国家教委在少数高校试行在国家计划指导下，由学生选报志愿，学校推荐，用人单位考核，择优录用的办法，即所谓"双向选择"的分配办法，这一办法后来在许多学校扩大试行，试图摸索出一条更完善的高校毕业生分配制度改革的途径。

1989年，国务院下达国发〔1989〕第19号文件，批准了原国家教委提出的《高等学校毕业生分配制度改革方案》。这是一个过渡性的方案，改革的目标是在国家就业方针、政策指导下，逐步实行毕业生自主择业，用人单位择优录用的"双向选择"制度，将竞争机制引入高校，使毕业生就业走向市场化。

随着我国改革的进一步深入和社会主义市场经济体制的初步确立，建立与之相适应的高校毕业生就业制度已是必然趋势。中共中央、国务院于1993年2月13日印发的《中国教育改革和发展纲要》提出了明确的改革目标："改革高等学校毕业生'统包统分''包当干部'的就业制度，实行少数毕业生由国家安排就业，多数由学生自主择业的就业制度。近期内，国家任务计划招收的学生，原则上仍由国家负责在一定范围内安排就业，实行学校与用人单位供需见面落实毕业生就业方案，并逐步推行毕业生与用人单位'双向选择'的办法；委托和定向培养的学生按合同就业；自费生自主择业。随着社会主义市场经济体制的建立和劳动人事制度的改革，除对师范学科和某些艰苦行业、边远地区的毕业生实行在一定范围内定向就业外，大部分毕业生实行在国家方针政策指导下，通过人才劳动市场，采取'自主择业'的就业办法。与此相配套，建立人才的需求信息、就业咨询指导、职业介绍等社会中介组织，为毕业生就业提供服务。"

为加快教育体制改革的步伐，原国家教委又进一步提出了《关于进一步改革普通高等学校招生和毕业生就业制度的试点意见》，明确指出，逐步建立起"学生上学自己缴纳部分培养费用，毕业后大多数人自主择业"的制度。这种机制从根本上改变了过去"统包统分"的分配制度，这种机制所带来的毕业生主要就业方式是：

第一，为保证国家重点建设项目、国防建设、文化教育、基础学科、边远地区和某些艰苦行业所需的专门人才，学校根据国家需要，在有关专业设定专项奖学金。新生可在自愿的基础上申请，经批准并签订合同领取奖学金，毕业后按合同就业；

第二，企事业和社会团体等用人单位，征得有关部门同意，可在学校设立用人单位的专项奖学金，由新生自愿申请，但只能申请一项奖学金，并与单位签订合同后领取，毕业后按合同就业；

第三，既没有领取国家专项奖学金，也没有领取单位专项奖学金的学生，逐步做到毕业后国家不负责安排工作，由其自主选择职业。随着市场经济体制的建立和劳动人事制度的改革，这部分学生所占的比例将越来越大，国家教育行政部门和学校要通过方针、政策和发布信息等措施，加强对他们的就业指导；

第四，国家设立贷学金，领取贷学金的学生，毕业后如果到国家指定的单位或地区就业，国家可以减免其还贷；其他学生应在毕业后按期将所贷款项及其利息还清；

第五，学生毕业后按国家专项奖学金或单位专项奖学金合同就业的，应有最少服务年限的规定，等等。试点意见还规定在上述方案实施以前的过渡时期，原来按国家任务计划招收的学生，毕业时原则上仍由国家安排就业，实行"供需见面"和一定范围的"双向选择"的办法，落实毕业生就业方案；委托和定向培养的学生按合同就业，自费生自主择业。

还对一些问题做了调整和补充：

第一，允许国家任务计划招收和自费的毕业生自谋职业，对本省要求自谋职业的非师范类毕业生，由学校审批，报省毕业生主管部门备案，不再办理派遣手续，其中国家任务计划招收的毕业生不再收取培养费；

第二，对省属医学院毕业生和驻江苏部属医学院校留成的毕业生，不再实行指令性计划分配，主要通过有组织的双向选择、供需见面，在省内各类医疗卫生单位和岗位就业；

第三，毕业生要通过供需见面和双向选择在一定范围内落实单位。

省人事部门还要求拓宽就业渠道，鼓励、引导毕业生到多种所有制经济成分企事业单位就业。经济欠发达地区要根据情况制定吸收毕业生的优惠政策，学校要采取积极措施，鼓励和引导毕业生到苏北地区工作，建功立业。

从20世纪90年代末至今，特别是高考扩招以后，大学生就业开始完全过渡到自主择业和自主创业。

### （三）我国现阶段高校毕业生就业制度和主要政策

经国务院批准，国务院办公厅转发了由教育部、公安厅、人事部、劳动保障部联合下发的《关于进一步深化普通高等学校毕业生就业制度改革有关问题的意见》中提出高校毕业生就业的指导思想：高校毕业生就业工作要以"三个代表"重要思想为指导，紧紧围绕促进国家经济发展和社会稳定的大局，采取积极有效的措施，进一步转变高校毕业生就业观念，建立市场导向、政府调控、学校推荐、学生与用人单位双向选择的就业机制，实现高校毕业生的充分就业。

随着高等教育进入大众化阶段，高等教育招生规模在短短的几年时间里增加了2.5倍，毕业生出现了局部的和结构性的供大于求，高校毕业生就业形势严峻。国务院再次明确提出了"市场导向、政府调控、学校推荐、双向选择"的就业政策，真正实现了"以市场机制为主导"的人才资源配置新机制。

现行的高校毕业生就业制度和政策，为高校毕业生开辟了更为广泛的就业渠道和形式，深化了高校毕业生就业制度改革，使之更加适应社会主义市场经济体制的需要。

我国大学生就业的基本制度主要有：

第一，高校毕业生在国家政策指导下，按照有关规定就业，所有合格毕业生均享有平等的就业机会。毕业生有执行国家就业方针、政策和根据需要为国家服务的义务，必要时，国家采取行政手段来安置毕业生就业；

第二，国家在就业方针政策指导下对毕业生就业实行宏观调控。通过公布人才需求信息、建立就业服务机构、定期发布就业率等，指导毕业生就业；

第三，在就业方式上实行自主择业，用人单位与毕业生之间通过双向选择、供需见面落实就业单位；

第四，培育和建设更加完善的毕业生就业市场，运用市场机制来调节毕业生的供求关系，实现毕业生资源的优化配置；

第五，完善人事代理制度，建立健全社会保障机制。

国务院办公厅转发的《关于进一步深化普通高等学校毕业生就业制度改革有关问题的意见》和国务院办公厅《关于进一步做好普通高等学校毕业生就业工作的通知》，中共中央办公厅、国务院办公厅《关于引导和鼓励高校毕业生面向基层就业的意见》对拓宽高校毕业生就业渠道，促进毕业生充分就业，做出了有力的政策规定，主要内容如下：

①完善高校毕业生就业管理体制。实行中央和地方两级管理，以地方管理为主的工作体制。中央建立由国务院有关部门参加的高校毕业生就业工作联席会议，定期研究，协调解决工作中的重大问题。在国务院领导下，教育部、人事部、国家计委、财政部、劳动保障部、公安部等有关部门密切配合，共同做好高校毕业生就业工作。省级人民政府要建立由主管领导牵头、有关部门参加的高校毕业生就业工作领导协调机制，统筹做好毕业生就业工作。各地区、各有关部门要把高校毕业生就业工作列入重要议事日程，纳入经济和社会发展规划，作为就业和再就业工作的重要组成部分。

②加大支持力度，引导并鼓励高校毕业生到基层就业，鼓励和支持高校毕业生到农村支教、支农、支医、扶贫等。要结合县、乡（镇）机构改革和事业单位人事制度改革，坚决清退县、乡（镇）机关和执法部门、学校等基层单位的不合格人员，将高校毕业生充实到这些单位工作，提高机关、事业单位的人员素质和工作水平，加大财政支持高校毕业生面向基层的力度。

③鼓励高校毕业生到西部地区和振兴东北地区等重大项目中去工作。对原籍在中部、东部地区的毕业生到西部地区工作的，实行来去自由的政策，根据本人意愿，户口可迁到工作地区，也可迁回原籍，由政府主管部门所属的人才交流机构提供免费人事代理服务；到西部贫困边远地区工作的高校毕业生，可提前定级，并根据实际情况适当高定工资标准。

④落实企业用人自主权的规定，鼓励用人单位根据实际需要多招聘高校毕业生。国有企事业单位新增管理和技术人员，应主要面向高校毕业生公开招聘，择优录用。

⑤继续加大对毕业生就业工作的政策支持力度，有条件的地区由地方人民政府确定，在现有渠道中为高校毕业生提供创业小额贷款和担保。取消对接收高校毕业生收取的城市增容费，出省（自治区、直辖市）费，出系统费和其他不合法、不合理的收费政策。

⑥省会及省会以下城市放开对吸收高校毕业生落户的限制。省会以上城市也要根据需要，积极放宽高校毕业生就业落户规定，简化有关手续。

⑦大力支持各类中小企业和非公有制单位聘用高校毕业生。对选择到非公有制单位就业的高校毕业生，公安机关要积极放宽建立集体户口的审批条件，及时、便捷地办理落户手续。

⑧用人单位要按照国家有关规定与所聘高校毕业生签订劳动合同，为其办理社会保险手续，缴纳社会保险费，并按有关规定，在工资支付、劳动争议处理等方面维护和保障其合法权益。

⑨对毕业离校时未落实单位的毕业生，根据本人意愿，户口档案可以转至家庭所在地或保留在原就读的学校两年。

这些政策的颁布和实施，不仅为高校毕业生就业提供了政策上的保证，也为广大毕业生提供了更为广阔的锻炼自己、施展才华的舞台。为应对严峻的就业形势，在短短几个月内，中央近二十个部门联合出台了近三十个毕业生就业的政策文件，开辟了应征入伍、服务外包、自主创业免税等多个新政策、项目领域，各省也纷纷出台了本省促进毕业生就业的政策文件。这些政策将长期发挥作用，为进一步做好毕业生就业工作提供了强大的政策保障。

## 二、高校毕业生就业制度改革的意义与需解决的问题

我国经济体制改革的目标，是建立社会主义市场经济体制。高校毕业生就业制度的改革是从建立社会主义市场经济需要出发的。党的十八大报告指出，要积极推进经济体制和经济增长方式的根本转变，建立比较完善的社会主义市场经济体制。要加快国民经济市场化进程，尽快建成统一开放、竞争有序的市场体制，进一步发挥市场对资源配置的基础性作用。党的十九大又进一步提出，要在更大程度上发挥市场在资源配置中的基础性作用，健全统一开放、竞争、有序的现代市场体系。要求"千方百计扩大就业"，指出"就业是民生之本"，"解决就业问题是我国当前和今后长时期的重大而艰巨的任务"。随着社会主义市场经济体制的建立与不断完善，劳动人事制度、教育体制改革的不断深入，高等教育大众化的到来，作为社会资源的人力资源中较高层次的高校毕业生的就业分配制度改革的步伐和力度也不断加大，这不仅基本适应了我国经济、政治、教育体制改革的需要，适应了社会主义经济建设，同时对高校的发展和毕业生的健康成长都有积极的意义。

### （一）高校毕业生就业制度改革的意义

#### 1. 适应市场经济体制建设的需要，有利于深化教育改革，增强高校发展的动力和活力

在市场经济体制条件下，必须改革旧的劳动人事分配制度，加快社会保障体系的建立，加快劳动力市场的建设，这是建立健全市场经济体制的需要，是人力资源充分合理利用的必要保障。与此相适应的是，高等教育要面向社会、面向经济建设的主战场，必须深化改革，而毕业生就业制度改革是高等教育改革的突破口。毕业生就业要走向市场，高等学校为社会输送合格的人力资源要经过市场的竞争，优胜劣汰。毕业生就业工作是学校培养人才与社会使用人才的结合点，是学校联系社会的纽带，用人单位通过对毕业生的实际使用，在检验和评价学校的教学质量，学校培养的人才是否适应经济和社会发展的当前与长远需要，包括专业设置和培养规格、层次结构是否合理，数量的多少，质量的高低，毕业生的知识、能力及对工作的适应性等方面，都会通过毕业生就业这个环节很灵敏地反馈回来，进而推动学校的办学和教学改革，增强学校办学的动力和活力，促进高教事业的发展。

#### 2. 有利于促进用人单位和毕业生都能充分发挥自己的职责

毕业生就业制度的改革，进行"自主择业""双向选择"，会使供需双方都满意，

使用人单位在用人方面有自主权，可以挑选和聘用自己需要的人才。有的用人单位为争取到理想的毕业生，不惜多次登门高校或到人才市场挑选，并提供优厚的条件吸引毕业生，促进了他们真正做到尊重知识，珍惜人才。同时，广大毕业生在国家有关就业的方针政策指导下，走向社会，主动向用人单位推荐自己，避免了过去专业不对口的弊端，使其"人尽其才，才尽其用"，更能充分发挥自己的真才实学，不仅有助于在事业上尽快成功，而且对单位、对国家也有贡献。

**3. 有利于激发学生的学习积极性，提高其竞争意识**

毕业生就业制度的改革改变了大学生过去的局面，使他们明白要进入竞争的行列，接受社会的挑选，必须要在德、智、体等方面全面发展，具备较好的综合素质。因而，广大学生学习的积极性、主动性增强，许多学生积极拓宽知识面，不断提高各种能力，为接受竞争的挑战而锐意进取，创造条件。

## （二）高校毕业生就业面临的矛盾和需重视解决的问题

**1. 高等教育大众化与高校毕业生暂时就业难的矛盾**

高等教育大众化，促进了经济和社会发展，满足了广大人民接受高等教育的需求。高等教育的超常规发展，一方面给我国高等学校的发展带来了极好的机遇；另一方面也给高校的发展提出了极大的挑战。这支迅速增长的毕业生就业大军，使得大学毕业生的就业形势非常严峻。尽管我国各级政府高度重视毕业生就业工作，及时出台了一系列有助于毕业生就业工作的政策和法规，以促进高校毕业生及时和充分就业，全社会对高校毕业生就业工作也给予了极大的关注和支持，但目前毕业生就业难的现象依然存在。这是我国高等教育从精英教育转向大众化教育形势下必然发生的碰撞，并不是社会上有人所说的"大学生过剩了"。实际上我国大学毕业生不是太多而是太少了。目前，我国大学生毛入学率仅为40%左右，而美国为82%，日本、英国、法国等发达国家均为50%以上。我国7亿多庞大的从业人员中，高层次人才稀缺，受过高等教育的仅为7%左右。尽管我国这几年高等学校招生规模大幅度增加，但同时我国新的就业机会也在增加。国家有关部门的统计表明，目前我国每年新增就业机会大约为900万～1000万个，而每年大学毕业生在650万～700万左右，大学毕业生仍有比较大的就业空间。

现代经济学理论认为，失业分为三种：总量失业、摩擦性失业和结构性失业。劳动和社会保障部职业技能鉴定中心主任陈宇道说："劳动力总量过剩和结构性失业交织在一起，影响了中国大学生的就业问题，至少在21世纪前20年，这都是非常严峻的问题。"

我国目前大学生"就业难"的原因是多方面的，主要有：

第一，劳动力总量供大于求，使大学生与其他求职者之间的竞争更加激烈。

我国社会正处在经济发展的转型时期，面临着巨大的就业压力。我国经济虽然三十多年来一直保持着持续快速增长的良好势头，但由于从计划经济向市场经济转型的时间还比较短，社会整体就业面临着一些突出的问题。一是在体制改革和经济结构调整中，由于企业改制、机关事业单位改革，使得下岗、失业人员增多。二是城镇新增劳动力增幅较大。三是农村富余劳动力向非农、向城市转移的规模速度加快。这三个方面的问题在今后一个时期内仍将同时存在，使我国整体就业环境形成了"三峰叠加"的态势，劳动力资源极其丰富。

第二，地区间的经济差距不仅造成就业不平衡扩大，而一旦造成经济欠发达地区大学生就业更难。

我国经济欠发达地区，特别是西部地区，一方面经济发展状况造成就业岗位不是很多，很难对大学生形成有效需求，并且这种局面在较长的一段时间内还难以改变；另一方面，由于欠发达地区所能支付的价格（工资收入、发展机会、流动性等）不足以补偿大学生的人力资本投资。尽管国家实施西部大开发计划对高校毕业生产生了大量需求，但按照劳动力市场机制无法实现供求有效结合，使得很多高校毕业生宁愿集中在发达地区失业，也不愿去欠发达地区就业，这不仅加剧了发达地区高校毕业生就业的压力，而且也造成了发达地区与欠发达地区之间就业的不平衡进一步扩大。

第三，我国高等教育与经济社会不相适应的问题影响毕业生就业。

全社会的现实就业容量是受一定时期的经济规模和产业结构以及劳动力供给等短期内相对恒定的因素所制约的。对于高等教育来说，高等教育的结构和产业结构是否协调是影响高校毕业生就业的关键因素。由于我国高等教育处在从精英化向大众化过渡和发展的过程中，一些学校长期受精英办学理念的影响，受计划经济体制办学模式的影响，长期游离于经济和社会发展之外，在改革过程中表现出了明显的角色转换滞后和改革不到位，如学校定位不准确，过分追求学校升格，过分强调层次提升；专业设置和课程设置与产业结构、社会需求不协调，不能适应人才市场的要求；有的高校包括高职学院培养应用型人才的特色不明显，融招生、市场、就业于一体的市场化运作机制不健全等问题，大学生就业过程中所表现出来的人才需求和人才供给之间矛盾突出的状况就充分说明了这一点。另外，用人单位要求毕业生能力较强、素质高，而有些高校不十分重视教学质量，导致许多学生在毕业时档案成绩差，动手能力弱，不符合上述条件，也有部分毕业生在人际交往和沟通方面仍存在欠缺，造成一些毕业生"品位性失业"。在大学毕业生满足不了社会需求的时期，这些问题虽然也存在，但矛盾表现不很突出，也较容易解决，但在毕业生人数急剧膨胀，大于社会需求的时期，这些问题就会特别凸现出来。同时，一些高校就业工作机制和指导人员的专业素质不能满足就业工作的要求。总之，上述问题经过这几年各高校和教育部门的努力，毕业生结构性矛盾虽有缓解，但仍没有根本性好转。高校的学科和专业设置、人才培养的学历层次等问题引起的供需结构性差异矛盾依然突出。

第四，社会、毕业生和家庭的就业观念滞后，没有树立起适应高等教育大众化需求的就业观。

首先，从社会上来讲，由于长期受传统观念的影响，社会上普遍存在"重学历，轻能力；重文凭，轻技能"的人才观和用人导向。企业也习惯于唯学历、文凭是用，一些用人单位需求毕业生条件不仅看学校的牌子、学历层次，而且对性别、相貌都有苛刻的要求。这些观念和思维挫伤了人们锤炼技能的积极性。同时高技能人才的待遇偏低，即使是高级技工，待遇往往也不如一般管理人员，致使技能上很有发展前途的人，想方设法挤到干部堆里。一些传统的职业学校长期得不到国家的重视，师资力量薄弱，培训内容陈旧，培养条件落后，培养的人才得不到社会的承认；而一般大学办学的思路都放在培养"干部"的学术型人才上，不肯"屈尊低就"，从而导致一方面普通管理岗位和文职岗位严重供大于求，另一方面急需的、有大量需求的"灰领"人才严重缺乏的怪现象。在西方发达国家，高级技工占技工总数的比例超过35%，而我国7 000万技工中，可称为"灰领"的高级技工仅占5%。

其次，从毕业生和家长来讲，部分家庭条件优越的毕业生和家长以及来自大城市的毕业生在就业时对自己定位不够准确，往往期望值过高，就业竞争意识不强，把择业目标定在少数热门单位和高薪岗位，抱有不切实际的想法，不能根据社会经济发展的需要把自己与其他社会群体放在同一层面上参与就业竞争，不愿接受大众化的就业岗位。

实际上，在知识经济时代，大学生到基层、到农村就业并不是一种"降格以求"的选择，而是与社会发展、高等教育大众化发展相适应的"平行对应"选择。在我国总体人才严重匮乏的今天，大学生"就业难"只是我国社会转型时期的一个"假性"表象。

### 2. 进一步建立和完善毕业生就业市场

建立和完善社会主义市场经济体制是一个长期发展的过程，是艰巨复杂的社会系统工程。我国目前正处在社会转型的过渡时期，社会主义市场经济正在逐步向前发展，与此相适应，毕业生就业市场正在循序渐进，初具雏形。但是，在过渡时期，社会必然呈现出传统计划经济特征和市场经济特征相互交替存在的现象，在这种特殊情况下，毕业生就业市场必定会存在着某种无序和混乱，毕业生就业市场离统一开放的公平竞争的就业市场还有较大差距。首先，就业市场"割据"现象严重，这包括区域分割、城乡分割和制度分割。特别是有的地方地域限制已成为毕业生进入就业市场公平竞争的明显障碍。其次，需求的就业信息不够全面和畅通，使得毕业生和用人单位在相互选择过程中均带有盲目性。有的毕业生不惜花费大量时间、精力和财力"南征北战"，到处奔波，疲于奔命，而效果不佳。而用人单位面对纷至沓来的求职者无从下手，往往需要通过笔试、面试、复试等几个回合，层层筛选，择业、择人的程序日益烦琐。再次，用人单位和高校自觉通过市场平台的连接和反馈还不够，市场化的人才培养和使用机制还未充分形成。另一方面，公开、公平合理的竞争机制不够健全，就业法制尚不完善。主要表现在：

（1）目前社会上不良风气的存在使部分毕业生的择业成为关系、权力与金钱的交换过程，竞争中存在着一定的不公正，对毕业生的就业产生了消极影响。

（2）毕业生与用人单位"双向选择"时的矛盾和纠纷时有出现。一方面，对于用人单位来说，录用一名毕业生，慎之又慎，以致造成对毕业生的要求越来越高，本来这个岗位可以要中专生，而现在却要大专甚至本科生。要专科的也上升为要本科生和研究生。有的过分拖延对毕业生的考察时间，有的则要求先实习，再录用，对毕业生要求多、挑剔多，毕业生不但要影响必要的功课学习，进行无偿劳动，而且思想包袱和压力也大。另一方面，毕业生的期望值也越来越高，他们希望到大城市、大机关、大公司、大单位工作，希望单位经济效益好，工资待遇高，住房条件宽裕，工作条件舒适，而不愿到中小城市和效益一般的企事业单位，至于边远、艰苦地方和基层、生产一线等更不愿意去。有的毕业生一人同时联系多个单位，用拖延战术或口头答应而实际不去来对待一些用人单位，打乱了一些单位的进人计划。

（3）目前仍有部分毕业生不能及时就业，待业期间的生活没有保障。因此，亟须建立和完善高校毕业生就业市场，这个市场要逐步具备四个特征：一是高度信息化的市场；二是完全开放的市场；三是"优胜劣汰""公平竞争"的市场；四是受国家宏观调控的市场，确保就业市场的公平和有序。

第一，加强毕业生就业制度建设，切实形成毕业生就业无障碍的就业环境。国家要继续加快立法进程，制定出有关高校毕业生就业法规，把国家、学校、用人单位以及毕业生各方的责、权、利用法律形式确定下来。同时建立一套切实可行的"双向选择""自主择业"的具体规定，包括择业的范围、程序、必须履行的手续、各方承担的责任和义务、违反法规的制裁措施以及就业纠纷的调解仲裁等，以确保用人单位自主择人和毕业生自主择业，维护就业市场的平等竞争。毕业生就业制度是一个与时俱进的制度，"十三五"期间是高校毕业生就业制度在社会主义市场经济体制逐步完善和高等教育大众化的双重条件下走向成熟的时期，要本着改革的精神，把这一牵动千家万户和关系人民群众切身利益的大事办好。

第二，大学生自主择业和人才流动，在技术进步，经济、产业结构调整变动条件下和高等教育大众化背景下，将会出现人才结构性失业，或毕业生在求职过程中因求职受挫导致暂时待业。为此，国家还应建立健全失业、待业保障制度，以解决毕业生初就业和再就业过程中的失业、待业生活保障和社会问题。

第三，要建立毕业生就业供需信息网络系统，为毕业生和用人单位提供准确全面的信息服务。这一系统除了存储高校毕业生的基本数据外，还应反映高校各专业的特点、服务方向、规格层次，以及用人单位的情况和需求专业、数量、使用意图等，并且实现全国范围内的联网，使双方都能及时得到全面、准确、有效的信息。

第四，要努力克服毕业生就业中的不正之风，确保就业市场的健康发展。毕业生就业制度要保证大多数毕业生的利益，做到公平竞争和择优录用，特别是用人单位应根据考核情况择优录用毕业生，不要搞内定人选，不能凭关系录用毕业生，要如实宣传本单位的全面情况、录用条件和工作待遇，对毕业生坦诚相待，要注重毕业生的综合素质。高校应根据毕业生德智体的综合考评向用人单位择优推荐，并严格按双选协议推荐就业。

第五，要尽快确立全国统一竞争有序的就业市场。要打破就业上的地方保护主义，使毕业生可以在全国任何地方通过公平竞争实现就业。

## 三、就业指导的主要任务和内容

高校毕业生就业制度的改革，使毕业生就业将面临激烈的竞争。面对新的形势，高校一方面要不断提高教学质量，培养学生的综合素质，增强竞争能力，同时，为使毕业生能比较顺利的就业，必须加强毕业生就业指导和服务工作。就业指导是与毕业生就业制度改革相配套的系统工程。所谓就业指导，就是在国家有关方针政策指导下，为即将就业的社会劳动力提供教育、信息、咨询等项服务，帮助他们根据自身的特点和社会职业需要，选择最能发挥自己才智的职业，通过有效地与职业岗位相结合，促进社会劳动力资源的合理配置。就业指导既是一种理论，也是一项社会实践活动。从教育学的意义上来说，旨在帮助劳动者找到合适的劳动岗位，旨在发挥人的积极性和创造性，减少人才浪费；从社会学的意义上来说，旨在帮助大学生正确认识自己，培养和发展自己的个性特长；从心理学的意义来说，旨在帮助形成人的完美健康的身心素质，做好走向社会的心理准备。

### （一）中外就业指导概况

西方国家从 20 世纪初就已认识到就业指导的重要作用和价值。1902 年，德国出现专门的职业指导活动；1903 年，美国学者帕森斯在波士顿宣传职业指导；1904 年，英国格尔顿女士在哥拉斯克的学校内实施职业指导；1908 年，法国在巴黎设立职业指导学校，德国出现少年职业介绍机构，美国在波士顿创设了职业局。从此，职业指导为人们有计划、有组织地实施和研究。20 世纪 20 年代后，兴起了以美国为中心的职业指导活动，以后又逐渐波及日本和加拿大等国。

在当今时代，为了能够在社会的人才市场中占有一席之地，西方各高校往往更加重视学生的就业问题，因为毕业生能否顺利就业关系到学校的声誉和地位，从而影响到生源和财源，影响到学校的生存和发展。

在日本，面对当今的生源危机，各高校展开了争夺生源的激烈竞争。为保持自己在竞争中的有利地位，各高校展开了广泛的宣传活动，其中就业指导是宣传活动中的一项重要内容。因此，如何指导学生就业，如何提高毕业生的求职技巧，进行适当的求职心理训练，都被日本高校视为一项工作。据有关材料介绍，激烈的市场竞争使日本的企业、大学到社会的各方面都十分重视毕业生的就业工作，他们投入大量人力、物力，为毕业生提供各种信息，资料齐备，内容详尽，使用方便，不用付费，使学生能够获得各种所需的信息。

在法国，高校的就业指导特别是大学生的就业方向指导被政府以立法的形式确定下来，作为高校的一项重要职责。如1984年法国《高等教育法》第五条规定："对学生的方向指导，包括向他们提供关于学习安排、出路和转换专业的信息。"第十四条又提到："使学生能够评价自己具备的各种水平和类型教育所必需的基础科学知识的能力，并搜集为选择职业所必需的情况……尊重学生的个人选择自由，指导他们准备进入所选专业第二阶段继续学习，或者在得到职称和文凭后就业。"在具体落实上，政府与大学之间实行"国家大学合同制"，共同协商确立总体发展目标和制订计划，同时根据各校招生比例、学生合格率以及毕业生就业比例等指标给予相应的拨款。把毕业生就业比例作为指标，客观上刺激了高校对毕业生高就业率的追求，因而也使政府的立法本意落到了实处。

此外，在德国、澳大利亚、加拿大等国家，就业指导也被作为高校在校教育活动的一个重要环节和义不容辞的职责而普遍存在。可以说，在如今的西方高校甚至社会中，开展对大学毕业生的就业指导已成为一种时尚。而且从目前高等教育大众化程度日趋加深以及在不久的将来走向普及化的趋势看，就业指导的前景会更加广阔。

在我国，就业指导早在20世纪初就已诞生，并在实践中得到发展。1916年，清华学校校长周寄梅为了学生择业发起了职业演讲活动，聘请名人、专家进校讲职业问题，指导学生填写工作志愿以预测就业局势，并作为确定学科的依据。1920年，清华学校一个教授率领学生去美国，搜集各种职业指导的参考资料。1922年，清华学校成立职业指导委员会。1923年，清华学校庄泽宣教授编写了《职业指导实施》一书。以后，许多学校如东南大学附属中学、"中央大学"等陆续设立了职业指导机构。

当时政府教育部在职业指导方面做了一些工作。如公布各省、市、县教育行政机关暨中小学实行升学及职业指导办法，编辑、出版职业指导丛书及参考资料等。1929年5月全国教育会议通过《设立职业指导所及厉行职业指导案》，规定了三条实施职业指导的办法：一是各级学校的最后一学年，应有升学及职业指导；二是全国各大学应设职业指导部；三是由大学拟定职业指导进行程序，全国有关部门，通令各省设立职业指导部。1931年9月21日，全国职业指导机关联合会成立，以研究职业指导为宗旨；同年12月14日，联合会举行第一次年会。之后，南京、无锡、嘉定、常熟等地纷纷设立职业指导所。

1917年成立的中华职业教育社，大力提倡和推行职业指导事业，它的社训是"使无业者有业，使有业者乐业。"1919年，中华职业教育社第二届年会决定组织职业指导部，主要工作为：一是调查本地重要职业；二是调查各学校毕业生的情况；三是征求实业家对毕业生的要求；四是给毕业生讲演选择职业的要点。1924年该社在上海、南京、济南、武汉等地举行为期一周的职业指导活动，对即将毕业的学生进行升学和就业指导。

此后，上海职业指导所、环球中国学生会职业介绍部、中国工程师学会职业介绍部、上海市教育会职业介绍所等相继成立，并开展了一些活动。

综上所述，当时中国职业指导的倡导者们的确花了不少力气，为社会做了许多有益的工作，使中国的职业指导从无到有，取得了一定的成效，对于克服选择职业的盲目性、增强择业意识等起了一定的作用，其历史功绩是不能抹杀的。但就整体而言，职业指导仅仅局限在东部地区，并且收效甚微。究其原因：一是政府提倡不得力；二是缺乏就业指导的专门人才，缺乏必要的经费；三是宣传不够，不深入；四是与职业界联系不广泛；五是就业机会少，形成无业可指导的状况，这也是最主要的原因。

中华人民共和国成立后，由于我国实行计划经济，大学生是"统包统分"，社会上其他就业一般也不是自己所能决定的，因此，就业指导丧失了它应有的地位和作用，成为一个被遗忘的角落。在改革开放的新形势下，就业指导获得了新生。1986年深圳大学的就业指导中心率先破土而出，"中心"开设就业辅导课，发布《就业指导报》，利用电脑搜集、储存就业信息，组织用人单位进校招聘等。之后，许多高校相继重视这项工作。国家教委也着手抓大学生的就业指导工作，并于1992年3月成立了择业指导机构。1995年5月，原国家教委办公厅发出了关于在高校开设就业指导课的通知。教育主管部门的重视和一系列措施推动了学校的就业指导工作，现在高校基本上都开设了就业指导课程，重视毕业生就业指导工作人员队伍建设，学生也越来越欢迎和重视就业指导。但我国的就业指导还处于信息服务、政策咨询阶段，就业指导的功能远远没有发挥出来。随着改革开放的不断深入发展和社会主义市场经济体制的确立，随着高校毕业生就业新机制的实行，就业指导越来越受到社会、高校、学生和家长的重视，发挥着越来越重要的作用。

## （二）高校就业指导的主要内容

高校开展就业指导工作是社会主义市场经济发展的客观需要。做好这项工作将有利于毕业生顺利就业，有利于毕业生就业后的发展与成才，有利于人力资源的合理配置和使用，有利于高校教育体制改革的深化，有利于社会的稳定，是一项利国、利民的大事。高校开展就业指导工作，主要有以下四个方面。

### 1. 政策指导

政策指导是就业指导的基础。国家对大学毕业生就业的方针政策是根据国家利益和社会发展需要制定的，它对每个毕业生的就业有着直接而重要的影响，学校要对学生进行广泛的就业形势和政策的宣传、教育，使广大毕业生真正了解国家的就业政策，克服择业的随意性、盲目性，消除择业困惑和一些不正确的认识，走出择业误区，提高贯彻执行国家就业方针政策的自觉性，根据国家需要并结合个人实际，有针对性地选择职业。

**2. 思想指导**

思想指导是就业指导的中心，这是对学生进行择业准则、职业道德和成才的道路的教育。积极开展大学毕业生就业教育，建立以就业形势与政策、职业理想、职业道德等为主要内容的思想教育，特别还要对大学生进行走向大市场的教育。市场经济无可选择地摆在每个大学生面前，大学生对传统观念羁绊的解脱与适应市场经济新观念的形成，都依赖于对市场经济的深刻认识。现在有的大学生对市场经济的理解偏狭，对市场经济中的"等价交换"等原则与社会道德生活准则以及市场经济中个人与社会之间关系的认识存在着一定的模糊性和片面性，只有通过走向市场的教育才能使大学生所确立起的主体性在自我与社会、个人利益与国家、集体利益中找到合理的结合点，走进市场经济的大潮，确立合理的就业期望值，强化竞争意识。总之，通过思想教育，帮助高校毕业生树立正确的人生观、价值观、择业观，树立正确的大众化就业观和市场观，摆正国家、集体和个人三者之间的关系，提高思想境界，选好成才之路，以积极进取的心态过好就业关，为就业后的职业发展和成才打下良好的基础。

**3. 技术指导**

技术指导是就业指导的主要内容之一。就业求职是一门艺术，有许多技术和技巧。就业技术指导内容包括择业技巧、自我推销技巧、择业材料准备、择业程序及掌握应聘面试的技巧。同时，还包括心理指导，要针对大学生的就业心态，帮助他们提高求职择业的能力，具备走向社会应有的心理素质，解决择业心理的压力焦虑，使毕业生避免面临就业选择时的惶恐感，避免各种技术原因造成的就业障碍。

**4. 职业和业务指导**

职业和业务指导是就业指导的主要方式。这方面的指导内容有：职业的基本知识，提供职业信息，开展择业咨询，帮助大学毕业生进行自我评价等。职业信息是毕业生求职就业的基础，职业信息包括人才需求信息和用人单位资料信息。学校应建立毕业生就业指导服务中心，广泛搜集并及时、准确地向毕业生提供信息服务，要定期向面临毕业的学生通报用人单位需求信息，通报需求单位的情况。可主动邀请用人单位来校和毕业生直接交换情况，以消除毕业生在选择职业时由于对用人单位不了解而造成的盲目性。

择业咨询就是为大学生解答、探讨有关就业问题，提供择业建议，帮助毕业生对自己进行客观评价，正确认识自己，选择最适合自己、最能发挥自身特长的职业。还要根据有关政策和法规为毕业生办理有关就业手续，处理就业落实过程中的违约行为，维护毕业生就业的正当权益。

对大学生进行就业指导还要同专业教育相结合，向专业教育领域渗透。

## （三）高校要高度重视毕业生就业指导工作

毕业生就业工作是学校的一项十分重要的工作，它涉及高校工作的方方面面，是教学、管理和服务的综合表现，是贯穿于教育教学的全过程，需要领导高度重视、各方面积极配合。要将就业率与学科专业建设、招生计划、经费投入以及工作业绩挂钩。尤其要重视建立和完善毕业生就业指导和服务体系。随着高等教育大众化进程的不断推进，毕业生就业观念、就业行为、就业方式等都将发生深刻变化，传统的毕业生就业指导和服务的模式、方法已经不能适应毕业生就业过程的实际需要，必须进一步建立和完善集教育、管理、指导和服务功能为一体的毕业生就业指导和服务体系。

### 1. 加强就业指导队伍建设

各高校要建立健全就业指导服务机构，在人员、经费、阵地上加大投入，就业指导人员按"专业化、职业化、专家化"要求进行建设，国家和省级毕业生就业主管部门应加强对就业指导人员的培训，逐步推行就业指导从业人员的职业资格证书制度，提高就业指导的质量和水平，建立稳定的、高素质的就业指导队伍。

### 2. 拓展就业指导服务的内容

目前一些高校的毕业生就业指导工作没有能够把就业指导与大学生的职业生涯规划和发展有效地结合起来，为毕业生职业生涯发展中实现人一职匹配而开展的个性化指导、测评等方面提供的服务和帮助不够，创业教育在就业指导中的重要性没有得到切实的重视。对大学生开展创业教育，主要是培养他们的创业意识和创业能力，并不是要他们在校期间或一毕业就去自主创业。学校要组织和引导毕业生开展丰富多彩的创业实践活动，为他们的创业锻炼提供良好的条件和氛围，在他们的心灵深处播下创业的种子，以便他们抓住机遇成功创业。

### 3. 建立全过程渗透的就业指导体系和服务模式

高校要在教育思想和理念上，在教学内容的安排上，在实践性教学活动的组织上，在校园文化的建设中，在学生教育管理的过程中，都要能为学生的就业提供有效的服务、指导和帮助。要把就业指导和为毕业生就业服务工作作为评优、考核学校和院（系）办学质量和工作实绩的重要指标，形成人人关心、支持、参与毕业生就业工作的良好氛围和工作机制。

## （四）大学生要重视就业指导课程的学习

开展就业指导工作对大学生健康成长有十分重要的作用，因此，大学生必须重视就业指导课程的学习，树立正确的职业理想和择业观，增强社会责任感，切实掌握就业知识和技巧。

要认真学习社会主义市场经济的基本知识，特别是要认真学习邓小平理论、"三个代表"重要思想和党的十九大精神，深入学习科学发展观和习近平同志重要系列讲话精神，全面掌握党在社会主义初级阶段的基本路线和纲领，弄清社会主义市场经济的基本概念和基本理论，关心改革和发展的形势，了解国家经济发展的状况，了解我国劳动人事制度改革趋势和劳动力市场、大学生就业市场的现状和发展，深刻理解国家关于大学毕业生的就业政策，把个人志向同国家利益、社会需求有机地结合在一起，自觉地把国家利益放在第一位。

坚持理论联系实际的原则。首先，要学好基本理论，主要是学好《就业指导》课程。通过学习，了解大学生就业的基本理论和基本常识，了解毕业生就业制度改革的趋势和政策，掌握就业的程序和技巧，做好就业前的各种准备。其次，要积极参加各种实践活动，包括积极参加学校组织的与用人单位的"供需见面、双向选择"活动、用人单位信息发布会、优秀毕业生报告会、毕业实习和接受职业适应的指导等。通过这些活动，学会收集信息、分析信息、交流信息、选择信息。树立正确的职业理想和人才流动的观念，实事求是、因人制宜地选择理想的职业，迎接人生路途上各种新的挑战。

# 第二节　职业的发展

一个人为社会贡献的大小、生活方式的选择及发展和成才，在相当程度上取决于他所从事的职业。从某种意义上讲，获得美好的职业是青年人实现理想和美好人生的代名词。为此，他们往往用理想的彩笔描绘着人生，塑造着自己理想的职业形象。对于即将毕业的大学生，选择一个适合自己理想的职业是走上社会的第一课题。但因社会分工的不同而形成了众多的职业，哪一种职业最适合你，除了要"知己"外，还必须对职业的基本知识有所了解，这对于尽快找到自己在社会中的那个最佳位置无疑是有很大帮助的。

## 一、职业的形成与发展

对"职业"这个概念的认识，不同国家的社会学家有着不同的回答。如美国著名的社会学家阿瑟·萨尔兹认为，职业是"人们为了获取经常性的收入而从事连续性的特殊活动，这种活动具有市场价值，并决定着人们的社会地位。"美国著名的教育家、哲学家杜威认为，职业不是别的，是可以从中得到利益的一种生活活动。我国社会学工作者则强调职业是事业、责任、价值和酬劳的统一。

所谓职业，就是人们在社会生活中所从事的相对稳定的，作为自己生活来源的具有专门职能的工作，是人们在社会劳动分工情况下从事社会劳动的具体形式。作为一种社会经济文化现象，它从本质上反映了人对社会的关系。它既是对人们的生活方式、经济状况、文化水平、行为模式、思想情操的综合性反映，也是权利、义务、职责，即是一个人社会地位的一般性表征。由此也可以说，职业是人的社会角色的一个极为重要的一面。

## （一）原始社会及奴隶社会中职业的形成

职业作为一种社会现象，并不是从来就有的，它是在社会生产力不断发展，促进了社会分工的基础上逐步形成、发展起来的。在漫长的原始社会初期，由于生产力水平极其低下，人类社会最初没有分工。最早的社会生产是猎取自然界的天然物资。野生的动物和植物是人类的第一食品库，采集和渔猎是最初的劳动方式。在社会发展的这个"孩提时代"，不同的劳动尚未划分成互相独立的部分，人们在从事某种劳动时，一般都采取集体行动。对于不同项目的劳动，则按需要的迫切程度和劳动的客观条件顺次进行。只有在氏族内部根据性别和年龄的差别而产生的纯属生理原因的自然分工，男子打猎、捕鱼、作战，女子制备食物、缝制衣服和管理家务，老年人则负责制造劳动工具。直至19世纪下半叶，人们还可以从新几内亚的巴布亚人那里看到这种原始的自然分工状态。种地时，几个男人排成一行，把棍子深深插入土中，然后翻起一块土来；女人跟在他们后面蹲着走，用棍子打碎被翻起的土块；再后面跟着的是儿童，他们用手把土搓细搓松。松土之后，再由女人用棍子将松土挖个小坑，把种子植物的根埋进去。这种分工，还算不上社会的分工。这种分工没有形成劳动的专业和专责，因此没有导致职业产生。后来由于驯养和繁殖动物，出现了畜牧业，从事畜牧的部落便从其他部落中分离出来，这便是人类社会发展史上第一次因为劳动方式不同而产生的社会劳动大分工——农业和畜牧业的分工。它促进了劳动生产率的提高，使从事不同社会劳动方式的人们之间的商品交换活动日益经济化，为私有制的产生创造了物质条件。原始社会后期，随着金属工具的改良，铁制工具的使用，纺织、金属冶炼、酿酒、榨油等新的生产活动的大量出现，使手工业又从农业中分离出来，形成人类社会发展过程中的第二次社会劳动大分工。这次分工促使劳动生产率进一步提高，导致私有制的产生和商品生产的出现。

到了奴隶社会初期，由于商品生产的发展和市场的扩大，形成了不从事生产，专门经营商品买卖的商人，从而形成了第三次社会劳动大分工，即产业与商业相分离，并随之出现了体力劳动与脑力劳动的分工和对立。于是，管理生产劳动、从事国家行政事务、从事科学和艺术的活动都成为独立的职业。我国战国时代的《周礼·考工记》就提出"国有六职"，即王公、士大夫、百工、商旅、农夫和妇功。王公就是当时的高级统治集团，其职能是"坐而论道"；士大夫是官僚和贵族，其职是"作而行之"；百工即手工业者，其职是"审曲面势，以饬五材，以辨民器"；商旅是大商小贩，其职是"通四方之珍异"；农夫是农民，其职是"饬力以长地材"；妇功是家庭妇女，其职是"治丝麻以成之"。

## （二）封建社会中职业的缓慢发展

在封建社会里，随着生产力的发展，分工越来越具体，当时的俗话说，三百六十行，行行出状元，可见社会行业之多。在中世纪的欧洲，每个大城镇都有屠夫、面包师、蜡烛匠、酿酒师以及织工、钟表匠、刀剑工匠、制甲匠、银匠等行会。但是封建社会自给自足的自然经济在范围上限制了职业分工，诸如从事冶铁的铁匠、制作首饰的金银匠、制作木器的木匠、纺纱织布的织布匠等各种职业分工，大多数都囿于封建地主庄园之内，为封建地主阶级的需要服务。这种"邻国相望，鸡犬之声相闻，民至老死不相往来"的封建割据局面影响了行业的交往和生产的发展。与此同时，由封建宗法制所决定，各种职业多半是世袭相传。狭小的作坊和简单的手工工具长期不作变动，作坊主把这些财产传给儿子，儿子传给孙子。在这种情况下，职业技术只能"子受父训"，并以宗法家长制的形式世代相传。"祖传绝技""家传秘方"就是这种制度的产物。这不能不给各种职业的发展带来不利影响。由于上述种种原因，在封建社会各种职业虽然获得了一定程度的发展，但速度还是相当缓慢的。

### （三）资本主义社会中职业的飞速发展

资本主义机器大工业出现以后，伴随着科学技术在生产中的广泛应用，新的生产部门的迅速扩展和社会性服务部门的广泛增加，人们社会劳动分工的形式空前地发展了，从社会范围内的产业分工、部门分工、行业分工一直到企业内部的岗位分工、工种分工，都大大地精细化了，与此相关的非生产性社会劳动，如科学研究、文化教育和卫生事业、政府行政管理等，也都相应地细化了。在这个基础上，形成了人们不同的职业分工，形成了许许多多独立的职业形式，出现了上千种职业。在人类的职业种类中，一方面保持了古老的工业、农业、商业、畜牧业和军人、医生、学者等传统职业，另一方面又出现了律师、工程师、建筑师、新闻记者、管理人员等新的职业。

另外，由于工业化取代了中世纪的手工业和行会制度，这就打破了封建行会制度和宗教对职业生活的干涉和束缚，原来师傅带徒弟的制度已为近代的职业教育和职业学校所取代。资本主义的"工业法典"对资本主义职业中的师徒关系作了新的规定，不仅要求学徒要按照地方当局的命令上学，获得职业知识，而且要求雇主必须给学徒学习的时间，同时规定只有成熟的工人才有资格培训徒工，徒工学习期满后必须经过考核方可上岗。这些规定的普遍推广，标志着资本主义对职工的文化技术素质提出了新的要求，同时，资本主义职业内部人与人之间的关系也相应改变。

社会主义社会全新的生产关系促进生产向更大的深度和广度发展，需要有组织地建立各种分工和协作，因而社会职业分工比资本主义制度下更加精细和科学，职业也得到了更进一步的发展。当前，社会主义社会所发展的只是那些对社会和人民有益的职业，而取缔了旧社会中那些病态的职业，如娼妓、迷信职业活动等。社会主义制度不仅使一切正当的职业得到了发展，而且消除了私有制基础上的旧式分工所造成的种种对抗性矛盾，职业的分工不再同阶级的划分、同一个阶级对另一个阶级的剥削和压迫相关联，从而恢复了它作为社会生产和社会生活职能部门的本来面目。在社会主义社会，人的社会劳动是一个极其复杂的有机整体，分工细，专业性强，彼此之间相互协作配合，由此形成多种职业，各个劳动部门和各个工作岗位之间是彼此依存、相互制约的关系。

总之，职业发展演变有一定的规律性，把握引起职业变化的原因就可以把握其变化发展的基本趋势。从总体上来说，职业演变的因素受四个方面的影响：

第一，生产力发展水平是决定和推动职业演变的根本原因。生产资料、生产工具和掌握生产技术的劳动者都是生产力的组成部分，人们通过不断改进生产工具，开发生产资源，提高生产技术和生产组织管理水平，从而推动生产力的发展，也推动了社会分工的变化。社会分工是产生职业的基础。因此，每次新的产业革命，必然伴随着职业的重新组合和大批新职业的产生。

第二，科学技术的发明与广泛应用，是现代社会职业迅速演变的重要原因。马克思说："机械方面的每一次重大发明都使分工加剧，而每一次分工的加剧也同样引起机械方面的新发明。"科学技术是第一生产力，当一个新的科技发明直接应用于生产或为人们的生活服务时，必然与新材料、新工艺技术、新的经营管理相联系，同时也必然开发出相关的新职业。

第三，社会制度和管理制度的变革，促使一些职业演变。社会制度和管理制度的每次变化，都会引起职业的变化，有的职业消失，有的职业新生，有的职业由盛转衰，有的职业由衰转盛。

第四，人们物质文化生活水平的提高，会促使直接为其服务的社会职业的产生和发展，同时会激发人们增强这方面的需要，因而有关职业就应运而生并竞相发展，如我国发展迅速的服饰业、保健营养药品行业等。特别是第三产业的职业数量将大量增加。以往人们对第三产业因其是服务性行为重视不够，许多经济学家也认为第一产业和第二产业创造财富，第三产业不创造财富。因此，一些国家和地区在制定经济发展战略时优先发展第一产业和第二产业，忽视发展第三产业。现在，第三产业受到前所未有的重视，在国民经济发展中的作用越来越大。据亚洲开发银行报告，2018年第三产业在国民生产总值中所占的份额，香港地区已达到70%，新加坡达到63.8%，泰国达到50.1%。第三产业从业者占全部从业者的比例，在发达国家与地区均已超过50%。我国目前第三产业从业者的比例虽然较低，但发展潜力相当大。

### （四）未来若干年我国需求大的十多类人才和热门职业预测

第一，会计类。多种类型的经济实体不断涌现，社会对会计类人才的需求将会增加，尤其是熟知专业业务和国际事务的会计师将成为热门人才。

第二，法律类。目前我国各类律师较缺，尤其房地产律师更受欢迎。

第三，计算机类。从事计算机软件、硬件设计、开发、管理方面的人才将走红，尤其是需要计算机程序设计师、网络管理专家。

第四，环保类。工业卫生学者、生物学者将成为急需人才。

第五，咨询服务业。咨询服务将渗透到社会的各个行业，因此，需要融经济、金融、统计、计算机等专业知识为一体的通才。

第六，保险类。具有保险专业并通晓其他专业知识的索赔估价员将成为热门人才。

第七，老人医学类。从事老人医学专业人才将走俏，家庭医师、保健医师、家庭护士将成为热门人才。

第八，个人服务类。熟知护理学的家庭服务员需求量大增。

第九，推销类。我国商业、金融业的繁荣需要一批熟悉业务、思维敏捷、善于公关的推销员，特别是需要从事证券及金融业等方面的业务代表，以及通信设备的业务员。

第十，公共关系类。企业家们越来越重视自身企业的形象设计问题。为此，公关行业必将成为极有前途的一个行业，企业需要高素质的公关人才。

第十一，社会工作类。随着人民生活水平的提高，人们对自身心理健康越来越重视，心理治疗医生、家庭或社会现象研究专家将成为热门人才。

第十二，中医类。特别是防病健身的传统人才。

第十三，旅游类。旅游代理公司将大幅度增加。航空公司、出租公司、客轮公司、旅馆等需求一批知晓旅游及管理的人才。

第十四，人事类。人才市场经理、人才素质测评专家、企业中的人事经理将成为热门人才。

王晓锋、陈岩松先生主编的一本书中提出我国工商界今后一个时期最需要的人才有：

**1. 创业型人才**

创业型人才是社会的稀有元素，这种人才需要一定的时间和土壤来培养和造就。

有关专家预测，中国对创业型人才的需求将会十分强劲。当今是中国创业机遇最多的时机。目前，我国海外留学生以每年18%的递增速度回国，各地政府部门也出台了许多鼓励创业的优惠政策。如上海已经推出了一系列优惠政策，政府规定一般外商投资项目初始投资额不低于25万美元，而对留学生初始投资额则降低至1万美元。此外，国内政府部门也为民间投资创业开了绿灯，更加注重个人投资创业，这就改变了过去那种只有"富人"才能办企业的陈规。办公司不再是"富人"的专有权，而是许多人都可以尝试的新起点。

**2. 职业经理人**

职业经理人是指那些受过现代经济学、管理学的专业训练，用自己的专业知识来为企业服务的管理者。他们中既有公司高层的总经理，也有中层的部门经理；既有跨国公司的管理人，也有国有企业、民营企业的管理者。

职业经理人目前在中国还是十分稀缺的。

### 3. 金融财务人员

随着市场经济的进一步深入发展，中国需要大量的银行、金融、证券和会计财务人员介入到经济活动中来。国内越来越多的公司到国内和海外证券市场上市，国内证券业的发展也将进一步正规化、规范化。中国目前有近 7 000 万的股民，这是一个非常庞大的数字，要服务好这一大批股东，关键是要提高财务管理和证券管理水平，与国际接轨，这是一个相当大的挑战。

此外，中国每年都要举行制度化的注册会计师考试，以提高财务人员的知识水平。会计师是市场经济的看门人，而会计学是属于少数几门最接近于理想的知行合一的学科，会计师职业的发展离不开发达的市场经济环境。目前，国际上知名的五大会计师事务所在中国发展迅速，三资企业已经成为其重要的客户。而中国的会计师事务所也在不断发展之中。国内有上千家发行 A 股的公司，这也是国内会计师事务所的主要客户，所以我国需要大量素质好、水平高的财会人员。中国证券业首批获得证券从业资格的人员仅有 2.8 万人，这对一个迅速发展中的金融市场来说是远远不够的。

### 4. 咨询人才

咨询业在国外是一个高度发达的行业，它吸引了一大批优秀人才，同时也是一个高收入且非常让人尊重的行业。这个行业对人才的需求很高，要给别人做咨询，自己首先必须有较高的水平，别人才能信得过你并使用你的服务。据哈佛大学的一项统计，MBA 毕业后从事商务和管理咨询工作或在投资银行工作的人多达 38.9%。管理咨询业在欧美国家的规模已占到国民生产总值的 2%~5%。

咨询人才需求的范围非常广，从管理咨询到商务咨询，从 IT 信息产业和软件咨询到工程建筑和设计咨询，从网络咨询到项目咨询，凡是能够为客户提供专业建议和评价，并能得到客户的付酬，都可以称为咨询。

### 5. 法律人才

市场经济就是法制经济，随着人们法治意识的不断增强，特别是十九届中央委员会第四次全体会议着重研究了坚持和完善中国特色社会主义制度、推进国家治理体系和治理能力现代化的若干重大问题。中国需要更多懂法律的人才。在法律人才当中，需要相当一部分优秀的商业法律人才。法律是市场经济不可缺少的，它包括公司法、税法、合同法、商法以及相关的一整套架构。

目前，律师在中国人口中的比例同发达国家相比还相距甚远，很多中国人习惯于靠关系而不是靠法律来解决问题。但这种情况正在改善，比如已有消费者开始运用法律来保护自己的合法利益，甚至将铁道部、中国电信等国有部门告上法庭。

国内目前有志于从事律师行业的人越来越多，在中国要想成为律师，并不一定要进法学院，只要通过律师资格考试就行。这在律师匮缺的情况下，为很多有志于此的人提供了机会。

### 6. 经纪代理人才

市场经济需要越来越多的中介、经纪和代理人才，包括股票交易经纪人、保险经纪人、房地产中介经纪人、车辆买卖经纪人、演员体育明星经纪人、技术经纪人、土地经纪人等等。

国内过去有一些人对经纪人和代理有一些误解，总以为这些人是皮包商。事实上，一个市场经济社会的正常运转是离不开这些服务的。经纪和代理的服务也是一种劳动，也应该有所收益。能够提供优质专业服务的经纪和代理人才在中国不是太多，而是太少了。当今很多著名企业都曾有过代理的经验，包括联想集团，初期也代理过不少品牌的微机和打印机产品等。

### 7. IT、网络人才

全球 IT 人才的发展可以说是日新月异，伴随而来的是企业对 IT 人才需求量的大增。

前程无忧工作网总裁甄荣辉认为：目前信息产业对人才需求量最高，虽然近年全球大都在裁人，但国内的产业在 CDMA 手机、宽带、电子商务、软件、半导体、IDC、高科技风险投资七大领域仍然大有可为。信息产业成了推动整个国民经济发展的一支重要力量，所占比重越来越大。虽然后来由于全球股市的大调整，IT 和网络业损失惨重，但其未来的增长空间仍然很大，特别是在中国。中国人口众多，又在大力发展信息产业，不难想象，今后对 IT 人才的需求会越来越多。

### 8. 传媒、出版人才

目前，随着中国不断开放，传媒和出版业也呈现出了巨大的商机，各种资本正源源不断地投向这一产业。有专家分析，媒体产业将会是中国最后一个暴利产业。早在 1998 年，摩根斯坦利全球投资报告就对 11 种产业建立起世界级有竞争力的大企业所需年限做过统计分析，发现大众传媒业所需年限为八年，其收益远远高于医药、日用消费品、银行、电力、能源和建筑行业。在传媒业迅速发展的中国，这种预期的效益似乎还可以延续 2～5 年。事实也证明了这一点：中国的传媒产业正处于高速成长时期，利润已经连续三年以25% 的幅度增长。1998 年利税总额首次超过烟草业，成为排名第四的国家支柱产业。一个巨大的传媒市场已经形成，相应的就是对传媒人才的需求。

### 9. 公关、广告人才

如今，广告已经成为中国的一个巨大产业。电视上的广告片越来越多，报刊上广告版越来越厚，大街上广告牌越来越密。广告当然是件好事，消费者和顾客可选择的余地越来越大。

中国加入世贸，市场经济越来越发达，国外也会有更多的广告公司涌入国内，这将为广告专业人才提供良好的就业平台。

**10. 旅游、会展、教育人才**

中国每年出入境的人数超过 1 亿人次，其中相当一部分是旅游者。中国正成为一个世界旅游大国，需要大批一流的国际化旅游人才。随着基础设施和环境条件的不断改善，更重要的是随着旅游业的机制和体制的不断改革，旅游业将是一个大有发展前景的行业。

在会展经济方面，国外有不少的例子可以借鉴。在国际贸易展览会方面，德国是第一号世界会展强国。中国目前的会展业已呈现良好的发展前景，北京国际展览中心的展览日程表总是排得满满的。随着中国加入世贸，会有更多的国际商客到中国来参展。此外，中国近年来各个省市的会展业发展也很迅猛。

比较著名的如北京每年 5 月份的"国际周"和深圳每年 10 月份的"高交会"等。中国还有一个正在兴起的巨大产业，那就是教育业。老百姓最舍得的投资是教育投资，中国是独生子女的大国，家长都非常希望子女接受更好的教育。此外，随着对人才的要求越来越高，越来越多的在职人员需要新的培训或学习新的专业和技能。

第一，未来需要高职人才的地区。

根据有关报纸介绍，下列地区未来几年高职专业需求较大。

①华东地区：机电一体化，应用电子，数控技术，电气技术，计算机应用与维护，电子工程，机械制造，旅游管理，工民建，市场营销，汽车维修，广告设计等。

②中南地区：机电一体化，电气自动化，模具制造，数控技术，机械电子设计，汽车维修，工民建，建筑装饰，艺术设计，市场营销，宾馆管理等。

③华北地区：计算机信息技术，电子商务，广告设计，文秘，物业管理，汽车运用与维修，机电一体化，应用电子，建筑装饰，数控技术等。

④东北地区：工业电气自动化，汽车运用与维修，机电一体化，物业管理，计算机应用与维护，数控技术，装潢，农业实用生物技术，畜牧兽医，保护园艺，平面形象设计，建筑装饰，市场营销，旅游酒店管理等。

第二，未来需求人才的行业。

据有关材料显示，以下行业将保持对人才需求的旺盛，给求职者带来更多的就业机会。

①IT 行业人才。我国的 IT 行业在 2018 年继续强劲增长，更多国际项目将实施，从而为就业市场带来更多初中级职位。对于计划在 2021 年进行招聘的雇主而言，急需的是有综合技术实践经验的人才。

②生命科学领域人才。随着我国医疗保健的普及，我国政府正着手在各地提供价格合理的良好医疗服务。生命科学领域方面的公司将继续瞄准我国西部省份尚未完全打开的新兴市场，并推动其产品的销售。

③法律合规行业人才。目前，药物与疗程的销售主要基于临床证明与数据，而新的政策法规出台后，公司要确保医药处方基于经临床验证的药效及安全性。因此，市场对临床、医疗和研发人才的需求将上升，同时医药公司对法律及合规人才的需求也将上升。

④教育行业人才。我国致力于参与智力、教育和人才的全球竞争，将继续加大排名前列的大学建设，并已在主要校园投资超过十亿美元。这些教育基金将用于吸引顶尖的师资、建立国家最先进的设施，并招募最优秀的学生。这将增加新的长期就业岗位，但缺乏具备合适技能和海外经验的人才，比如真正有实力的海归或本土人才。

⑤建筑行业人才。我国正通过大力投资基础设施来实施积极的增长计划，以支持城市发展，其中包括为住宅、学校、公路以及医院分配大面积土地。因此，就需要有能力根据现行标准设计与建造医院的资深建筑业人才。但从江苏来讲，2018 年用人单位需求建筑类的人才将下降20％，江苏省教育厅学生处预测，随着东部地区基本建设投资的下降，建筑行业岗位下降是可以预期的。

⑥技术驱动型行业人才。农业交通医药将首当其冲，我国政府将会投资更多技术驱动型行业，包括先进的农业、交通及医药，提高其在我国的生产力及制造竞争力，从而促进新产品研发和基础设施改造的工作增长。

⑦社交媒体行业人才。社交媒体是人力资源的一个热门话题，在招聘领域，社交媒体与网络站点被广泛用于与候选人建立沟通和关系。

⑧员工关系专业人才。金融危机迫使许多企业不得不缩减员工人数，从而导致公司对员工关系经理的需求增加。软件发布、计算机系统设计服务、网络服务、物流、零售、制造及消费电子行业的雇主尤其需要在该领域进行招聘。员工关系专业人士主要负责处理员工与雇主沟通，以避免矛盾冲突的发生。他们还可以确保公司采取的所有措施均符合本地法律法规与员工手册。

⑨会计与金融行业人才。随着跨国企业在我国建设新工厂，将需要招聘具备多重技能的会计与金融人才。他们所需的额外技能都与商业领域有关，如销售与市场营销、供应链及工厂运作等。

## 二、职业的特点与分类

### （一）职业的特点

通过对职业产生和发展的历史回顾，我们可以看到，社会分工是人类社会生产和社会生活发展的必然结果。每个人只能在社会分工中占有一席之地，这就是他的职业。社会分工是产生职业的社会基础，社会分工不消失，职业就会存在并继续发展。其次，职业是一种相对固定的决定于社会分工并要求工作者具备一定专业知识的劳动活动。它是人类"直接生活的生产和再生产"得以实现的一种普遍的基本性的社会组织形式。职业具有以下特点：

**1. 经济性**

经济性是指人们从事职业活动会因此从中取得收入及报酬，这个收入必须是相对稳定的而不是断断续续的，这个收入必须是其生活的主要来源而不是其生活的次要来源。

**2. 同一性**

同一性是指在某一类别的职业内部，其劳动条件、工作对象、生产工具、操作内容都是相同或相近的。由于情况的同一，人们就会形成同一的行为模式，有共同语言，很容易认同。正是基于职业的同一性，职工工会、同业协会、行业协会等社会组织才得以形成。

**3. 差异性**

差异性一般来说，人类社会作为一个有机体，必然存在分工，存在多种多样的职业。古人所说的三百六十行发展到现代社会，已经繁衍几千乃至上万种，各种职业大相径庭。不同职业之间存在着较大的差异，包括职业活动内容、个人行为模式、职业社会心理等，特别表现在根据社会实际需求量的不同，各种职业的规模与容量是不同的。社会所设立的职业并不是等量的。当社会上某种客观需求的量很大时，相应的职业就会扩大其规模，就需要更多的劳动者。反之，当某些方面的需求增长趋于饱和或出现其他需求的替代时，原有的职业规模就会停止扩展，甚至会收缩。比如，当改革开放刚刚起步，外贸出现增长势头，外贸方面的职业需求迅速扩大，大学中培养的外贸人员供不应求，有关外贸专业、系科、培训班纷纷出现。但外贸的职业岗位不可能无限扩展，到了 20 世纪 90 年代，外贸方面的职业岗位就差不多呈饱和状态了。

由于各种职业规模与总量不同，并且随着需求的变化而发生扩张和收缩，因此，就会对职业的选择带来直接的影响。当一种职业刚刚出现，容量正在扩展时，这一职业的取得就较为容易。而当人们都去选择这一职业时，岗位的供应与人们对这些职业岗位的需求马上就会发生矛盾，表现为供大于求，要取得这一类型的职业岗位就很困难。正是职业岗位与求职人数之间的供求关系制约着人们的职业选择。

正如市场交换中供求关系的变化一样，当人们清楚地看到或感觉到供求已不一致时，这种不一致其实早已发生了。因此，企业在生产中很重要的一个环节就是预测未来市场的供求关系变动趋势，正确地确定产品的规格、品种与数量。职业选择也需要做出这种预测，尽量去选择那些规模正在扩大、所需人员正在增加的职业，而不要过分地去选择那些人员已接近饱和、规模扩展的弹性已比较小的职业。

#### 4. 知识性和技术性

知识性和技术性是指每种职业活动都有专门的知识、技术和技能。但是，不同的职业作为劳动的具体形式，它对知识、生理、心理、技能等方面必然具有不同的要求。对于某些职业来说，对专业知识和专门技术的要求可能比较严格；而对另外一些职业来说，除了知识、技能的要求外，还会对个人的性格、气质提出特殊的要求。比如，从事公关活动的人，必须善于交往，性格随和，活泼灵巧；而从事财会工作的人，则必须稳重心细，一丝不苟。一种职业分工越是时间长久和相对稳定，它对从业人员的知识、技能、心理等诸方面的要求则会越加明确和严格。这些职业在选择就业人员时，会列出若干标准进行必要的考验和审查。需要指出的是，各种职业所需的知识和技能的复杂难易程度是不同的，有的职业所需的知识和技能只要通过一段时间的学习和培训就能掌握，而有的则需要在特定的学校或专门机构，经过较长时间的系统学习后才能掌握。

### （二）国际标准职业分类

职业形式是社会劳动分工形式的具体体现。不同的职业形式，反映了不同的社会劳动分工内容和不同的社会分工形式。

职业分类最初是作为人口统计的一项基础工作进行的。所谓职业分类，就是对不同性质职业的划分。其区分标准一般按从事社会劳动的不同内容、手段、劳动方法、环境、劳动消耗量等标准进行。

职业的种类与各国经济发展水平有关系，与各国的职业分类标准也有关系。由于各国职业分类标准并不统一。因此，国与国之间的职业种类尚不具有可比性。1958 年，国际劳工组织制定了《国际标准职业分类》，经 1968、1988、2008 年三次修订。它的出版，为各国编制或修订本国的职业分类提供了一个样板。《国际标准职业分类（2008）》分为 4 个层次、10 个大类、43 个中类、125 个小类、436 个细类。其中 10 个大类是：管理者，专业人员，技术和辅助专业人员，办事人员，服务与销售人员，农业、林业和渔业技工，工艺和相关行业工，工厂、机械操作与装配工，初级职业，武装军人职业。在西方，比较有影响的是霍兰的职业分类理论。美国著名的职业指导专家约翰·霍普金斯大学的心理学教授约翰·L·霍兰（John L. Holland）和他的助手在十几年间经过一百多次大规模的实验研究，创立了其人格类型与职业的学说。

现将六种基本类型的职业与个性的对应关系简介如下：

"实际型职业"：主要是熟练的手工行业和技术工作，通常要运用手工工具或机器进行劳动。例如木匠、鞋匠、铁匠、产业工人、运输工人（司机）等。"实际型个性"：身强体壮，作风粗犷；喜欢用工具工作，尤其喜欢操作大型机器；手脚灵活，动作协调，喜欢用手去创造；情绪稳定、自然，有吃苦耐劳精神；喜欢具体事物而不喜欢抽象问题；注重实利，等等。

"调研型职业"：主要是科学研究和实验工作，以探索未知世界为己任。如各类科研人员（包括自然科学和社会科学）就属这类职业。"调研型个性"：追求独立与自由的工作，不愿受人督促，也不愿督促别人；乐于解决抽象问题，宁愿思考而不太愿动手；喜欢怀疑，对事物保持高度的好奇；不喜欢重复性的活动；不喜欢纪律严明、组织严密的环境；对自己的学识和才能充满信心；具有非凡的价值观和人生态度；有时孤僻，不喜欢大型的社交场合，等等。

"艺术型职业"：指艺术创作工作，从事这些职业的人运用语言、音响、色彩等创作艺术作品。作家、音乐家、歌唱演员、舞蹈演员、摄影师、书画家、雕塑家等各类文艺工作者都属于这类职业。"艺术型个性"：感情丰富，敏感，易激动；富有想象力；理想主义的，常不切实际；在追求独立与自由工作方面，类似于调研型个性，但对个性表现有更大的要求；穿着上比一般人更自由；喜欢用自己的创造力来使自己摆脱平庸，不同凡俗；善标新立异，等等。

"社会型职业"：主要指为民服务的工作，即医治人、教育人、帮助人的工作。例如教师、医生、护士、服务员、家庭保姆、社团工作者、思想政治工作者等。

"社会型个性"：喜欢与人打交道，善于理解人，喜欢合作，友好，助人为乐，慷慨；关心他人福利；有责任心；语言能力较强，话能说得很圆满；喜欢引人注目；喜欢通过调整人际关系来解决问题；较开朗，等等。

"企业型职业"：领导别人，管理企业，说服别人一类的工作。如国家机关及工作机构的负责人、党团干部、经理、厂长、律师、工业顾问、推销员、零售商贩等都属这类职业。"企业型个性"：敢冒风险；富有自信；好争爱辩，谈锋甚健，善于说服别人；精力充沛，作风粗犷；善于交际；乐于在一个团体里工作，常把自己看成是好的带头人；性格开朗，等等。

"常规型职业"：主要是办公室工作，与组织机构、文件档案、统计数字、货币等打交道的工作。如办公室办事员、图书管理员、统计员、银行出纳员、商店收款员、邮电工作人员等。"常规型个性"：求同，不喜欢怀疑；细心谨慎，讲究准确；喜欢有明确规定的事情，喜欢有计划地按时工作；有条不紊，忠实稳当，注重整洁；切合实际；冷静；乐于知道别人期望自己干什么，等等。

以上是霍兰模型的主要内容。当然，这个模型是在美国社会的背景上建构起来的，不完全适用于我国实际情况。因此，我们在借鉴这个模型时，务必根据自己的实际情况具体对待。

在国外，还有人按脑力劳动和体力劳动的性质、层次进行分类。这种分类方法把工作人员划分为白领工作人员和蓝领工作人员两大类。白领工作人员包括：专业性和技术性的工作，农场以外的经理和行政管理人员、销售人员、办公室人员。蓝领工作人员包括：手工艺及类似的工人、非运输性的技工、农场以外的工人、服务性行业工人。这种分类方法明显地表现出职业的等级性。

### （三）我国的职业分类方法

由于我国对各种社会劳动分工形式有不同的分类、管理办法，因而在职业分类方式上也有许多不同的方法。其中主要有：

#### 1. 按国民经济行业分类

按国民经济行业分类，有 15 个大类、62 个中类、222 个小类。这 15 个大类分别是：农、牧、林、渔业；矿产业及木材采运业；电力、煤气、自来水的生产与供应业；制造业；地质勘探与普查业；建筑业；交通运输和邮电通讯业；商业、饮食业、物质供销和储运业；住宅管理、公用事业管理和居民生活服务业；卫生、体育和社会福利事业；教育、文化、艺术事业；科学研究和综合技术服务事业；金融、保险事业；国家机关、政党和群众团体；其他行业。在这 15 个大类下面，再细分若干个中类、小类，如国家机关、政党和群众团体，可以分为国家机关、政党、群众团体三个中类，在政党类下面又可分为中国共产党和民主党派两个小类等。在哪个行业范围内工作，就属于哪个行业范围内的从业人员。这里需要指出的是，职业和行业是两个不同的概念和范畴。行业是指在业人员所在的工作单位附属的国民经济部门，是按每个单位所生产的主要产品或提供服务的性质和作用来划分的，是按单位来划分的。但是，职业与行业又是相互依存，不可分离的。一个行业主要由若干种职业组成，而某一个职业又主要分布在几个行业里。

#### 2. 按从业人员工作性质分类

国家统计局、国家标准总局、国务院人口普查办公室于 1982 年 3 月公布供第三次全国人口普查使用的《职业分类标准》按从业人员工作性质分类，为 8 个大类、64 个中类、301 个小类。下面对各大类职业做一简单介绍。

第一，各类专业、技术人员。这一职业大类包括部分从事科学、文学、社会学、工程、医疗、教育以及其他方面的专门工作并受过高等教育和培训的人员，也包括在资格较高的专门人才的管理下工作并执行同类任务的技术人员。技术人员是这一类职业中较低层次的人员，包括各类技术员、测量员、医师助理、护士等。此外，艺术家、表演家、作家之类职业，也包括协助他们工作的人员，如舞台工作人员、速记员等都划入这一职业大类。各类学校教师也划入这一类。这类职业总计包括有 300 多种职业。

第二，政府官员和企业经理。这一职业大类人员负责政策、法律和公共规章制度的制定及政府政策的解释，包括官方和非官方组织对重大事件的决定和为贯彻既定政策和目标对机关团体和事业单位的指导和管理。这一大类属于社会决策层，包括国家、地方有决定或参与制定政策、法律、规章的官员，有决策、计划、组织协调职能的厂长、经理。这一大类的最大特点是单一的高层次，没有中低层次的同职业性质的人员，职业项目少，大类中只有13种职业名称，在业人数也不多。

第三，事务性工作者和有关工作者。这一大类所包含的职业，就是通常理想的办公室工作，包括政府执行官员、机关事务管理员、打字员、出纳员、文秘人员、数据处理人员、交通运输和通讯管理人员等，都属于事务工作者类别之列。这一大类的职业特点是按既定方针执行事务，但同类职业人员的层次相差悬殊。

第四，商业工作人员。这一职业大类包括从事各种商品货物的收购和出售，从批发商、零售经理、业主、采购员、推销员、厂商代理人到商店店员、售货员、摊主等，都属于这一类职业。这一职业大类从业人员多，但职业任务范围比较窄，从职人员层次差别也很大。

第五，服务性工作人员。这一职业大类涉及的工作是为集体和个人服务，解决饮食和其他生活问题，进行清洁卫生服务、人身和财产的保护服务、个人看护以及从事家政服务等。涉及范围广，包括旅馆、餐馆经理、业主及服务员、家政总管、保姆、清扫工、勤杂工、厨师、洗衣工、理发师、消防人员、警察、保安人员、导游等。第三、四五职业大类属较纯的第三产业，前面的又有一些交叉。

第六，农业、牧业和林业工作者，渔民和猎人。这一职业大类包含世界劳动力的大部分，凡在农、林、牧、渔、猎等行业内从业的人员都属本大类。包括农场主、农场经理、农业社主任和管理人员，农、林、牧工人，养殖场主及养殖工人、渔民、猎人等。一切在农、林、牧、渔等一线从事组织管理和直接生产的人员都属于这一职业大类。

第七，生产工人、运输工人和有关人员。这是职业分类中最复杂的一部分，不仅占劳动力的比例大，而且包括的职业项目也最多。由于技术发展、传统技术与现代技术并存、多种技术复合，使得职业分类变得十分困难。在职业分类的这一部分中，主体是工业生产第一线的操作者和管理者，从厂长、经理以下包括直接支配、协调工人生产活动的所有人员，如生产组长、工段长、生产车间主任、作业队长等，在生产一线的直接操作者、工作者，如各类工人、海员、船员、船工、各类车船驾驶员等。

第八，不能按职业分类的工作者。这一类实指无业者、无业待业者。

前几年，国家正式颁布发行的我国第一部《中华人民共和国职业分类大典》中，参照国际标准职业分类，从我国实际出发，在充分考虑经济发展、进步和结构变化的基础上确定我国社会职业共分为8个大类、75个中类、434个小类、1481个职业名称。8个大类分别是：第一大类，国家机关、党群组织、企业、事业单位负责人；第二大类，专业技术人员；第三大类，办事人员和有关人员；第四大类，商业、服务业人员；第五大类，农、林、牧、渔、水利业生产人员；第六大类，生产、运输设备操作人员及有关人员；第七大类，军人；第八大类，不便分类和其他从业人员。

### 3. 按工作岗位种类分类

按工作岗位种类即工种的职业分类，一般是由各产业部门根据本系统各类工作岗位划分情况制定的，形成各自的职业岗位、工种体系。如机械加工制造业一线生产工人可分为铸造、车工、钳工、刨工、制工、焊工、磨床工、铁工、模具工、锻压工、电器装配工等若干大类工种，其中有些还可以细分，如钳工，还可再分为画线钳工、修理钳工、电器钳工、装配钳工等若干类。不同的工种，制造加工工艺不同，对劳动者的技能要求也有所不同，接受职业技术训练的内容也有所不同。目前我国各工业企业中普遍采用按工作岗位、工种分类的方法。

### 4. 按工作单位类别分类

按工作单位类别分类，是一种习惯性的职业分类方法，一般分为机关工作人员、事业单位工作人员、公司及企业工作人员等。各类都包括很多的小类，如机关工作人员，可以分为政府行政机关工作人员、党务机关工作人员、司法机关工作人员、企业主管机关工作人员、群众团体机关工作人员等若干类；在政府行政机关工作人员中，又可分为领导人员、职能部门负责人、业务主管人员、办事人员、生活及后勤服务人员等若干类。各类人员的工作职责、任务、权限、工作范围各有不同，需要具备的从业条件也各不一样。

### 5. 按工作职别类型分类

按工作职别类型分类，也是一种习惯性的职业分类方法，一般与管理、辖属范围有密切关联。按这种分类方法，可将社会劳动者分为干部、工人、农民、个体劳动者、职业军人、私营企业雇员、"三资"企业雇员六类。其中：干部是指在国家机关、党派、社会团体、企业、事业单位中，主要从事脑力劳动的领导人员、管理人员、各类专业技术人员、科学研究人员等。干部一般由各级人事部门管辖，达到相应级别的高级党政干部，按管理权限，要由相应的党的组织部门或政府人事部门管辖。凡属于干部的招收、录用、考核、任免、晋升、调配等事宜，一般皆由相应的人事部门和组织部门管理。工人是指在各类企业或其他单位以体力劳动为主，从事生产性劳动或服务性劳动的人员，如工业企业里的生产工人、辅助工人、食堂炊事员，商业企业里的商店、饭店、宾馆里的服务员、烹饪人员，邮政企业里的投递员、信件分拣员，交通运输企业里的司机、售票员、乘务员，医院里的卫生员，机关企事业单位里不具备干部身份的计算机操作员等，都算作工人范畴。工人一般由各级劳动部门进行管辖。凡属工人的招收、调动、考核、工资福利等事项，一般由劳动部门进行管理。在机关、企事业单位工作的临时工、农民工一般也由劳动部门管理。实行"事业部"管理形式的企业和一些人员规模小的单位，往往把劳动、人事工作合在一起，由人事部或劳动人事科、股、组或人事员管理。但在具体管理方式上，还是要实行分类管理。农民一般由农村地方政府、村委会和相应的生产经营机构进行管理。个体劳动者一般在其生产经营所在地由工商行政部门实行属地管理。职业军人均由其所在军事单位实行统一管理。私营企业雇员或"三资"企业雇员一般由企业具体管理，在接受政府指派的部门实行统一管理。

## 三、职业的意义

职业，在人的一生中占有极其重要的位置。人们除了必须通过从事某种职业得以维持生计外，还可以通过职业参与社会实践。人们既可以在社会实践的领域内获得成人具有的社会地位，享有成人的各种权利和义务，受到成人社会的承认和尊重，又可以在社会实践中贡献和激发人们的聪明才智，实现自身的价值，进而完善自我，实现自己的人生理想，所以职业对于人生具有十分重要的意义

### （一）职业是个人赖以生存和维持家庭生活的主要手段

人在社会上生活，衣、食、住、行等欲望的满足需要一定的物质条件，而社会的生存和发展，也是建立在物质产品不断丰富和扩大的基础上的。这些物质条件的创造和获取，要通过人们进行某种方式的社会劳动，从事某种职业来实现。因此，物质利益、物质报酬动机是各种社会形态下人们从事各种职业活动的基础动机之一。

在社会主义条件下，一切公民都必须按照不劳动者不得食的原则，通过一定的职业方式从事社会劳动来获取物质报酬，维持自身及家庭物质生活的需要。职业是个人获得经济收入的来源，是个人赖以生存以及维持家庭生活的必要手段。获取物质报酬的多少，也必须根据按劳分配原则，依照人们在职业劳动中付出劳动量的多少，在社会做了各种扣除之后，得到自己应得的一份。人们的职业劳动在这里不但是谋生的手段，而且也是实现人们物质追求的最正当、最合理、最有效的手段与途径。

人的物质需求与社交需求、心理需求、自我实现需求等精神性需求相比是属于低层次的需求，但它是人们须臾离不得的最基本的需要。在社会生活正常的情况下，没有这一低层次需求的相对满足，要实现高层次的需求是很困难的。在社会经济发展水平不高，人们物质生活相对匮乏，物质需求满足程度相对较低的状况下，人们对职业的物质报酬动机往往是很强烈的。

### （二）职业使青年走上独立的生活道路

青年学的理论认为，青年成长过程中的一个显著变化，就是开始出现强烈要求独立的意识，而真正的独立首先是从经济上开始的。在学生时代，因无独立的经济来源而只能依赖家长的供养。就业以后，劳动工资使他们有了属于自己的经济收入，开始走上了自食其

力的生活道路，展示了青年自身的力量。一些有志青年认为，享受父辈的财富对当代青年来说并不是一种乐事，也并非是一件光彩的事情。青年人应该自立，而不能靠向父母伸手，坐享其成。靠赐予不是青年人应有的态度。经济上的独立使青年在生活上开始了全面的独立。他们开始自行选择适合自己发展的生活方式和社会交往方式，在成长道路上脱离了家长的主宰。自主的经济为青年的恋爱、婚姻、建立家庭提供了可靠的物质基础，使他们走上独立的生活道路成为可能。

### （三）职业是人们从事社会实践的主要手段

在现今的社会条件下，人的一生一般大多经过少年、青年时期的读书学习阶段，再走向社会生活。职业是人们成长后走向社会，从事社会实践活动的主要手段。人们在社会上生活，就要以从事某种社会职业的方式参与社会实践。人的一生，实际上是以职业为依托，参与社会实践的一生。

人的实践活动是多种多样的，但基本上可以分为两类：一类是纯个人性的，为维持个人生命活动正常进程而进行的实践活动，如吃饭、穿衣、休息、娱乐、情感表现等，我们可以把这类实践活动称为个人生活性实践。生活性实践活动是非职业性的，基本上是自我服务性的。另一类是人们彼此结成一定的社会关系，为社会和自身的生存发展，为维持、协调以及必要时调整一定的社会关系所进行的社会性实践活动，如从事各种形式的生产活动、管理活动，进行科学试验和文学艺术创作活动，服务于社会教育和卫生事业等。这类社会性实践活动主要是以从事各种形式的有酬职业性活动方式来进行的。人们通过这种职业性社会实践，一方面满足个人物质和精神需求；另一方面直接或间接地为他人服务，为社会服务。在这两类实践活动中，职业性社会实践活动是人们实践活动的主体和核心。

人们参与职业社会实践活动的范围、广度和深度，是受科学技术进步、社会生产力发展水平和社会生产力方式所制约的。在生产力发展水平很低，以手工劳动为主的封建时代，人们职业选择的天地是非常狭小的，职业环境、条件使人们智力的发挥受到种种限制。在资本主义社会，科学技术的飞速发展，生产力的高度发达，社会劳动分工的细化，创造了空前繁多的职业岗位，为劳动者的职业选择和智力的发挥提供了机会。然而，由于资本主义生产目的是为了最大限度地获取利润，在广泛采用先进科学技术手段用于生产的同时，也造成了劳动力的相对过剩，从而导致失业，给劳动者的就业带来极大的威胁，人们不得不在激烈的就业竞争中去争取每一个可能的就业机会。

社会主义社会的发展目标，是为了在各种可能条件下最大限度地发展生产力，以满足人民日益增长的物质文化生活需要，并使人们能得到更充分、更全面的发展。这就为人们更好地投身职业社会实践提供了无限广阔的前提条件。在这种前提条件下，国家要通过发展生产和其他多项事业，努力为劳动者创造更多的就业机会，保障人民发挥聪明才智进行劳动的权利，保障劳动者获得合法的物质与精神利益的权利。就我国情况来讲，先进的社会主义制度为劳动者就业和劳动者的个人发展创造了前所未有的良好条件，但现在我国正处在社会主义初级阶段，比较落后的经济，众多的人口，以及管理上的一些弊端，又使劳动者的充分就业、自由择业和聪明才智的充分发挥受到一定的制约和限制。把职业看作是人生社会实践的手段，对于广大青年树立豁达的择业观念，从人生更广阔、更深刻的角度理解职业的含义，更切合实际地投身于社会实践，具有重要的指导意义。

有些青年在职业问题上存在一种太过于"个人化"的倾向：一是单凭个人愿望行事，二是过于看重眼前的个人利益。结果，往往感到事事不如意，在择业问题上陷入了困境。实际上，在纷繁复杂的社会经济生活中，很难说有些事情会按人们想象的那样去发展。在就业问题上，人们不能单凭想象、愿望去决定什么，而只能根据现实条件和机遇客观地进行选择。而且大可不必拘泥于一时一事的不如愿而长期犹豫观望，不肯投身于社会实践中去。

有些青年想一步到位地寻求一个理想岗位，发挥自己聪明才智的主观愿望是可以理解的，但就业渠道纷繁复杂，往往很难找到十全十美的理想岗位。如果脱离社会现实，把未来岗位理想化，恐怕要扑空。我们现在处于社会主义建设时期，平凡普通的劳动生活同样能成就不平凡的事业。想当企业家的，不妨先当工人或一般管理人员，钻研生产和管理，照样能走上企业家的道路。想当工程师的，一时又实现不了主观愿望，不妨先找个接近你理想的普通工作干干，一边积累实际经验，一边钻研专业理论，经过不懈的努力，也可实现当工程师的理想。总之，人的职业实践史是经过尝试、实践或在客观机遇的促成下几经变换，最后选定方向，做出成就的历史。因此，不能稍不如意就畏缩不前，徘徊于社会职业大海边，不肯下水弄潮，而应积极投身于伟大的社会主义建设事业的社会实践中去，勇敢地去追求、去寻觅、去探索、去实践，在不停地追求中找到最适合于自己的最佳位置。

### （四）职业有利于人们聪明才智的增长与发挥

人的一生主要精力要花在职业劳动上，人的聪明才智也主要用于职业劳动上，而人的聪明才智的增长也主要是通过职业劳动取得的。各种不同的职业、不同的劳动方式有着各自的特点和规律，对人的素质有着不同的要求。当歌手起码要有好嗓子；做运动员必须具备某一方面的运动特长；进行文艺创作应有对生活深刻的体察力和娴熟的艺术表现力；而做一名企业家，除了必须具有应有的思想道德素质外，还必须熟谙各种管理业务，擅长协调人际关系，有指挥、决断的能力。人的各种聪明才智，主要是在适应社会各种职业劳动要求的过程中发展起来的。劳动创造了人，同时也增长了人的智慧，并为人们才智的发挥提供了场所。

绝大多数大学生都具有强烈的成才愿望，都希望在工作岗位上能用其所长。但有的认为只要进大学，进各种专门学校就能成才；有的认为拿了专业文凭就算成才。这实际上是一种片面的狭隘的看法。进专门学校，上大学，拿文凭，实际上只为成才打下了一定的知识基础。光有知识，但无能力者不能称为"才"。只有在掌握知识的基础上，经过职业岗位的锻炼和培养，具备了一定的能力，才能是成才。所以，真正使人成才的，是在各种实践岗位上，而不是在学校里。真正发挥个人才干的，也正是在各种职业岗位上。在现实社会生活中，各种实践岗位都是人们成才、用才之地，也都是向社会展示个人价值和才华的场所。充分利用自己的职业劳动领域，勤奋劳动，努力学习，就一定能够成才。总之，只有人的职业性社会实践，才能使人的聪明才智不断增长并得以发挥，在社会面前展现个人的社会价值，实现人生理想和社会理想的追求。古今中外许多各方面的杰出人物，都是在自己的职业社会实践中显示出其风采，并为社会做出了许多宝贵贡献的。他们在人生道路上获得杰出成就的历史，就是他们在职业社会实践中不断摸索前进、努力奋斗的历史。

### （五）职业是实现理想的阶梯

理想作为人类所特有的精神现象，它表达人们对未来美好生活的向往和追求。不管人们理想目标的志趣远近，具体内容如何，差异有多大，都毫无例外地需要人们通过职业的方式，踏着职业的阶梯去实现。之所以如此，是因为职业活动占据了人们一生的主要时间和精力，成为人生的主要内容和体现人生社会价值之所在。正因为如此，人们在职业活动上寄予了人生的许多向往、愿望和理想。每一个愿望、理想在人们通过以职业的形式做出努力而实现后，都会给人带来精神上的满足。

### （六）职业对社会具有重要作用

职业对社会的重要作用主要表现在有利于青年走向社会成熟和对社会的促进两个方面。

第一，有利于青年走向社会成熟。劳动就业，使青年告别了消费型社会化而走向生产型社会化。消费型社会化主要是指接受性和反射性的行为，尤其是在校学习阶段。与此相反，生产型社会化是指以外向行为为主的经历，它是在家庭或工作岗位上从事工作时实现的。这就是说，后者比前者更能加速青年的社会成熟。在复杂的社会职业生活中，青年们首先要学会角色认同，掌握职业岗位所要求的角色行为，处理各种问题的方法和技能，以及学会遵循各种社会行为规范。在人际交往中也要摸索和适应各种复杂的人际关系，学会控制自己的情绪和言行，确立自身在各个社会群体中的位置。曲折的实际生活不断地改变着青年身上原有的理想主义色彩，使他们由以前只看到生活中的花团锦簇而变为懂得社会生活中的风风雨雨，由以前的低耐受性逐步锻炼成具有一定的抗挫性。他们重新认识人生，冷静地考察周围世界，理解社会的本质。这些，都使青年由稚嫩逐步走向成熟。

第二，青年劳动就业的顺利解决，还有利于社会的安定。据有关部门统计，在就业前有劣迹的青年进入劳动岗位后，80%左右都能改邪归正，走上新的生活道路，减少社会上的不安定因素。就业的顺利实现还使青年及其家长摆脱了沉重的精神负担和经济负担，解除了家庭的后顾之忧。当青年的就业问题不能及时解决而处于待业状态时，上述积极意义便会被一些消极作用所替代。这主要表现在对青年的健康成长极为不利，使青年产生各种消极心理。强烈的自尊心最易使青年产生压抑感，坐在家里吃闲饭，总觉得低人一等，在家中和社会上抬不起头来，产生苦闷和焦虑。他们为早日获得一个职业而烦躁不安，为能否得到一个较为理想的职业而日夜揣测，年龄较大的更为建立小家庭而苦恼和忧愁。青年待业时间过长，使青年最佳劳动力的时效丧失。由于人的生理变化，劳动力在表现出最高使用效率上具有时间性，称为劳动力资源的时效性。优良的劳动力在长期的搁置中会逐渐丧失其原有的劳动能力，青年劳动力尤其如此。青年能力的最佳峰值在保持时间上极为短暂，一旦错过这一峰值期，原有的潜在创造能力便会消失，使其应用后所产生的效益大为降低。待业时间过久，还往往是有些青年失足的原因。待业青年由于没有任何职业岗位，因而缺乏严密的组织体系，使思想处于自流状态，行为活动呈现涣散状态。理想与现实之间的矛盾，很容易使他们产生悲观、彷徨、怨恨、颓废等消极心理，使得他们对社会病毒侵袭的抵抗能力大大降低，只要稍不注意，社会上的一些不良因素便会乘虚而入，导致思想堤坝的崩溃，以致陷落到失足的境地。从这个意义上说，使广大待业青年人人拥有一份比较固定的职业，是保持社会稳定的一个重要因素。

# 第三节　影响择业的主观因素

每一个具有一定劳动能力的人，一生中都必须选择一种或某几种职业，这种职业选择的必然性，既是社会发展的客观需要，也是个人自身发展的客观需要。而影响一个人职业选择的因素是多方面的，有时也是复杂的。高校毕业生就业成功与否，既有主观方面的因素，也有客观方面的原因，主客观因素有时相互作用，共同影响和决定高校毕业生的就业。了解择业的客观依据和影响择业的主客观因素，将有助于自己选择到理想的职业及较早取得好的职业成就。

## 一、职业选择的客观依据

### （一）职业选择的必然性

职业选择的必然性，既是社会发展的客观需要，也是个人自身发展的客观需要。在任何一个国家里，由于社会分工的存在，每一个具有一定劳动能力的人，一生中都必须认真地选择并从事某一种或某几种职业。不同的人，选择职业的次数和种类可能会不同。有的人在选择了某种职业后终生从事这一职业，有的人一生中选择过好几次职业，有的人则同时选择两种或更多的职业。但是，在社会主义优越的条件下，对每个人来说，有一点是相同的，那就是只要你具有一定的劳动能力，你就有义务和权利去选择你能够从事的职业。

社会主义社会允许并有计划地安排人们选择任何一种职业，这是社会劳动必不可少的组成部分，是社会劳动存在的具体形式。社会主义社会的根本任务是发展社会生产力。为此，国家必须大力增加整个社会的物质生产劳动和精神生产劳动的投入。这种社会总劳动量的投入必须依靠广大劳动者按照社会的要求选择职业并在职业岗位上踏踏实实地履行自己的职责来实现。这种选择并从事一定的职业，在职业岗位上努力支付出活劳动，就是有效地将活劳动凝固为社会的公共财富的过程。

在社会主义优越的条件下，人们选择和从事一定的职业还是促进个人发展的需要。人们选择并从事了某种职业，不仅是带有某种谋生的性质，同时也是发挥自己劳动才能的具体形式。通过一定的具体劳动形式，来充分施展自己的体力和智力，人们才获得了表现自己、发展自己的活动舞台。而且，随着经济的不断发展，人们选择职业的机会也会更多，而活动的舞台就会不断扩大，人们就越能在职业的工作中发展自己。

在社会主义社会里，通过选择和从事一定的职业，满足社会发展的客观需要，与在职业的岗位上满足个人自身发展的客观需要，二者是统一的。社会主义的社会发展与个人发展是互为前提、互为因果的。个人在职业岗位上的劳动既为自身的发展创造了现实条件，同时，个人的发展又成为社会发展的组成部分。而千千万万劳动者的职业活动所构成的社会物质和精神财富，促进了社会的进步和经济的发展，这种进步又成为使每个劳动者能在职业岗位上发展自身的基础。因此，对社会主义的每一个劳动者来说，社会发展的客观需要与个人发展的客观需要共同构成了其选择职业的客观依据。依靠这种客观需要所选择和从事的职业，也必然使个人与社会的发展有机地统一起来。

### （二）职业选择的可能性和自主性

在社会主义社会里，职业选择不仅具有必然性，而且具有可能性。这种可能性是由社会劳动分工的多样性和等价性确定的。

第一，社会主义社会存在着复杂多样的劳动分工，同这种多样性的分工相适应，社会上也必然存在着多种多样的职业。社会主义社会的生产目的是为了最大限度地满足人民群众不断增长的物质和文化生活的需要，这种实际需要是多方面的，各不相同的，而且还要随着社会的进步而发生变化。为此，社会就要把各种资源合理地加以配置，划分出各种各样的具体劳动，从而生产出多种多样的以便供人们自由选择的使用价值。不同的具体劳动就会形成不同的具体劳动形式，即划分出不同的职业。而且，随着社会的发展，职业的划分会越来越细，职业的生产也会越来越多。

第二，社会主义社会所有的职业都是等价的，尽管存在着复杂多样、日趋精细的职业分工。因为这些职业都是建立在生产资料公有制以及作为社会主义市场经济的重要组成部分的非公有制的多种经济成分的基础之上。以公有制为主体，多种所有制经济共同发展，是我国社会主义初级阶段的一项基本经济制度。职业虽有所不同，但不管是公有制还是非公有制经济，其目的都是为了满足人民群众的实际需要服务的，因而并不存在高低贵贱之分。社会主义职业都是人们平等地参与社会劳动的具体形式。

正因为社会主义职业的等价性，人们的选择才可能是平等的；正因为社会主义职业的多样性，人们才可能依据各自的条件相对自由地选择。这里我们讲相对自由地选择，是因为社会主义的劳动分工并不是任意的，它会受到资源供应状况的限制。有些劳动部门可能发展得快一些，有的部门可能发展得慢一些。这就会决定有些职业岗位需要更多的人去选择，有些岗位不一定需要很多的劳动力。因此，常常会发生有些人选择不到自己最适合的职业，而去重新选择其他职业。这时，往往会使这一部分人产生职业无法选择、职业不能选择的看法。其实，任何一个社会职业选择的可能性都是有一定限度的。这种选择的可能性的实际范围是受社会发展程度制约的。

社会主义社会赋予每个劳动者以平等劳动的权利，这种权利使即将走上工作岗位的人们可以依据自己的条件，并根据社会许可的范围，自行选择未来从事的工作。这种职业选择的自主性主要表现在：

第一，人们在为未来工作准备时，有自主选择的权利。每个人在学习阶段，大体上确定了未来职业的范围，并围绕这些职业，选学某些方面的知识，形成一定的知识结构。比如，大学生都可以自由地选择专业，他们还可以在原有的专业课程之外主动选修一些社会急需的课程，自主地拓宽或改变未来职业选择的方向与范围。

第二，在职前学习结束后，人们可以按照自己的志愿和已有的知识结构，依据需要和可能，自主地选择某种职业。特别是现在高校毕业生就业制度的主要内容之一，就是学生自主择业。在多数情况下，大学毕业生根据所学专业能找到对口的职业。这样，为寻找职业选择的学习就能与学习结束后进入职业之岗位的选择一致起来。

第三，人们在一生中能够多次调整自己的职业岗位。随着改革的深入发展和社会主义市场经济体制的建立，一个个新的职业应运而生。在这种情况下，原先职业分配所存在的不合理状况自然会被人们重新做出的职业选择所改变。很多在职人员会要求改变职业，在新的岗位为社会和个人的发展而努力。这样，人们越来越多地获得了多次重新选择职业的自主权，可以不断地寻找适合自己要求的、又能最大限度地施展自己才能的工作岗位，这也有利于人才的合理流动，使社会在劳动者的自主职业选择中形成资源的优化与有效配置。

## 二、职业理想与职业选择

职业理想是随着职业的产生而产生的，它在人们的社会生活中占有重要的地位，对一个人，特别是青年人选择职业具有十分重要的影响。不同类型的职业理想影响着人们选择不同的职业。

所谓职业理想，就是指人们对未来工作的行业和部门及事业成就大小的向往，是一个人在一定的社会文化条件下，在职业活动中对理想人格的追求。

职业理想不仅是职业上的奋斗目标，而且必须是一种有可能或者有希望实现的奋斗目标、愿望与可能的统一，是职业理想的重要特点。

理想来源于现实，是从现实条件出发确立的。脱离了现实条件，职业理想是无源之水、无本之木，犹如空中楼阁。每个人在确定职业理想时，绝不可以脱离现实、想入非非，一定要从个人的实际出发，既考虑到自己周围的客观条件，包括社会条件、历史条件、生活环境等，又要考虑自己的主观条件，包括个人的历史、现状、能力、专长、兴趣、志愿等。要把两方面结合起来，确定自己的职业理想，提出自己的就业方向和奋斗目标。职业理想来源于现实，又高于现实，未来和现实的统一是职业理想的又一重要特点。

职业理想反映了主观和客观的要求，是这两方面的辩证统一。职业理想既反映社会发展的客观要求，又包含人们愿意为这个要求而奋斗的主观意向，缺少任何一个方面都不能构成职业理想，不实现两者的统一，也不能构成职业理想。过去曾发生过职业选择是个人服从社会还是社会迁就个人的争论，了解了职业理想是主观与客观的统一的特点后，这个问题应不难回答。

每个人的职业理想，既受主观因素的制约，又受客观条件的影响。一方面，由于每个人的思想觉悟、文化水平、兴趣爱好、性格差异等不同，其对职业的态度和评价便表现出明显的差异。另一方面，在社会主义初级阶段，由于生产力水平的限制，还存在着脑力劳动与体力劳动的差别、城乡差别、简单劳动和复杂劳动的差别等，同时，由于社会主义经济成分的多种性，有些不同的职业在个人收入和集体福利等方面也存在着差别，有的差别较大。这些差别的存在，不能不影响人们职业理想的确立。这也决定了社会主义初级阶段还会有不同类型的职业理想，划分起来主要有以下几种类型：

第一，以社会利益为重的职业理想。具有这种职业理想的人，把是否有利于社会作为自己选择职业的最重要的标准，在个人愿望与社会需要发生矛盾时，能以社会需要为重，个人利益、个人选择服从社会需要。因此，他们在选择自己的职业和工作时，能愉快地接受祖国的挑选，到祖国和社会最需要的地方和岗位。

第二，以个人的兴趣和爱好为重的职业理想。具有这种职业理想的人在选择职业时，首先考虑个人的兴趣和爱好。当职业适合自己的兴趣爱好时，热情很高，干劲十足。而一旦职业不符合自己的兴趣时，往往会不安心本职工作。

当然，希望到自己感兴趣的岗位去工作，以便充分发挥自己的特长和创造性，这种想法无可非议。但关键要看是否摆正社会需要与个人兴趣的关系。如果一个人不顾社会的需要，一味地强调个人的兴趣和爱好，就必然会脱离实际。有些职业对于某些人来说的确不大感兴趣，但既然社会生活需要它，人民群众离不开它，总要有人去从事这项工作，更何况人们的职业兴趣并不是天生的、一成不变的，而是可以通过自己的职业实践重新培养和确定的。

第三，以经济收入为重的职业理想。具有这种职业理想的人，选择自己的职业主要考虑的是个人经济收入的多少，只要挣钱多，干什么都行，如出现了大学研究生应聘宾馆服务员的现象。诚然，在社会主义初级阶段，谋生仍然是职业活动的目的之一，人们往往通过职业劳动获取报酬，以维持自己的物质和文化生活。但如果一切"向钱看"，单纯为"钱"而工作，把挣钱看作是职业劳动的唯一目的，那就忘记了职业的社会主义性质和为人民服务的宗旨，忘记了党和人民培养自己的目标，使自己成为一个目光短浅、为钱而活着的"经纪人"，这绝不是我们提倡的职业理想。

第四，以社会地位和声望为重的职业理想。追求这种职业理想的人，选择职业时更注重职业的社会地位和声望。"地位声望高"的职业就干，"地位声望低"的工作则不愿干。在现实生活中，人们对职业的社会地位和声望的确还存在着认识上的差别。但是社会主义制度的建立，特别是改革开放的不断深入，猛烈地冲击了职业问题上的陈腐观念，为人们评价职业提供了新的标准，那种以职业论人的旧习惯正在消除，从事职业的劳动态度和对社会的贡献正在成为人们评价一个人的最重要的尺度。因此，那种以为只要从事声望较高的职业，即使不用努力工作贡献社会，自身价值也自然会高的观点是错误的。在社会主义社会里，职业只有分工的不同，并没有高低贵贱之分。

第五，以职业舒适为重的职业理想。持这种职业理想的人，选择职业时，既不过高地追求职业的社会地位，也不过分奢望职业的"财路"，而只是追求职业的舒适、安逸与"痛快"。这些人往往一心向往大城市、大单位，那些小城市、边远地区、农村和生产第一线虽然急需人，却不愿去。一个人如果一味地追求个人的舒适与安乐，忘掉了职业的社会意义，其结果是不但难以真正找到想象中的舒适、安逸的职业，而且可能会因个人愿望不能如愿而苦闷、烦恼。

从以上列举的五种职业理想看，后四种职业理想都有一定的片面性，在处理社会需要与个人需要、社会利益与个人利益时都有不当之处。毫无疑问，在职业选择时应考虑到个人愿望和个人利益，但当个人利益与社会利益发生矛盾时，我们应当自觉地以个人利益服从社会利益，把个人利益融于社会利益中。正如马克思中学时期所说的那样："我们在选择职业时应遵循的主要方针是人类的幸福和我们的自我完善。"

### 三、能力和兴趣与职业选择

#### （一）职业能力与职业选择

大学毕业生就业的实践证明，综合能力素质的强弱对求职影响关系重大。过去一些用人单位重视挑选"高分"的毕业生，现在更多的用人单位不但要求毕业生"高分"，更要"高能"，甚至分数低一些但能力强也乐意接受。"一专无能"甚至"一专少能"已被"一专多能"甚至"多专多能"的复合型人才所淘汰。

职业作为一种重要而又复杂的社会活动，需要人们具有一定的本领，具有必要的生理心理条件，从而构成了一定意义上的职业能力，这种能力包括体力、智力、知识、技能四个基本要素。体力即指人的身体素质，包括人体生理结构（如身高、臂长等）、人体运动功能（如力量、速度、反应等）、人体对劳动的承受能力及解除疲劳的能力。智力，是人们认识客观事物、运用知识解决问题的能力，包括观察力（感知力）、记忆力、思维力（或称判断力）、想象力、创造力。知识，是人们通过学习和实践所掌握的有关职业活动的理论和经验。技能是人们通过训练所获得的熟练化、规范化的动作系列或思维系列。这四个要素的结合，就构成了能力。

能力是指直接影响活动效率，使活动任务得以顺利完成的个性心理特征。职业能力是在职业活动中发展起来的，直接影响职业活动的效率，使职业活动得以顺利完成的心理特征。如果你没有任何职业能力，那么就不能胜任任何工作。能力总是和人完成一定的活动联系在一起的，人们总是以从事某种活动的观点来考察人的能力的。例如，节奏感和曲调感对于从事音乐活动是必不可少的；准确地估计比例关系对于人们从事绘画活动是不可缺少的；观察的精确性、记忆的正确性、思维的敏捷性和顺序性是完成许多活动，尤其是管理工作所必备的。缺乏这些特征，就会影响有关活动的效率，就会使这些活动不能顺利进行，因此这些心理特征就是保证有关活动得以完成的能力。

职业能力是多种多样的，如绘画能力、表演能力、组织能力、书写能力、口头表达能力，但最基本的是两大类：一般职业能力和特殊职业能力。

一般职业能力指一般职业活动中都必须具有的共同能力，如注意力、观察力、记忆力、想象力、思维能力等，这是从事任何职业都不可缺少的基本职业能力，相当于人们通常所说的智力。智力是能力的核心和主要部分，而智力的核心是逻辑思维能力。一般职业能力的五种要素，各自执行着不同的功能，起着各自的特殊作用，同时各个要素又是互相联系、互相制约的，某个要素的水平不仅影响整个智力水平，也影响其他四个要素水平。全面发展你的职业能力，就是要使五大要素都得到良好发展，防止片面追求某一要素而忽视其他要素的发展，造成职业能力结构失调。

特殊职业能力是指顺利地完成某一特殊活动（专业活动）所必须具备的能力，是一般职业能力在专业活动中的具体体现。任何一种专业活动，都要求有与该专业内容相符的特殊职业能力。如从事教育工作必须具有阅读能力和表达能力；从事数学研究必须具有计算能力、空间想象能力和逻辑思维能力；从事音乐工作必须具有节奏感和曲调感等。可以说，凡是能在特殊活动领域内发挥作用的能力就属于特殊能力。史丰收能够在速算上卓有成效，聂卫平能够在中外围棋比赛中取得多次胜利，朱建华能够连续三次打破世界跳高纪录，刘翔能取得110米跨栏奥运冠军……都说明了他们在这些特殊领域中具有特殊能力。一般能力和特殊能力并不是割裂的，而是有机地联系着的。一般能力愈是发展，就为特殊能力的发展创造了有利条件；在各种活动中发展特殊能力的同时，也会促进一般能力的发展，聂卫平不仅是一个优秀的围棋运动员，而且还是桥牌好手，便是一个很好的实例。

如果你的能力和个性特点与工作要求不相符合，你一定会感到不愉快和不满足。这些消极情绪又反过来影响工作本身，从而引起你更大的不愉快。从某种意义上说，你所从事的工作是否符合自己的特点，是你在事业上能否成功的条件之一。要知道自己能胜任什么样的工作，最好先了解自己，尤其要了解自己的能力。国外经常用心理测验的方法来确定职业的能力，许多工业部门，不但用心理测验来挑选职员，甚至把它作为分工、定级、评奖的依据。我国随着劳动用工制度的改革和"双向选择"的实行，对求职者的能力、个性特点普遍重视，并尝试用心理技术来挑选职员。了解这方面的知识，不仅可以帮助你顺利通过测验，更重要的是通过自我测验发现自己的潜能，有目的、有计划地培养自己某方面的职业能力，以适应将来职业的需要。

各种能力与职业都有着一定的对应关系，主要表现在以下几个方面：

第一，言语能力。是指人对词及其含义的理解和使用能力，对句子、段落、篇章的理解能力，以及善于清楚而正确地表达自己的观点和向别人介绍信息的能力。简单来说，它包括语言文字的理解能力和口头表达能力。不同的职业对人的语言能力要求亦不同。例如，教师、律师、营业员、播音员、节目主持人、咨询人员、护士等职业必须具备较强的语言能力。

第二，计算能力。是指迅速而准确地运算的能力。大部分职业都要求人们有一定的运算能力，但不同职业对人的计算能力要求的程度不同。例如，对于会计、出纳、统计、建筑师等职业来说，工作人员必须具有较强的计算能力；对于法官、律师、历史学研究者、护士、X光技师等职业来说，要求工作人员具备中等水平的计算能力；对于演员、话务员、招待员、厨师、理发员、导游、矿工等职业来说，对计算能力的要求则较低。

第三，空间判断能力。是指能看懂几何图形，识别物体在空间运动中的联系，解决几何问题的能力。如果一个人爱好平面几何及立体几何，并且学得较好，这个人的空间判断能力就比较强。与图纸、工程、建筑等打交道的工作，以及牙科医生、内外科医生等职业，空间判断能力要求很高；对于裁缝、电工、木工、无线电修理工、机床工来说，也要具有一定的空间判断能力才能胜任。

第四，形态知觉能力。是对物体或图像的有关细节的知觉能力。如对于图形的明暗、线的宽度和长度做出视觉的区别和比较，能看出其细微的差异。对于生物学家、建筑师、测量员、制图员、农业技术员、动植物技术员、医生、兽医、药剂师、画家、无线电修理工来说，需要较强的形态知觉；而对于历史学家、政治学家、社会服务人员、招待员、售货员、办公室职员来说，形态知觉就不是很重要了。

第五，文秘能力。是指对言语和表格式的材料的细节的知觉能力。如发现错字和正确地校对数字的能力等。像设计、经济、记账、出纳、打字等工作，都必须具有一定的文秘能力。

第六，眼手运动能力。这是指眼手准确、迅速和协调地做出精确动作的运动反应能力。对于驾驶员、飞行员、计算机操作员、牙科医生、外科医生、雕刻家、运动员、舞蹈演员来说，这种能力显得尤其重要。

第七，手指灵活度。是指手指迅速、准确和谐地操作小物体的能力。对于纺织工、打字员、裁缝、外科医生、护士、雕刻家、画家、音乐家等，手指必须较一般人灵活。

第八，手的灵巧度。是指手灵活而迅速地活动的能力。像体育运动员、舞蹈演员、画家、兽医等等，手必须能够灵巧地活动。

除此之外，管理工作者和社会工作者还应当具有较强的人际交往能力。人际交往能力是指参加社会群众活动、与周围人相互交往并保持协调的能力。很难想象一个不会与人交往的人能够找到称心如意的工作，能够在社会工作中做出成绩。

职业能力的形成是一个长期的过程，通常要经过相当长的学习以及一定的实践活动才能完成。形成职业能力需要具备三个条件：一是先天生理条件，或者叫遗传因素；二是教育训练，如文化基础教育、专业性教育、职业性教育、职业技能培训等；三是职业活动实践，这是形成职业能力最重要的途径，它能使人的职业能力得以确定和进一步发展。

最近，某刊物登载了"用人单位最关注大学毕业生的四种能力"如下：

第一，看重的是大学生与用人单位企业文化的相容性。

第二，大学生应具有实际的动手操作能力。

第三，人际交往相处能力。

第四，培养自己特长爱好，做好职业规划的能力。

### (二) 兴趣与职业选择

兴趣是指一个人力求认识、掌握某种事物，并经常参与该种活动的心理倾向。或者说，兴趣就是指人积极探究某种事物的认识倾向。兴趣是人对客观事物的选择性态度，是对需要的情绪体验。

在影响人们选择职业的多种因素中，兴趣的作用是不可忽视的。爱因斯坦走进科学迷宫，成为一代科学巨匠，兴趣是决定性因素；门捷列夫迷恋神奇的化学世界，发现化学元素周期律，翻开化学史崭新的一页，兴趣是最好的老师；李传隆为研究蝴蝶，奋斗 50 年，走遍大江南北，含辛茹苦，不畏艰险，兴趣是强大的动力。在现实生活中我们也有这样的体会，如果你喜欢音乐，你就会特别倾注于音乐，对其他声音可能会听而不闻；如果你喜欢绘画，也常会因为绘画而废寝忘食；一个从事教学工作的人，说起话来总是对如何教好学生津津乐道。从事某一工作的人，常常会把话题转到这方面，所谓"三句话不离本行"。这一切都表明，一个人对某种职业感兴趣，就会对该种职业活动表现出肯定的态度，并积极思考、探索和追求，因此说，兴趣是人们选择职业的重要因素之一。

兴趣是在需要的基础上产生的，但不等于需要，持久而深刻的兴趣才会发展为需要。人的需要有生理性需要和社会性需要。由生理性需要引起的兴趣是暂时兴趣。如由于饥饿会使你产生对食物的需要，进而引起你对食物的兴趣，但一旦对食物的需要得到满足，这种兴趣也就随之消失。只有当社会实践反映在人的头脑中，变成自己的需要，并由此产生推动人们积极行动的兴趣才是稳定的兴趣。鲁班发明木锯，是由伐木、建房、制造家具的需要引起了他发明木工工具的兴趣；爱迪生发明灯泡的兴趣也是由于照明的需要引起的。这种在社会需要基础上产生的兴趣是一种稳定的兴趣。人的需要是复杂的，人的兴趣也是多种多样的。根据兴趣的内容，可以把兴趣分为物质兴趣、精神兴趣和社会兴趣。

物质兴趣与人的物质需要相联系，表现为对物质的迷恋和追求，例如收藏的兴趣。在职业选择上表现为追求待遇高的职业和舒适的工作环境。物质兴趣是由人类自我保存和延续的本能决定的。精神的兴趣主要是指对文化、科学、艺术的迷恋和追求，如对数学、生物学、心理学、工程学的兴趣，对音乐、舞蹈、绘画、写作、书法、摄影的兴趣，对发明创造的兴趣等。科学家对科学探索的兴趣使自己乐而忘忧；发明家对发明的兴趣也会使自己败而不馁。精神兴趣可以增加人的求知欲，使人朝气蓬勃地去工作和探索。社会的兴趣主要是对社会工作和组织活动的迷恋和追求，如热心于社会福利事业、教育事业，参加妇联、工会、共青团等群众组织活动等等。

从兴趣的发生和发展来看，又可分为直接兴趣和间接兴趣。你喜欢跳舞、打球，可能是因为这些活动本身对你有吸引力，通过这些活动你会获得愉快和满足。这种对活动本身的兴趣就是直接兴趣。你可能感到学外语是一件很枯燥的事情，但对它仍然兴趣很浓，这并不是学外语本身会给你带来轻松愉快，而是学外语可以继续攻读学位，可以直接了解国外最新专业信息，可以找到称心如意的工作，可以出国学习或交流等，这些结果在吸引你学习。这种对活动结果的兴趣就是间接兴趣。直接兴趣和间接兴趣可以互相转化，也可以相互结合，从而有效地调动人们活动的积极性。

人们在选择职业时，兴趣起着重要作用。选择自己有兴趣的职业，有助于事业的成功。让一个人从事他不感兴趣甚至厌烦的工作，这无疑是对意志、精力、才能的莫大浪费。那么，兴趣在职业选择中的作用究竟如何呢？

### 1. 兴趣影响一个人对未来的选择

兴趣不是天生的，而是在实践活动中形成的，受社会环境、教育和个人素质的影响。职业兴趣一旦形成就对人的行为产生一定的定向性，使人积极寻求满足职业需要的途径和方法。人的早期兴趣对他的未来活动起着准备作用。一个对生物学感兴趣的学生，他不但喜欢阅读有关生物学方面的书刊，也会积极收集关于生物学的文章和报道，并把做一个生物学工作者当作自己的职业目标。有这样一个学生，从小羡慕教师的工作，上小学时就对"教学"感兴趣，上中学时收集了大量赞美教师的文章和格言，并以优异的成绩考取了师范院校，立志把自己的一生奉献给教育事业。

### 2. 兴趣可以开发一个人的智力

兴趣是一种具有浓厚情感的志趣活动，它可以使人集中精力去获得知识，并创造性地完成活动。有位心理学家说："兴趣实际上就是需要的延伸，它表现出对象与需要之间的关系。"当一个人对某种事物发生兴趣时，他就能调动整个心理活动积极性，积极地感知、观察事物，积极地思考，大胆地探索；就能情绪高涨，想象丰富；就能增强记忆效果，增强克服困难的意志，乐不知疲。丁肇中教授曾说过："任何科学研究最重要的是要看对自己所从事的工作有没有兴趣，换句话说，就是有没有事业心，这不能有丝毫的强迫。……比如做物理实验，因为兴趣，我可以两天两夜，甚至三天三夜待在实验室，守在仪器旁，我迫切地需要我所要探索的东西。"俄国教育家乌申斯基就曾指出："没有丝毫兴趣的强制性学习，将会扼杀学生探求真理的欲望。"我国著名数学家陈景润对数学，尤其是对素数分支、对哥德巴赫猜想怀有极其浓厚的兴趣，当他在数学王国里遨游的时候感到无限的乐趣，尽管困难重重，但他始终兴趣不减，持续奋斗，终于取得重大成就。

### 3. 兴趣可以使一个人增强适应性

兴趣可以扩展人的眼界，丰富人的心理活动内容。兴趣是引起和维持注意的重要内部因素，当你对工作有兴趣时，枯燥的工作也会觉得丰富多彩、趣味无穷。兴趣使认识过程和活动过程不再是一种负担。兴趣可以调动你身心的全部精力，以敏锐的观察力、高度集中的注意力、深刻的思维、丰富的想象投入工作，从而有助于工作效率的提高。据研究，如果一个人对某一工作有兴趣，就有可能发挥他全部才能的 80%～90%，并且长时间保持高效率而不感到疲劳；而对工作没有兴趣的人，只能发挥其全部才能的 20%～30%，并且容易筋疲力尽。多方面的兴趣可以使你善于应付多变的环境，如果由于需要变换工作性质，你能很快熟悉、适应新的工作。

有无良好的职业兴趣品质对选择职业和适应工作有重要意义。我们要让兴趣走进职业选择的神圣殿堂，就必须注意以下问题。

（1）找准自己的兴趣

一个人的兴趣和爱好是很多的，要想正确处理兴趣与职业选择的关系，就要找出自己的中心兴趣，发现自己的兴趣发展方向。广泛的职业兴趣必须在正确的指导下与中心兴趣相结合，才能成为良好的职业兴趣品质。只有广泛性，而无中心职业兴趣的人，知识肤浅，没有明确的职业方向，不利于自己的发展和成才。只有在广泛的职业兴趣的背景上有着决定活动基本倾向的中心职业兴趣，才能使人获得深邃的知识，使活动具有创造性。

（2）衡量自己有无实现"兴趣"的能力

一个人要想在事业上取得成功，必须要有对所从事工作的浓厚兴趣，很难设想一个对工作索然无味的人会最终取得成功。但是，对事业有兴趣者未必一定都能成功，这就需要大学生在选择职业时善于正确评价自己的能力和特长，否则很容易受到兴趣的欺骗。如有一位青年对文学创作兴趣很浓，一心想当作家，从 20 岁就开始练习写作，四年里坚持记笔记和卡片，时常注意观察人物和了解人物，深更半夜在被窝里打着手电筒写作，有时一写就是一夜。村里演戏、演电影也都不看，甚至在病中也不放下手中的笔。这种发愤精神确实令人感动，她相信一位作家的话："伟大的成就和辛勤的劳动是成正比的，有一份劳动，就有一分收获，日积月累，奇迹就会创造出来。"但是，她所信奉的这一格言的光辉始终没有投射到她艰苦奋斗的文学之路上，原因就在于她缺乏文学创作所需的素质和能力。

**4. 保持职业兴趣的相对稳定**

有的人职业兴趣一经形成就稳定不变，尽管兴趣面不断拓宽，但始终保持着原来的职业兴趣；有的人则职业兴趣多变，缺乏稳定性和持久性，对某一职业很容易发生兴趣，但很快又被另一种职业兴趣所代替，在选择职业时，这种朝秦暮楚、见异思迁的态度很难适应职业要求。只有稳定的职业兴趣才能推动人们深入理解问题，从而获得系统和深刻的知识，并最终取得成功。

**5. 择业不能单纯从兴趣出发**

人们在选择职业时必须注意到兴趣，但也不能一切都从兴趣出发，那样就成了"兴趣主义"，我们既要照顾兴趣的发展，更要有强烈的社会责任感。兴趣只有与社会责任感结合起来并上升为志趣，才能真正成为成就事业的动力。

## 四、气质和性格与职业选择

### （一）气质与职业选择

心理学家认为，气质是人的高级神经活动类型的特点在行为方式上的表现，与我们平常所说的"脾气""禀性"等意思相近。它主要表现在人的情绪体验的快慢、强弱、深浅，以及情绪体验表露的明显、隐蔽，动作的灵敏、迟钝等方面。气质使人的全部活动都染上某种独特的色彩。具有某种气质特征的人，常常在不同内容的活动中表现出自己的心理活动特点。因此，在择业时，有必要正确认识自己的气质类型。

一般来说，人的气质表现为四种类型：胆汁质、多血质、黏液质、抑郁质。它们的典型表现如下：

（1）胆汁质的典型表现

胆汁质又称为不可遏止型或战斗型。这种人具有强烈的兴奋过程和比较弱的抑制过程，情绪易于激动，反应快，行动敏捷，暴躁而有力；在言语、表情、姿态上都有一种强烈而迅速的热情的表现；在克服困难上有不可遏止和坚忍不拔的劲头，而不善于考虑能否做到；性急，易于暴发狂热，而不能自制。这种人的工作特点带有明显的周期性，能以极大的热情投入事业，也准备去克服通向目标的重重困难和障碍。但是当精力消耗殆尽时便失去信心，情绪顿时转为沮丧而一事无成。

（2）多血质的典型表现

多血质又称为活泼型，这种人敏捷好动，善于交际，在新的环境里不感到拘束。在工作学习上富有精力而效率高，表现出机敏的工作态度，善于适应变化的环境。在集体中精神愉快，朝气蓬勃，愿意从事合乎实际的事业，能迅速地把握新事物。在有充分自制力和纪律性的情况下，会表现出巨大的积极性。这种人对什么都感兴趣，但情感易变，如果事业上不顺利，其热情消失的速度与投身事业一样迅速。这类人可能成为热忱和有效的活动家、领导者。反应敏捷并均衡的工作对他们最为合适，当他们从事多样化的工作时往往成绩卓越。

（3）黏液质的典型表现

这种人又称为安静型，在生活中是一种坚韧而稳健的辛勤工作者。由于这种类型的人具有与兴趣过程相均衡的强的抑制，所以行动缓慢而沉着，严格恪守既定的生活秩序和工作制度，不为无谓的动因而分心。黏液质的人态度持重，交际适度，不爱作空泛的清谈，情感上不易激动，不易发脾气，也不易流露情感，能自制，也不常常显露自己的才能。这种人能长期坚持不懈、有条不紊地从事自己的工作。其不足之处是有些事情不够灵活，不善于转移自己的注意力。惰性使他因循守旧，表现出固定性有余，而灵活性不足。然而惰性也有积极的一面，它保证了从容不迫和严肃认真的品德，以及性格的一贯性和确定性。那些要求有条理的、冷静的和持久工作能力的工作，对于黏液质的人最为合适。

（4）抑郁质的典型表现

抑郁质属于呆板而羞涩的类别，又称为抑郁质型或弱型。这种人有较强的感受能力，往往为微不足道的缘故动感情，其代表特征是具有高度的情绪易感性，情绪体验的方式较少，但体验有力而持久。在友爱的集体里，他可能是一个容易相处的人，能胜任所委托的事情，能观察到别人不易察觉的细节，对外部环境变化敏感，虽很少有外部表现，但内心体验相当深刻，在行动上非常迟缓、忸怩、腼腆、怯懦、迟疑、有些孤僻，遇到困难优柔寡断，面临危险时感到极度恐惧。

并非所有的人都可以按上述四种传统的气质类型来划分，只有少数人具有典型性，多数人是介于各种类型之间的中间类型。我们在判断人的气质时，并不一定把他划归于某种类型，而是应该观察和测定构成他的气质类型的各种心理特征。一是要观察测定其感受性，即他对于外界刺激作用时表现的感觉能力；二是要观察测定其耐受性，即他在接受外界刺激作用时表现在时间和强度上的耐受程度；三是要观察测定其反应的敏捷性；四是要观察测定其行为的可塑性，这是指人依据外界事物变化情况而改变自己适应性行为的可塑程度；五是要观察测定其情绪的兴奋性，它包括情绪兴奋性强弱和情绪向外表现强烈程度两个方面，即情绪兴奋性是倾向于外还是倾向于内。这些都是测定人的气质类型的重要方面。

这里需要特别指出的是：气质无所谓好坏、善恶之分，每一种气质都有其积极的一面，也有其消极的一面。气质本身不能决定一个人社会成就的高低，每一种职业领域都可以找出各种不同气质类型的代表，同一气质的人在不同的职业部门也能做出突出的贡献。有人研究，俄国著名文学家普希金、赫尔岑、克雷洛夫、果戈理分别属于胆汁质、多血质、黏液质、抑郁质气质类型，他们在文学领域都取得了杰出的成就。而达尔文和果戈理都属于抑郁质类型，他们却在各自不同的领域内取得了伟大成就。

气质有互补作用，社会上的各种职业，如工人、售货员、医生、工程师、教师等，都要求人们具有相应的某些气质特点。在一般职业劳动中，气质的各种特征可以起到互相弥补的作用。如有人对优秀纺织女工的研究发现，属于黏液质的女工，其稳定的注意力能及时发现断头故障，克服了其注意力不易转移的缺陷；属于多血质的女工，注意力易于转移，这种灵活性就弥补了注意力分散的缺陷。所以，具有不同气质的人从事同一工作，可以干得同样好，这说明在普通职业中决定工作成败的关键是其工作态度、工作熟练程度等因素，而不是气质特点。

在实践中气质受生物组织制约，具有稳定性，但不是绝对不变的，它在生活时间和教育的影响下可以发生变化。人在实践活动中形成的各种个性特征对气质变化也有影响。即后天获得的暂时神经联系系统，可以掩盖神经系统特征，并在长期影响下使其得到发展和改造。从这种意义上说，人的气质也是在社会生活与教育条件下形成、发展和改造的。正因为气质是可以改变的，因此要求每一个人都应学会掌握和控制自己的气质，限制自己气质的消极方面，发展积极的方面，使自己成为具有优秀心理品质的人。当然，我们也必须看到，气质的可塑性是有限度的，不能忽视气质类型带来的巨大差异。气质不仅影响活动的性质，而且影响活动的效率，某些气质特征往往为一个人从事某种职业活动提供有利条件。如要求做出迅速、灵活反应的动作，对于多血质、胆汁质的人较合适，而对黏液质、抑郁质的人则较难适应。如果你恰恰从事了与你自己气质不相符的职业，那么对你个人来说是痛苦的，对工作来说也是一种损失。因此，选择职业时要提倡"量质选择"。

我们知道，气质在人的实践领域不起决定作用，但它并非对实际工作毫无影响。对从事不同职业的人可能有不同的气质要求。例如，对从事纺织工作的工人，要求具有注意力稳定和注意力善于转移，以及动作敏捷等品质；对医疗部门的医务人员则要求具有反应灵敏、耐心、细致、热情等品质；对交通运输部门的驾驶员等要求具备机智、勇敢、敏捷、细心、耐受高度紧张等气质特点；对做组织管理工作的管理干部，除要求有为人民服务的思想品质以外，也应具有工作细致、善于交往、耐心、不鲁莽等品质。

对多血质的人而言，这种人工作能力强，容易适应新环境，工作面较为宽广，如外交工作、管理工作、驾驶员、服务员、医生、律师、运动员、冒险家、新闻记者、演员、侦察员、警察等，但他们不适宜做过细的工作，单调机械的工作也很难胜任。黏液质的人工作范围也是比较广泛的，他们容易养成自制、镇静、安静、不急躁的品质，外科医生、法官、管理人员、出纳员、保育员、话务员、会计、播音员等是他们适宜的工作。胆汁质的人喜欢不断有新活动、新高潮出现，喜欢热闹，对他们来说，工作不断变换、环境不断转移不会造成压力，他们可以成为出色的导游、勘探工作者、推销员、节目主持人、讲演者、外事接待人员、监督员等。他们适应于热闹、繁杂的工作环境，而对长期安坐、细心检查的工作很难胜任。相反，抑郁质的人可以很好地胜任胆汁质者难以胜任的工作，如校对、打字、排版、检查员、登录员、化验员、雕刻工作者、刺绣工作者、保管员、机要秘书等都是他们的理想工作。总之，不同的职业对人的气质特点都有特定的要求。

有人曾对各种职业气质类型的特点及相应的职业进行分类：

第一，变化型。这些人在新的或意外的活动或工作情境中感到愉快。他们喜欢工作内容经常有些变化，在有压力的情况下工作往往很出色。他们善于将注意力从一件事情转移到另一件事情上，追求多样化的工作。典型的职业有记者、推销员、采购员、消防员、公安司法人员等等。

第二，重复型。这些人适合连续不停地从事同样的工作，他们喜欢按照一个机械的、别人安排好的计划和进度办事，爱好重复、有计划、有标准的工作。典型的职业有纺织工、印刷工、装配工、电影放映员、机床工以及中小学教师等。

第三，服从型。这些人喜欢按别人的批示办事，他们不愿自己独自做出决策，而喜欢让他人对自己的工作负起责任。典型的职业有秘书、办公室职员、打字员、翻译人员等。

第四，独立型。这些人喜欢计划自己的活动和指导别人的活动，他们在独立的负有职责的工作情况中感到愉快，喜欢对将来发生的事情做出决定。典型的职业有厂长、经理、各种管理人员、律师、医生、电影电视制片人、军事指挥员、侦察人员、驻外工作人员等。

第五，协作型。这些人在与人协同工作时感到愉快，他们善于让别人按自己的意愿办事，他们想得到同事的喜欢。典型的职业有社会工作者、婚姻介站所工作人员、青年或妇女工作干部、心理咨询人员等。

第六，孤独型。这些人喜欢单独工作，不愿与人交往，较适合的职业有编辑、校对、排版、雕刻等。

第七，劝服型。这些人喜欢设法使别人同意他们的观点，一般是通过谈话和写作来表达，他们对于别人的反应有较强的判断力，且善于影响他人的态度、观点和判断。典型的职业有作家、教师、政治工作者、宣传人员以及商业工作者等。

第八，机智型。这些人在紧张和危险的情况下能很好地执行任务。他们在危险的情况下能自我控制和镇定自如，他们在意外的情境中工作得很出色，当事情出了差错时他们不易慌乱。典型的职业有车辆、船舶、飞机的驾驶员，公安员，节目主持人，消防员，救生员，潜水员，电力维修员等。

第九，经验决策型。这些人喜欢根据自己的经验作出判断，当别人犹豫不决时他们能当机立断做出决定。必要时，他们用直接经验和直觉来解决问题。典型的职业有股票经营者、商业工作者、个体摊贩、农民等。

第十，事实决策型。这些人喜欢根据事实来决策，他们要求根据充分的证据来下结论。他们喜欢使用调查、测验、统计数据来说明问题，引出结论。典型的职业有实验员、化验员、检验员、自然科学研究者、大学教授等。

第十一，自我表现型。这些人喜欢能表现自己爱好和个性的工作情境。他们根据自己的感情做出选择，喜欢通过自己的工作来表现自己的理想。典型的职业有演员、诗人、音乐家、画家、摄影家、剧作家等。

第十二，严谨型。这些人喜欢注重细节的精确，他们按一套规则和步骤将工作尽可能做得完美。

### （二）性格与职业选择

观察一下日常生活中的人群，你就可以发现千差万别的性格特征。有的人诚实、正直、谦逊；有的人活泼、好动、善交际；有的人则悲观、厌世、孤僻。由于性格不同，个人对社会职业的态度也不同。个体差异除了个体间相貌、体形不同外，还主要表现在性格上。例如，在社会交往中是内向还是外向；在情绪特征上是稳定的还是易激动的；在适应工作时是积极进取还是消极被动；在意志表现上是果断勇敢还是优柔寡断。性格不是单纯的态度体系，也不是单纯的行为方式，性格是态度体系与行为方式的吻合。

性格和气质既有联系又有区别。性格与气质有着天然的联系。气质是形成性格的基础，气质特征必然在性格特征上打下烙印，性格也可以掩盖甚至改变气质的某些特征。各种气质类型的人都可以培养成积极的性格特征，相同气质类型的人又可以形成带有同样动力色彩但却是不同性格的人。气质特点有时也表现为性格特点，如果断、勇敢、善交际、内向、外向等，既属于气质特征也属于性格特征。性格和气质也是有区别的。气质主要是先天的，更多地受人的生理特点制约，可塑性较小；而性格主要是后天生成的，更多地受社会生活条件的制约，有较大的可塑性。气质表现的范围较窄，属于动力方面的特征，是人和动物都有的；而性格表现的范围几乎包括了人的全部心理活动的一切稳定特点。性格只有人才有，并且性格是有好坏之分的。

要想认识自己的性格，就必须把握性格的基本特征，这些特征一般可以从以下四个方面来考察。

（1）性格的态度特征

性格的态度特征主要包括对社会、对他人、对自己以及对工作的态度。如热爱集体、公而忘私、诚实、正直、见义勇为、亲切、同情、有礼貌、勤奋、认真、俭朴、创新、谦虚等，与此相反的是虚伪、自私、孤僻、冷淡、阿谀奉承、唯利是图、粗心、懒惰、自满、自卑、墨守成规等。

（2）性格的意志特征

这是从一个人自觉地调节自己活动的方面来分析性格。按照调节行为的依据、水平和客观表现，性格的意志特征可分为四个方面：首先，是意志的自觉性，主要表现在自己行为的目的具有明确而深刻的认识，特别是能意识自己行为的社会意义。其次，是意志的自制性，主要表现是善于主动地自行控制自己的言行。再次，是意志的果断性，果断性能促使人在紧急情况下及时采取坚决的决定。最后，是意志的坚毅性，就是指在行动中坚持决定，百折不挠，顽强奋斗。

（3）性格的情绪特征

性格的情绪特征通常表现在情绪活动的强度、稳定性、持久性和主导心境四个方面。情绪的强度方面的特征表现为一个人受情绪的感染和支配程度，以及情绪的控制程度。有的人情绪体验深刻，表现鲜明生动，易被情绪支配，控制能力较弱，对工作有较大影响；有的人则情绪体验微弱，意志控制能力强，不易被情绪所左右，情绪对工作影响较小。情绪的稳定性特征表现为一个人情绪起伏和波动的程度。有的人情绪稳定持久，情绪起伏波动较小，即使在成功与失败等重大事情面前情绪也较平稳；有的人则患"冷热病"，易激动，情绪不稳，在成功面前忘乎所以，在失败面前又可能垂头丧气。情绪的持久性特征表现在情绪对人的身体和生活行动所存留的久暂性质。情绪的主导心境方面的特征是指不同的主导心境在一个人身上的稳定表现如何。如有的人经常处在精神饱满、欢乐之中，朝气蓬勃，乐观向上；有的人则经常抑郁低沉、无精打采、悲观。

（4）性格的理智特征

这主要是表现在感觉、知觉、记忆、思维、想象等意识方面的性格特征。如在感知注意方面，有主动观察型与被动观察型、分析型与概括型、快速型与精确型。在想象方面，有主动想象型与被动想象型、狭窄型与广阔型、创造型和模仿型，也有冷静的现实主义者与脱离现实的幻想家等区别。在记忆类型上，有直观形象型与逻辑思维型之分，在记忆过程上有快慢之分，在保持时效上有长久保持和迅速遗忘之别。在思维类型方面，有深度上的深浅之分，有分析型和综合型之分。性格的各种特征是一个彼此关联的有机体，了解自己性格特征的各个方面，对于选择职业，尤其是适应职业有着重要的意义。

性格与职业的关系可以说是彼此制约、相互促进的关系。首先，选择职业要考虑性格的职业品质，尽量选择适合自己性格特点的工作，因为几乎每一种工作都对性格品质提出特定的要求，要适应这一职业就必须具备这一职业所要求的性格特征。例如，作为一名教师，除了具备丰富的知识外，还应具有热爱教育事业、对学生热情负责、正直、公正、谦逊、以身作则等良好品质；作为医生，要求有救死扶伤的人道主义品质，富有同情心和高度的责任感，以及精益求精、一丝不苟的工作态度；作为一名工程技术人员，要求有革新精神、坚持性、持久性以及集体主义的合作精神；作为一名管理干部，要关心集体荣誉和利益，具有公而忘私的精神和密切联系群众的民主作风，等等。一般来说，开朗、活泼、热情、温和的性格，比较适合于从事外贸、涉外工作、文体工作、教育工作、服务工作以及其他同人群交往多的职业；多疑、好问、倔强的性格，比较适合于从事科研、治学方面的工作；深沉、严谨、认真的性格，比较适合做人事、行政、党务工作；勇敢、沉着、果断与坚定是新型企业家和管理者不可缺少的性格，等等。

一位瑞士心理学家把人的性格分为四类，他认为每一类性格都有与其相适应的职业范围。第一类是敏感型。这类人精神饱满，好动不好静，办事爱速战速决。但行为常有盲目性，有时情绪不稳定。这类人最多，约占40%，合适的职业范围为运动员、行政人员及一般性职业。第二类是情感型。这类人感情丰富，喜怒哀乐溢于言表，不喜欢单调的生活，爱刺激、爱感情用事，对新事物很有兴趣。这类人占25%，合适的职业范围是演员、导游、护理人员等。第三类是思考型。这类人善于思考，逻辑思维发达，有较成熟的观点，生活、工作有规律，时间观念强，重视调查研究及准确性。但有时思想僵化，缺乏灵活性。这类人约占25%，合适的职业范围是工程师、教师、财务人员和数据处理人员。第四类是想象型。这类人想象力丰富，憧憬未来，喜欢思考问题。有时行为刻板，不易合群。这类人约占10%，比较适合的职业范围是科学工作者、发明研究人员、艺术工作者及作家。

在处理性格与职业的关系时，我们既要看到职业性格是职业活动本身所要求的，同时也要看到人的职业性格品质也是在职业活动中造就的。特殊的职业会造就特殊的性格特征。如服务人员热情、周到、耐心及和气的性格，文艺工作者活泼、开朗、情感丰富的特征，科学工作者严谨认真、实事求是的态度，企业人员勇敢、沉着、果断、善于应变的性格等，都是在职业活动中适应职业要求而形成的，甚至不同工种对性格的形成也有较大的影响。石油工人、搬运工人、钢铁工人的豪放、粗犷，精密仪器的修理工、装配工的细致、精确，高空作业工人的大胆、勇敢等性格，都是由于实践中的特定职业身份，为了适应环境反复学习的结果。这说明性格并不是一成不变的，它具有很大的可塑性，在长期的职业实践中经过磨炼，也会发生适应性的变化。

# 第四节　影响择业的客观因素

《中共中央关于全面深化改革若干重大问题的决定》提出，要建立起经济发展和扩大就业的联动机制。经济发展对就业有着直接的重大影响和作用。人们在选择职业的过程中，不仅受自身主观因素的影响，还受社会经济、社会需要、家庭教育、学校教育等外在客观因素的制约，这主要表现在两个方面：一是社会的特定状况对人们实际择业的制约和促进；二是对形成人们的择业意识或态度的影响。

## 一、社会经济与职业选择

充分就业和经济增长都是政府经济目标的重要内容，从长期来看，就业与经济增长之间存在着一定的正向关系。从宏观上看，人口、产业结构、经济形式和经营方式、科学技术等社会经济因素对就业的影响是广泛而深远的。特别是三十年来，我国改革开放取得了巨大的成绩，社会经济发生了翻天覆地的变化。产业结构进一步优化，所有制结构调整不断完善，知识经济的兴起、社会职业的发展变化以及经济增长周期的波动，尤其世界金融危机的冲击，对大学毕业生就业产生深刻的影响。

### （一）经济与就业

解决就业问题是任何一个政府职能的重要内容，各国政府在制定其宏观经济时，都把充分就业、物价稳定、经济增长和国际收支平衡作为其目标。在这四个目标中，既有相互联系的因素，又有相互矛盾的因素。

#### 1. 经济增长与人才供需的一般关系

人类社会经济发展的历史普遍表明这样一个规律，一个国家的高素质人才越多，就越能促进其经济发展；反过来，经济越发展越需要高素质的人才。在古代社会，主要靠多投入劳动者体力来增加物质产出，劳动者智力水平与经济增长之间的关系表现得不是很明显。但是人类跨入 20 世纪以后，人才与经济增长的关系表现得越来越密切，尤其在第二次世界大战之后，一些经济学家开始从理论上精确描绘教育、智力开发利用与经济增长的内在逻辑关系。美国经济学家诺贝尔经济学奖获得者舒尔茨指出，教育与知识的进步，成为世界经济的主要源泉。

**2. 经济增长与就业的关系**

经济形势对就业有着显著影响。经济发展的历史表明，经济增长能够促进就业的增加，经济的高增长会带动高就业，经济增长率与就业增长率呈正向的关系。一些经济学家用奥肯定律来描绘失业率变化和 GDP 变化的关系。著名的奥肯定律是 1962 年美国经济学家阿瑟·奥肯根据美国经济发展的经验数据提出的："劳动力需求的水平，在动态意义上主要决定于经济增长。经济增长速度快，对劳动力的需求量相对较大，就业岗位增加，就业水平高，失业率低；经济增长速度慢，对劳动力的需求量相对较少，就业率水平低，失业率高。"该定律认为，GDP 每增加 2%，失业率大约下降 1%。这种关系并不是十分严格，但这一定律说明了失业率变化与 GDP 变化之间的一种反向关系。

## （二）人口与职业选择

人口是社会经济活动的主体，是劳动力资源再生产的基础。人口的数量和素质直接影响着人们选择职业。人口数量变化影响着就业者供应量，这种影响集中表现在人口年龄构成和性别构成对就业的影响上。当劳动力人口年龄构成在一段时期里过于年轻时，必然使得就业供给量大，给选择到较为理想的职业带来一定的困难。当这种劳动力人口年龄构成保持一定时期以后，又会出现劳动力年龄构成偏于老化，这时，就业供给又会减少。中华人民共和国成立以来，我国出现几次生育高峰，当这些生育高峰出生的人进入劳动领域时，出现了不同情况的就业紧张局面。而一个属于人数较少的一代人，在其他条件相同的情况下，要比出生高峰期的人有更多的机会继续学业，并且在挑选行业、工作单位、具体岗位等方面有更大的选择余地。

在我国，人口自然增长率过高是影响职业选择的直接原因。我国是世界上第一人口大国和劳动力大国。劳动总量供大于求的状况将长期存在。几十年来，我国人口急剧增长，1949 年我国人口是 5.4 亿，2020 年已增长到 13.7 亿，大大高于发达国家的人口增长水平。正因为如此，每年进入劳动就业年龄的人就多．每年新增劳动力人口超过 2 000 万，在经济增长 8%~10% 的条件下，每年能提供的就业岗位约为 800 万 ~1 000 万个，这就意味着每年有 1 000 多万的就业缺口，安排就业困难很大。另一方面，在人口结构上，我国农村人口比重大于城市人口比重，这本身有利于就业。可是随着人口增长和农村的经济体制改革，大大地促进了农业生产力水平的不断发展，提高了农业的劳动生产效率，但同时农村人均耕地面积逐年减少，农村劳动力已过剩，大批的农业剩余劳动力开始大量流向城市并需要寻求就业，就更加重了安置城镇青年就业的工作难度。随着企业经营机制的转换和劳动用工制度的改革，出现了大量富余人员和下岗人员，到 20 世纪末全国下岗职工有 2 000 万人，不少人加入了重新就业的行列。这部分需要第二次或多次就业群体的出现，更进一步加剧了职业选择的竞争。加上高等教育大众化，近几年每年招收 600 多万大学生，虽然我国经济持续发展提供了大量的就业岗位，但对我国这样一个世界第一人口大国来说，是远远不够的，因而造成就业形势严峻。

在一定的科学技术水平下，人口性别构成中女性择业时所遇到的困难比男性要大。一方面有部分工种不适于女性，另一方面女性在妊娠和生育期间也不能参加职业劳动。而在市场经济发展中，企业和一些事业单位又不能不考虑经济效益和男女职工的比例，因此优化组合中下岗的以女性为多。这些年，女大学生就业比男大学生就业难，这一直是毕业生就业中的一个大问题。这不仅是因为就业门路缺少，更主要的还是在于女性本身。现在女大学毕业生们仍感到社会上一些人对女性的歧视。

人口素质主要是指人口的身体素质、思想素质和文化科技素质三个方面。人口素质对就业的影响直接表现在两个方面：一方面是，人口的身体素质是否适应产业结构、部门结构对劳动力资源的要求；另一方面，是人口的文化科技素质是否适应产业结构、部门结构变化对劳动力资源的需求。其中，更重要的表现在人口文化科技素质的影响。在社会化大生产中，随着科学技术的发展，智力资源在生产中的作用日益增长，许多工作不需要劳动者直接用体力，而是凭智力。这就要求人口的文化科技水平不断提高，才能提供文化科技素质较高的劳动力资源，才能适应现代化大生产对就业者的智力的需要，才能找到更符合自己理想的职业。总之，在职业位置一定的条件下，如果人口总量一定，那些文化科技素质越低的人就越难找到自己理想的职业。

### （三）产业结构与职业选择

产业结构是社会就业劳动力的分配结构，通常是指国民经济各部门之间所占用的劳动力数量和比例，它主要反映一定质量的劳动力在各部门之间分配的数量关系。

产业结构的调整会使传统的产业自我抑制，新的产业则会迅速建立和发展起来，产业结构的变化又会同科技不断进入现实生产力密切相关，这两方面的作用会使职业的分布产生经常性的变动。党的十九大提出："依靠科技进步，促进产业结构优化。""要改造和提高传统产业，发展新兴产业和高技术产业，推进国民经济信息化。"随着我国产业结构的调整，对大学生的就业将会产生重大的影响。

根据我国国民经济部门的现状，参照世界各国流行的产业分类法，国家统计局在 1985 年明确提出了我国产业划分意见：第一产业是农业，包括林业、牧业和渔业等；第二产业是工业和建筑业，包括采掘业、制造业、自来水、电力、蒸汽、热水、煤气；第三产业主要是指上述两种产业以外的流通和服务两大部门。具体地说，第三产业可分为四个层次：

第一层次为流通部门，包括交通运输业、邮电通讯业、商业饮食业、物资供销和仓储业；第二层次为生产和生活服务部门，包括金融、保险业、地质普查、房地产、公用事业、居民服务业、旅游业、咨询信息服务业和各类技术服务业等；第三层次为提高科学文化水平和居民素质服务的部门，包括教育、文化、广播和电视业、科学研究事业、卫生、体育和社会福利事业；第四层次为公共需要服务的部门，包括国家机关、党务机关、社会团体、军队和警察等。

从人类社会发展的历史过程来看，人类社会初期，社会经济是以第一产业农业为中心的。资本主义大工业出现以后，以制造业为中心的第二产业在社会经济中占绝对优势。进入20世纪中期，随着社会经济的发展，产业结构调整速度加快，三大产业的就业结构也在发生着很大变化，以商业服务业为主的第三产业就在一些发达国家的社会经济中占主导地位，如美国1982年从事第三产业的人数就已经占就业总人数的70%，第二产业占24%，第一产业只占6%。从而导致在第一产业就业人数逐年下降；第二产业的就业人数升降相间，但幅度平稳；第三产业的就业人数逐年增加。这是社会化大生产的一条客观规律。

中华人民共和国成立以来，随着国民经济的发展，为了适应经济结构和产业结构的不断变化，我国的就业结构也随之发生了比较显著的变化。

**1. 第一产业部门的状况**

第一产业就业者在就业总人口中的比重逐年有所下降。从1952年占就业总人口的83.5%降至1982年的73.66%，1990年进一步降为70%，1996年大约有65%，2018年我国第一产业从业人员占比26.1%，。第一产业就业者的比例逐步下降，是世界性趋势。今后，随着农业现代化的实现和我国社会主义新农村的加速建设，农业劳动生产率迅速增长，我国第一产业部门的主业人数不但将继续相对减少，并且将出现就业人数绝对下降，但这要建立在专门人才构成比例和劳动者素质提高的基础之上。

**2. 第二产业部门的状况**

第二产业部门就业人数不但相对增加，而且绝对数迅猛增长，它在整个就业人口中的比重在不断提高，达到一定限度后才会缓慢下降。今后，随着农业劳动生产率的增长，我国第二产业部门的就业人数将继续不断增长。特别是随着农业、工业和城镇经济的不断发展，我国第二产业的就业人数将继续呈现绝对和相对增加同时并行的趋势。从三项产业构成分析，拉动经济快速增长的主要力量是第二产业，但第一产业和第三产业增速也在加快。

**3. 第三产业部门的状况**

"鼓励和引导第三产业加快发展"，在十多年前就是党中央提出的一项重大战略决策。

长期以来，我国忽视了产业结构变化规律的客观要求，没有把发展第三产业放到应有的位置上。在第三产业中就业的人数在总就业人口中所占的比重不但没有提高，反而呈下降趋势。然而，从 20 世纪 70 年代末，这种状况开始好转。

当前，我国第一产业、第二产业、第三产业之间还存在着结构的不合理。从世界范围来看，我国第三产业发展，无论是第三产业增加值占国民生产总值的比重，还是第三产业从业人员占全社会从业人员的比重，都低于世界平均水平。从就业结构来说，2018 年我国第三产业从业人员占比为 46.3%，而经济发达国家第三产业从业人员占比一般是在 70% 左右。第三产业从业人数在三大产业中所占的比重比发达国家低了大约 24 个百分点。值得一提的是，在经济结构调整与转型升级中，服务业生产总值首次超过了第二产业，电子商务、生物医药、装备制造等新兴产业和新兴业态发展迅猛，成为经济结构的亮点与重点。

大学毕业生在求职择业过程中，要密切关注社会经济运行的形势，对社会需求和经济的及职业的内在关联予以高度重视，把握和顺应我国产业结构发展的新趋势，不断拓宽就业意向的范围，主动适应社会经济发展的潮流。

### （四）经济形式及经营方式与职业选择

经济形式，即生产资料所有制形式，是生产资料所有者和生产劳动者在生产、分配、交换和消费中的经济关系。经营方式，是经济形式的具体实现形式，是生产资料所有者为了实现其经济利益，运用生产资料或其他经济手段进行生产经营活动的方式。从根本上讲，生产资料所有制的性质决定就业的性质，继而影响青年们选择职业。

从 20 世纪 50 年代后期起，我国在生产力性质没有发生什么变化的条件下，盲目追求一大二公，变集体所有制企业为国有企业，把小集体合并为大集体，把个体经济当作资本主义尾巴予以取缔。结果是集体经济在国民经济中的比重下降，个体经济几乎彻底消灭，通过发展个体经济和集体经济来解决就业问题的途径被堵死或受到限制。过于单一的国家经济形式和指令性计划下的国营经营方式使得就业渠道较窄，也使人们的就业意识是追求大而全（大城市、大单位、全民所有制），认为只有如此才算就业，否则就低人一等或者不算就业，这大大限制了青年们的择业范围。这种"穷过渡"使劳动就业问题的解决变得更加困难。

公有制为主体，多种所有制经济共同发展，是我国社会主义初级阶段的一项基本经济制度。我国经济体制改革的重要成果之一，是使多种经济成分及各种经营方式迅速发展起来，经济形式由原有的全民所有制、集体所有制以及极少数的个体经济发展为现在的全民所有制、集体所有制、个体所有制齐头并进，并出现了中外合资、中外合作及外商独资等多种经济形式。1998 年国家统计局和国家工商行政管理局发布的《关于经济类型划分的暂行规定》，将我国的经济分为八种类型：①国有经济。指生产资料归国家所有的经济类型。②集体经济。指生产资料归公民集体所有的经济类型。③私营经济。指生产资料归公民私人所有，以雇佣劳动力为基础的经济类型。④个体经济。指生产资料归劳动者个人所有，以个人劳动为基础，劳动成果归劳动者个人占有和支配的经济类型。⑤联营经济。指不同所有制性质的企业之间或企业、事业单位之间共同投资组成新的经济实体的一种经济类型。⑥股份制经济。全部注册资本由全体股东共同出资，并以股份形式投资开办企业而形成的经济类型。⑦外商投资经济。指的是外国投资者根据我国的有关涉外法律、法规，以合资、合作或独资的形式在中国境内开办企业形成的经济类型。⑧我国港、澳、台投资经济。指港、澳、台地区投资者参照我国有关涉外经济的法律、法规，以合资、合作或独资的形式开办企业而形成的经济类型。了解各种经济类型对大学生择业有一定的帮助。

现在，我国已形成了以公有制为主体，私营经济等为重要补充的多种所有制经济共同发展的新格局。据统计，在全社会固定资产投资中，各类非公有制投资所占比重已达41%，在城镇就业中，非公有制经济吸纳就业比重已达30%左右。在农村近5亿劳动力中，除去3亿多从事农业生产外，在其余近2亿农村非农劳动力中，非公有制经济吸纳52%左右。在工业总产值中，非公有制经济所占比重已达39%。经济体制上的变化，特别是非公有制经济的较大发展，使许多青年的就业门路大大拓宽，而且使人们的就业意识也发生变化。择业目标由原来眼睛只盯住全民所有制单位的单向性转变为面向各种所有制的多向性，拓宽了职业选择的范围。从这几年大学生就业情况来看，大学毕业生到国有、集体企业就业的比例较以往大大下降，而到三资、私营、个体等企业工作的比例则呈现明显上升的趋势，大学生自己创业、自己开公司的也不在少数。

有这样一组数据，在就业市场上，企业用人需求占到96.8%，而机关、事业单位的用人需求仅占0.7%，其他单位的用人需求比重为2.5%。在企业用人需求中，内资企业为75.6%，其中以私营企业和股份有限公司的用人需求较大。国有、集体企业用人需求比重仅为5.3%。因为经济发展方式的转变，产业结构的转型和升级，对大学生来讲，意味着大量的就业机会。当前，我国迫切需要加快经济的转型，尽快实现国民经济从以传统制造和农业为主，向以先进制造业，现代服务业为主转变。只有这样才能产生大量需要高层次人才岗位，企业对脑力劳动者的吸纳能力大幅提高，从而真正解决大学生就业。

### （五）科学技术与职业选择

一个国家科学技术越被政府部门所重视，科学研究和技术开发方面的投入越多，科研部门所需要的高层次的人才数量就会不断增加，更多的科技部门和管理机构的设立，会迅速增加这方面的职业容量。

世界范围的新技术革命，引起了各种技术的高淘汰率。一方面，科技发展使许多行业趋于消亡；另一方面，它又为社会提供了许多新的就业机会。像能源审查员、风力勘察员、太阳能建筑师、生物气体技术员、计划生育助产士也将在我国产生，并获大力发展。据世界性的统计结果表明，现在，每年有 500 种职业被淘汰，而有 600 种新的职业产生。科技进步还将促使交通运输、邮电、建筑业、金融、保险等行业加快发展，并使第三产业内部调整，新兴的信息行业、为社会和生产服务的行业将急剧发展，传统的服务业要向信息服务业转化。这些在未来发展中将处于带头地位的学科和专业极大地吸引着广大大学生，定向于这些行业就能保证自己在今后几十年的职业生涯中仍能处于领先地位，适应了大学生的进取心理。目前的许多新兴技术和新兴专业，以及各种现代化新工艺，也对大学生起着强烈的吸引作用。科技的发展，使大学生更趋向于那些具有现代性特征的职业。

由于科技的发展，特别是知识经济的兴起和发展，使在就业人员中，体力劳动者所占比重日趋下降，而脑力劳动者所占比重则逐日上升。科学家、信息设计人员、工程技术人员、管理人员和受过较好教育的劳动者比重越来越大，并越来越成为生产过程中的一员，或直接为生产过程服务的"白领"工人增加，"蓝领"工人减少。与此一致的是，由于科技进步把人们从繁重的体力劳动中解，放出来，许多劳动不需要劳动者直接用体力，而是凭智力，这就给妇女和残疾人就业带来了福音。

## 二、社会需求与职业选择

社会用人需求是决定和影响青年职业选择最重要的客观条件。它表现为一定时期、一定范围内，社会上用人单位对各种技能、素质人员的数量要求，对青年人的职业选择具有重要的客观导向作用和制约作用。

### （一）社会需求影响职业选择的实现程度

社会对各种技能、素质人员的数量需求规模与水平，直接决定、影响着青年人职业选择的实现程度。一般来讲，求大于供，则青年人职业选择的范围大，实现的程度高；求小于供，则选择范围相对缩小，实现程度低。某个行业需求的人员数量少，或者没有需求，青年人在这个行业实现就业的可能性就小，甚至没有。

### （二）社会需求影响职业选择的时间性机遇

一定时间范围内的社会需求决定和影响着青年人职业选择的时间性机遇。社会上各项用人需求都具有时间性，只有当各种用人需求付诸招用实践时，它才实际为青年人的职业选择提供机遇条件。招用过程一结束，这种时间机遇也就不存在了。在某种特定情况下，失去了一次时间性机遇，也许意味着终生不会有这样的机会了。因此，能否有社会需求的时间性机遇，对大学生职业选择的成功与否影响非常大。现实生活中，大学生职业选择同社会需求出现前后"时间差"的情况是经常发生的。自己一心一意想从事那项职业，或者想去那个单位，但走出校门，有了选择机会时，或人家招录时间已过，或者根本不招录。造成这种情况的原因很多，如：你确定要从事某项职业、要去某个单位之前，对需求状况了解不够、预测不准或根本无预测，或者是需求变化太快，难以掌握，等等。遇到这种情况，往往需要青年朋友当机立断，及时调整原来的选择，在有效时间机遇内抓住新的目标，否则，也许又要错过新的机会。当然，在确切了解到原有需求在不长的时间内还会出现的情况下，等待一下也是可以考虑的，但一定要有较大的把握才行，不然还是抓住现实的机会为好。

### （三） 社会需求影响职业选择的范围

社会需求决定并制约着青年人职业选择的范围。社会需求出现在哪个行业、职业领域，你就得在哪个行业、职业领域进行选择；社会需求面对哪个地域范围内招录，哪个地域范围内的人才就有被招录的机会。这就告诉我们，青年人的职业选择要在社会需求可能的范围内进行考虑，越出了这个范围，就不可能获得成功。有的青年人想当计算机操作员，但如果没有这样的现实需求，就需要考虑别的就业出路。如果广州在南京市范围内招录外贸人员，你不在该地却非要去试试，这种选择就未免脱离实际。目前我国各地区之间、城乡之间、各产业部门和各种行业之间的发展速度是不一样的，不同时期对劳动力的需求程度也是不一样的。大学生只有紧紧把握现实的用人需求，以此来确定自己职业选择的目标，才有可能获得成功。

### （四） 社会需求影响职业技能的发展方向和水平

社会需求决定并影响着青年人职业技能的发展方向和水平。青年人的能力表现是多方面的，作为职业技能，要求某些方面的能力向一定的专门化的方向发展，并在不同的从业阶段要达到不同的水平。青年人职业选择的成功与否，往往与自身职业技能的指向和所具有的水平有重要关系。有的青年朋友不在社会需求的方面发展自己的职业技能，盲目地按个人的喜好进行培训。这样，虽然具备了某些方面的知识与技能，但不为社会现实所需，无法凭此就业。只有根据社会现实需求确定自己的技能发展方向并达到与需求相适应的水平，才具备了实现职业选择的有利条件。

## 三、家庭教育与职业选择

家庭是社会的细胞，是消费、教育与感情交流的基本单位，在社会生活中具有重要地位，对青年就业意识的应用也是极为突出的。目前，我国的一般家庭仍要承担子女的抚养经费，子女待业仍要增加家庭的经济负担，子女的职业选择影响到家庭的经济生活、家庭的声望等。因此，子女的职业选择成为父母的心事、家庭的大事。父母为子女能找到一个满意的职业操尽心。加上父母是孩子的第一任教师，而且是任期最长的教师，他们对孩子就业意识的形成和发展的影响最早、最深、最细微、最全面。家庭对子女选择职业的影响主要表现在以下两大方面。

## (一) 家庭对大学生选择职业的积极影响

### 1. 帮助子女树立职业目标

许多家长对孩子从小就说："等长大了，就去做……"不少青年的择业意愿，是来自孩提时心灵上的印记。

### 2. 利用各种机会激发孩子的未来志向

当孩子学习遇到了困难时，当孩子做出成绩时，当发现孩子的特长时，当听到人们对孩子的评价时……不少家长正是利用孩子心理动荡的各种时机，教育孩子把自己现在的需要与将来需要的满足寄托到未来的职业定向上。

### 3. 技术和能力上的培养

"望子成龙"已成为现代家庭中的普遍愿望，"智力投资"已经是各个家庭培养孩子的普遍风气，从小就培养孩子掌握一定的技能，具备一定的能力，学有所长，已是广大家庭的主攻目标。例如，有的家庭购买乐器以培养孩子的音乐才能和演奏技巧，有的特地请了家庭教师指导孩子绘画，有的带着孩子遍访名师登门求教，有的为发展孩子的专业知识而大批购买各种书刊，有的家长言传身教，亲自授予孩子祖传绝技等。这些，都使青年形成了牢固的就业意识。

### 4. 直接帮助孩子谋求就业门路

家长为子女谋取就业门路的过程直接塑造了青年的就业意识，其谋取动机、谋取目标和谋取手段等，都是对青年就业意识的一种导向和灌输，使青年从家长的谋取行为上秉承到对劳动就业的社会态度，继而形成了青年自身的就业意愿和择业动机，以及对各种社会职业岗位所持的态度。

### 5. 直接决定子女的职业

这主要表现在升学志愿的填报上。当代青年有着一定的自主精神，愈来愈要求自己选定自己的职业。但也有相当一部分青年缺乏这种精神，在面对升学时的学校、专业或工种的选择时，主要由家长决定。许多家长也认为子女的职业方向应由家长决定。填报高考志愿的咨询会，不少考生是由父母陪同前来的，父母对志愿的关切程度甚至超过了子女，子女的职业选择变成了家长的职业选择。

### 6. 家庭对大学生毕业就业的影响

临近毕业就业，家庭与大学生的联系骤然加强，家庭、亲友通过各种渠道渗透在就业中，大学生也通过家庭、亲友的力量进行就业的选择，两个方面的力量纵横交错，对大学生就业形成一定的冲击。家庭影响大学生就业主要有以下几个方面：

第一，直接参与决策，替代选择。目前高校一般采取双向选择进行就业，毕业生在一定时间内可以自由选择职业，这为家长直接参与毕业生选择职业提供了客观条件。一些家长就通过自身的社会关系直接为学生谋取职业，或者通过同学的社会关系帮助学生选择适当职业。而学生则主要依赖家长，选择相应的职业。这种类型一般占毕业生的20%左右。

第二，咨询协商，帮助学生决策。家庭提出一定的职业范围、一定的地域等基本条件，要求学生在一定的范围内选择职业，家庭介绍联系一定的社会关系、社会职业，供毕业生选择，做学生的参谋，帮助学生做好就业的选择。这种类型一般占毕业生的40%左右。

第三，让学生自己选择，支持学生决策。对学生的就业不提任何要求，支持学生的个人发展和学校推荐，在就业上由学生自主，这类家庭一般为来自农村的家庭和知识层次较高的家庭。当然，不提要求并不意味着没有要求。所以，学生在就业的选择过程中也同样受家庭因素的影响。这种类型一般占毕业生的35%左右。

第四，情感要求，限制学生选择。这种情况一般发生在学生的选择与家庭的要求相违背的时候，家庭会通过各种方法对学生提出情感的要求，限制学生从事一定的职业。有的家庭从自身情况出发，强烈地要求学生按家庭意志办事，甚至有些要求是非理性的。这种类型一般占毕业生的5%左右。

由于就业影响到大学生及整个家庭的前途，因此，家庭在这期间对大学生也格外重视，对大学生的影响也表现得更为直接强烈。这几种类型的家庭因素影响并不是孤立的，有时对大学生的影响是各种类型的综合，互相掺杂，使大学生就业变得更为复杂多变。通过分析我们可知，大学生对职业的选择与父母的态度呈现出一定的相关关系，即父母对职业的选择对大学生产生一定的影响。这种影响既包括父母和大学生在共同的社会环境下认识的一致性，同时也包括大学生对职业的选择与父母选择呈现出一致性。可以预见，在双向选择的就业政策下，家庭的影响由间接影响转为直接影响，家庭因素对大学生就业的影响日益重要。

综上所述，家庭的教育目标、生活水平、家长的择业态度等，都对青年就业意识的形成起着十分积极的影响，不少青年的就业准备都是在家庭的过问和参与帮助下完成的。当然，家庭对孩子就业问题的关心出于亲子关系，出于对孩子的希望和对未来生活的预见是可以理解的。一般来说，父母在这些方面的活动，使孩子完成了冲刺前的助跑程序，是有积极的社会意义的。

### （二）家庭对青年选择职业的消极影响及其原因

由于家庭的意志难免与社会意志出现某些悖逆，因此，也常会给大学生思想造成一定的消极影响。例如，父母的期望值过高，而现实中的各种原因又使其难以实现。这时候，常常使大学生的就业意识出现"错挡"现象，即当原有的设计程序突然被打乱而使大学生乱了方寸，乃至产生一定程度的心理困扰。又如，家庭不正确的就业动机和使用不正当的就业手段，也会使大学生的思想发生矛盾，产生"权威上的混乱"，以至于对家长或对社会产生许多疑虑。其中危害最大的是父母迫使子女选择自己选定的职业。有一位同学对钢琴毫无兴趣，而其父亲却指望他成为一名出色的钢琴家，逼着他天天练琴。这位同学由无兴趣发展到厌恶，最后对练琴产生恐惧心理，以致偷偷地割断了手指。对此，儿童心理专家提出忠告，要家长切莫过早给儿童职业定向。

家庭在青年职业选择中的消极影响还表现在家长观念僵化、传统包袱大，要求子女进重点中学，再朝名牌大学进军。有的家长把自己的期望当作子女的愿望，把自己的兴趣当作子女的选择，不去分析、研究子女的特点和兴趣，一味按自己的主观愿望去培养、塑造，甚至软硬兼施，逼迫子女屈从，最终导致一幕幕惨剧的上演。

与此相反，另一些家长则允许子女选择与自己意愿不同的职业，鼓励子女自己去选择合适的职业，不干涉子女选择为传统所不尊重、甚至暂受歧视的职业。但是，这种开通的、被称为"现代主义"的家长为数不多。不少家长还是要求子女服从他们的意志和要求，去从事他们指定和希望从事的职业，或不懂得或轻视子女的个人兴趣和抱负。这已经成为青年朋友择业时的一个障碍。

家庭在青年择业中具有如此重要的影响，有其历史和现实的原因。在我国的历史传统中，家庭与子女的关系十分紧密。养育子女的功能，训子操业的功能，操办子女婚姻的功能，子女孝敬赡养父母的功能都很突出。社会主义制度的建立，使家庭功能的内容与性质发生了许多新变化。例如，子女的知识更多的是在学校中获得，青年的就业本领多数也是在学校与社会实践中掌握，等等。家庭对子女职业的谋求功能已与子女的实际就业活动发生了部分分离。然而，又不能不看到我国现实生产力的发展水平仍然很有限，子女待业仍要增加家庭的经济负担，子女的职业选择仍影响到家庭的经济生活，也影响着家庭的声望及对子女未来生活的责任程度。

过去，我国推行的人口政策，除少数民族地区外，一般一对夫妇只生一个孩子。每个家庭都只有一个子女，使子女在家庭中的地位日益提高，加上"子女私有"的传统意识影响，进一步加强了子女与家庭之间关系的维系作用，上述原因使得家庭与子女择业的相关程度大大提高。

**（一）学校教育在青年职业选择中的积极作用**

学校教育在职业选择中的作用也是至关重要的。每个人都有自己的老师，有小学的，有中学的，也有大学的，他们在不同程度上给学生以楷模的作用。而中学老师对学生的影响尤其重要，老师的鼓励与支持可能决定学生终生对某一学科、专业或工种的兴趣，从而走上以后的职业道路。特别是那些在学生心目中享有较高威信的教师，学生信之、爱之，这不仅导致学生对教师所教课程产生浓厚兴趣，甚至影响专业的定向。有人曾对某高校化学系一年级新生进行调查，学生中有近20％的人将该校化学系作为第一志愿的原因，是因为他们的化学老师在他们心目中享有崇高的威望，因而产生了立志做一个受学生欢迎的、像他们的化学老师那样的人的愿望。

在学生的关键时期，老师的影响显得尤为重要，如初中毕业生、高中毕业生面临升学就业，需要选择学校、专业、工种的时候。由于中学生与老师尤其是班主任老师相处比较密切，老师又长年从事教育工作，因而学生在选择升学的学校、专业或就业的工种时非常愿意听取老师的意见，请老师拿主意。现在，大学毕业生就业实行双向选择，一些大学生也请那些他们信得过、有较丰富的社会经验和社会活动能力的教师想办法、找门路。上述情况是很正常的。

### （二）学校教育在青年职业选择中的消极因素

学校教育在青年职业选择中的消极作用主要表现在有的学校与教师过多地考虑升学率，关心的是有多少学生升入重点学校，全然不顾学生的兴趣、爱好和特长，给学生带来了终生难咽的苦果，更有甚者竟代替学生选择专业、填报志愿。我们经常发现有些大学生因所学专业难以与其个性相符而苦恼不堪，其中一些就是由于中学领导、老师代替他们选择的结果。

教师在择业中的消极影响还表现在他们认识上的偏差。本来，学生的智力和才能表现在生活、生产、劳动、学习、创造、语言、文学、体育、音乐、美术、空间想象力等许多方面。一个人只能在有限的几个方面，甚至是一个方面显出优势。因此，有的学生学习成绩特别好，有的体育表现优秀，有的显示出艺术的天才，有的则显示出非凡的组织管理才能。但是，在一些老师心目中，只有学习成绩好的学生才是好学生，多数学生则受到这些教师不应有的歧视，甚至那些在艺术、体育、生活、劳动等方面表现优异的学生，他们的特殊才能也往往会因此而"销声匿迹"。用学习成绩好坏来衡量学生如同用升学率来评判教育一样，其结果会使许多学生丧失其特殊的才能，在社会中难以找到自己的恰当位置。

总之，对于学校教育在职业选择中的作用，必须全面地加以分析和对待。从积极的方面看，由于我们的教育目的是培养有社会主义觉悟、有文化的劳动者，为了达到这一目的，明确规定了教育与生产劳动相结合的教育方针。在这种教育目的与教育方针的指导下，学校组织学生接受劳动训练，教育他们树立劳动观点，帮助他们掌握劳动技能，培养他们的劳动习惯，为将来成为一名社会主义事业的建设者和自食其力的劳动者做了准备。这正是青年形成正确就业意识的核心内容的根源。

与此同时，学校还对大学生进行思想政治教育，进行共产主义道德品质教育，引导他们学习革命理论，帮助他们树立起马克思主义的立场、观点和方法，使青年的就业意识渗透进社会主义原则。正是在这种就业意识的支配下，一些大学毕业生出现了主动要求到边疆去的举动，把艰苦的工作和祖国的需要视作自己的奋斗目标。这些举动与学校的正确教育是分不开的。

另外，课程与教材的安排设置直接启迪青少年的就业意识。任何一门文化知识都是实践经验的总结，是劳动成果的结晶。这些知识结晶不但开启了青少年智力的大门，而且拉开了他们就业意识的窗扉。前人改造自然和社会的斗争，不断地激励着青少年去尝试、去献身，心理发展的主动性驱动着他们渴望亲身到实践中去探求和寻觅，就业意识油然而生。至于教师在青年学生择业意识中的消极影响，师生双方都应引起注意。作为教师，如果自己的指导给学生带来的仅仅是苦恼的话，就应该认真地反思自身；作为学生，确实应该求得有知识、有经验的老师的帮助和指导，但不是由教师来选择专业、填写志愿。选择专业的是你，填报志愿的还是你。你要充分考虑自己的兴趣、爱好和特长，只要自己做得对，就大胆去做。

除了以上因素以外，传统观念与职业选择的关系也是十分密切的。历史唯物主义认为，社会意识有相对的独立性和历史继承性，封建主义的等级观念、资产阶级的名利思想还残存于人们的思想和社会生活中，而且我国目前生产力水平不高，无法消除事实上的不平等，在劳动就业问题上，也表现出职业社会地位的高低和差异。青年们受到这些因素的影响，在就业意识上自然要注意选择被人尊敬的职业。

# 第五章　大学生就业质量评价指标体系

高校毕业生就业质量评价是一个综合概念，大学生就业质量评价更是内涵丰富，影响因素颇多。本章为了更好地识别影响大学生就业质量的有关因素，主要是想通过研究和分析当前大学生就业现状，通过确定一些相关影响因素，构建一个适合指导大学生就业工作的就业质量评价指标体系，为提高高职院校的本科毕业生就业工作提供有力依据。

## 第一节　大学生就业质量评价指标体系设计的必要性

就业质量评价是指在充分收集和有效整合信息的基础上，对影响大学生就业的各种因素进行综合判断，为学生、学校和政府等提供有效依据和参考。

大学生就业会受到各种因素的影响，例如政策导向，经济发展状况，社会文化，大学教育模式和企业需求等，但最终反映结果最直接的就是就业率。作为国家未来的建设者，大学生的就业问题与整个社会的稳定息息相关。因此，通过科学的指标设置，建立适合评价大学生就业质量的指标体系对于指导毕业生就业工作具有重要意义。

首先，有利于政府科学制定大学生就业政策。近年来，为了鼓励大学生就业创业，政府出台了一系列文件来指导和促进大学生就业。但由于缺乏有效性、可操作性和可持续性，实际效果并不突出。通过构建大学生就业质量评价指标体系，政府可以从政策、服务和财政支持中掌握更多信息，及时调整，创造更积极有利的政策环境。

其次，有利于高职院校基于市场需求改革培养模式。通过建立就业质量评价指标体系，可以更好地指导高职院校就业管理工作以提高就业质量，同时可以检验其学校教学质量，综合评价高职院校的培养方式的正确性和就业指导服务的效果，也有利于高职院校基于市场需求，进一步明确企业的实际需求，合理调整专业设置和培养模式，更有针对性的为大学生就业提供有效服务。

最后，有利于大学生正确认识就业并做出理性选择。大学生要想顺利就业，实现人生价值，就必须提前广泛收集相关信息，进行理性分析，指导自身提高自身综合素质和个人能力，完成人力资本积累。大学生就业质量评价指标体系构建，可以帮助大学生充分认清就业现实，掌握复杂环境中的规律，调整就业心态，根据实际做出理性选择。

另外，大学生的就业质量影响因素较多，不是一个或几个指标就能充分体现，到目前为止，还没有一个针对大学生的就业质量评价指标体系，因此，需要从更全面，更科学的角度出发，综合考虑多个主体，设计一套有效的、可操作性强的评价指标体系，为政府和高职院校开展大学生就业指导提供可靠依据，加强决策的可预测性和科学性。

## 第二节　大学生就业质量评价指标体系设计的原则

大学生就业质量评价体系的内涵丰富。因此，为了使就业质量指标体系更加合理、科学、有效，必须要确立关于指标体系构建的原则，一般来说，应遵循以下原则：

第一，全面系统。在构建大学生就业质量评价指标体系时，应综合考虑可能影响就业质量的各种因素，合理确定具体内容，构建指标层次，科学，真实地反映大学生就业质量的实际情况。要系统地考虑每个指标以及各指标层次之间的逻辑关系，并做到每个指标应与总体评价目标一致，且每个指标必须充分出反映评价对象的相关情况，确保体系能够全面、科学、合理的对毕业生就业质量做出评价。

第二，定性与定量相结合。由于评价问题具有复杂性，存在的个别因素很难量化，如劳动者的主观感受，因此构建指标体系时需要将定性与定量结合进行综合考虑，已达到客观真实地反映出大学生就业质量的内涵和本质。

第三，可比性原则。为了更好地进行横向比较和纵向比较，指标体系应有统一的分类标准，指标名称和数据核算方法应保持一致。同时，要紧密结合社会经济发展，注重指标的定位。

第四，可操作性和真实性原则。设定评价指标时，必须具有可操作性，评价体系的使用方法易于理解，数据收集真实可靠。

## 第三节　大学生就业质量评价指标体系设计的框架

### 一、筛选原则

指标的选择主要遵循以下原则：

第一，政府职能部门需要的量化指标保留；

第二，能够反应毕业生就业岗位能力需求的指标和职业发展能力类指标作为重点选取；

第三，提取能够反馈就业动态和就业质量的指标；

第四，提取能够指导就业指导和服务能力的指标；

第五，选取反馈核心知识培养效果的指标。

指标的选取重点面向"就业情况分析指标""教学及管理监测指标""综合服务和管理监测指标"三个方面。其中，就业情况分析方面的指标主要反映学校的人才培养能力；教学及管理监测方面的指标主要反映教育教学管理能力；综合服务和管理监测方面的指标主要反映学校的管理能力和办学水平。

## 二、新增指标及内涵分析

根据调查需要新增补了"其他形式的合作培养转化率""顶岗实习转就业率""专业教师推荐率""毕业生学校推荐率"等指标。

### （一）新增指标分析

第一，"其他形式的合作培养转化率"指标是结合高职院校深度校企合作培养模式的探索。该指标是对校企合作培养模式对推动就业实用性的检验。

第二，"顶岗实习转就业率"是高职院校区别于高校，独具特色的一种就业模式。通过教学中的顶岗实习环节的岗位锻炼和磨合职业素养和岗位能力得到大幅提升，已成为单位的"准员工"。岗位契合度高，用人单位认可度高，是转化就业的重要途径。一般通过顶岗实习完成就业的学生占到当年毕业生总数的30%~85%，因此该项指标也是就业途径指标体系中重点监测的指标之一。

第三，"专业教师推荐率"是应高职院校全员参与人才培养和就业工作的要求，考核专业教师的参与度，是就业途径指标体系中的一环节。

第四，"毕业生学校推荐率"是提倡择优推荐、择优录用的方针作用下，学校将优秀毕业生推荐给重点企业，实现优质就业的优质就业工作管理模式。通过该项指标的设立，引导学生们树立认真学习、提升技术技能水平的良好风尚，形成良性健康就业风气。

### （二）新增指标的内涵

#### 1. 其他形式的合作培养转化率

"其他形式的合作培养转化率"中涉及的合作培养模式目前出现的主要有"订单培养""现代学徒制""顶岗实习转就业"三类。其中"订单培养"和"现代学徒制"是校企深度合作共同进行人才培养，在转化就业方面效果最佳，并且在技术提升和管理晋升方面尤为突出。该指标是就业途径监测体系中重点关注的指标之一。

#### 2. 顶岗实习转就业率

通过顶岗实习学生得到用人单位认可，同时学生也对该实习单位认可，平稳转化为就业。按照教育部关于规范顶岗实习管理的文件精神，各大高职院校越来越多的将深化顶岗实习管理作为工作的抓手，推行"顶岗实习平稳转化就业"的就业管理模式，形成很好的效果。通过这种就业管理模式转化的就业，稳定性强，离职率低，这也是一些高职院校非常看重于顶岗实习转就业率的关键所在。"顶岗实习转就业率"越高说明社会对学校的认可度越高。

### 3. 专业教师推荐率

专业教师对学生就业推荐率要引起高等职业院校重视，因为专业教师既了解班级内专业核心课程优秀的是哪些学生，同时他们又在日常教学研究和科研中与企事业、科研院所有往来。专业教师推荐率既是反映专业教师职业素养优异的一项评价指标，又是可以反映学校的培养能力高低。"专业教师推荐率"是考核高职院校全员参与就业工作的一种体现。

通过"专业教师推荐率"的考核让更多专业教师进一步加强教育教学水平、努力培养出色的技能人才，形成自发动力。同时，也可以有效控制就业市场需求不足的专业招生规模，实现真正意义上的全员管理。

### 4. 毕业生学校推荐率

学校推荐率是鼓励各专业进行优秀人才培养和优秀人才选拔相结合。通过层层推荐的方式选拔出优秀人才，通过择优推荐的方式，让学习好、技能优的学生找到满意的工作。

综上所述，通过指标采集、筛选、补充，形成一套适于高职院校使用的评价指标体系。

## 第四节　大学生就业质量评价指标体系设计的模型

以工作特征、薪酬福利、职业发展、劳资关系、就业认可度、就业弹性为准则层的评价体系，并构建出图 5 – 1 所示的大学生就业质量评价指标理论模型。

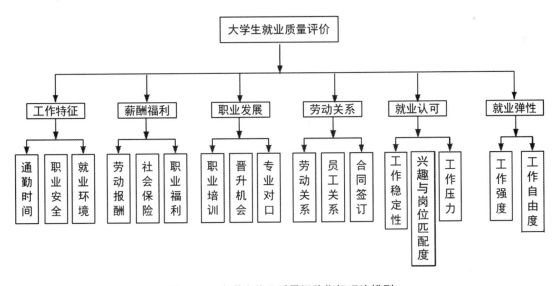

图 5 – 1　大学生就业质量评价指标理论模型

## 一、工作特征

### （一）通勤时间

通勤指的是职工从家往返工作地点的过程，即相对"出勤"和"退勤"而来。通勤时间会占据个人的休闲时间，通常通勤时间的增加会让职工产生负面影响，增加主观压力源（例如感觉、需求、满意度）客观压力，因而可知通勤时间对大学生就业质量有着重要的影响。

### （二）职业安全

职业安全是一种横跨自然科学与社会科学的跨领域学科。经济的快速发展为人们提供了更高水平的生活，也因此人们不仅仅满足于原来的较高的劳动报酬，对于职业安全问题也越来越关注。较高的职业安全问题不仅事关职工的合法权益、企业效益，也关系到社会的和谐发展。

### （三）就业环境

工作场地的好坏，直接关系到大学生就业人群的身心健康。就业环境包括员工工作所处的自然环境和人文环境。企业提供的较好就业环境，不仅有利于营造良好的工作氛围，也可以提升大学生群体的工作效率。

## 二、薪酬福利

### （一）劳动报酬

《市场经济学大辞典》将劳动报酬解释为"劳动者付出一定的劳动后，根据按劳分配原则而获得的个人收入。"大学毕业生获得的劳动报酬能让大学生直接体会到个人价值是否得到尊重，也可以反映出对于大学生所进行的人力资本、教育资本投入的有效性，因而劳动报酬的高低是直接反映大学生就业质量高低的重要部分。

### （二）社会保险

社会保险是社会保障体系最基本的内容，是劳动者在风险发生时，如工伤、患病、生育等，为其提供的物质帮助制度，它面向的是社会全体劳动者，包含养老保险、医疗保险、失业保险、工伤保险、生育保险，发挥着稳定社会生活、再分配和促进社会经济发展的作用。是否缴纳社会保险也成为大学生在找工作时的重要考虑部分，影响着大学生对就业质量高低的评价。

### （三）职业福利

职业福利是行业和单位为了满足员工的物质生活需要而提供的工资之外的津贴、设施和服务的社会福利项目。这种职业福利的行为不仅能够增强企业的凝聚力，也有利于吸引优秀的职工。本书中职业福利则是指企业为员工提供的工资、社会保险、住房公积金之外的津贴、设施和服务项目的总称。

## 三、职业发展

### (一) 职业培训

《国务院关于加强职业培训促进就业的意见《国发（2010）36 号)》提出"加强职业培训是促进就业和经济发展的重大举措。职业培训是提高劳动者技能水平和就业创业能力的主要途径。"不管是对初入职场的大学生还是有工作经验的劳动者来说，职业培训都是必不可少，对于拥有工作经验的劳动者知识和技能是有限的，通过职业培训可以帮助他们提升知识和技能，保证在职场上的竞争优势。对大学生就业群体来说更加必不可少，这是因为职业培训能够帮助大学生更快的了解工作需要和能力要求。

### (二) 晋升机会

人力资源方面将"晋升"理解为"员工向比前一个工作岗位挑战性更高、所需承担责任更大以及享有职权更多的工作岗位流动的过程"，晋升机会是指员工向更具挑战性和享有更多职权的岗位流动的机会。公平的晋升机会不仅能够激发员工的潜能，同时能够在企业内部形成良性的互动，促进员工为企业创造效益，因而，对于劳动者来说公平的晋升机会是获得较高满意度的重要一环。

### (三) 专业对口性

狭义的专业对口是工作岗位与专业完全一致，而实际上我们所指的专业对口是所从事的工作与所学专业有极大的相关性即视为专业对口。专业对口不仅能发挥大学生的专业优势，也能激发大学生的潜能；专业不对口不仅会造成教育资源的浪费，同时也会使大学生就业时面临困惑。

## 四、劳资关系

### (一) 劳动关系

本文的劳动关系是"围绕着劳动者与用人单位之间的雇用和被雇佣关系形成和展开的"。劳动关系主要有：一是劳动者的招聘、录用与就业等相关的从业关系；二是对劳动力的组织、管理和劳动岗位、职责与监督考核等的劳动组合关系；三是劳动利益分配关系。和谐的劳动关系，一方面有利于提高企业的工作效率，另一方面能够在企业内部形成凝聚力，促进企业效率的提升。

## （二）员工关系

员工关系是员工与雇主、员工与员工之间、员工与领导之间的关系。良好的员工关系能够为企业留住优秀员工，也能增强员工对企业的忠诚度，这种良性的员工关系能够调和公司内部的气氛，也能为企业提升绩效。

## （三）劳动合同签订

根据《管理学辞典》，劳动合同指的是劳动者与企业、事业单位或个人为建立劳动关系而达成的协议。劳动合同规定了劳动双方的劳动权利和义务。劳动者与企业签订的劳动合同能够保护劳动者的合法权益，但同时也能保障企业的合法利益，能够避免或减少劳动争议的发生。

# 五、就业认可度

## （一）工作稳定性

稳定的工作不仅能够满足人们生活的物质需求，一定程度上也能获得心理上的满足。对家庭幸福、企业发展和社会稳定都有着积极的意义。人们往往对相对稳定、能够实现自身价值的工作有着较高的评价，而对那些经常变动的岗位的评价是较低的。较为稳定的工作不仅有利于提升家庭的幸福感，也有利于社会的和谐发展。

## （二）兴趣与岗位匹配度

兴趣会促使人对某一事物或行为产生积极的倾向，从而增强人们对事物的感知敏锐度、变得思维活跃等，这样会促使人积极从事这样与兴趣相匹配的活动。因为，当兴趣与岗位匹配度较高时，会激发员工工作的积极性，同时也比较容易从工作活动中获得心理层面的满足，与此同时，较高的兴趣与岗位匹配度也会增加职业稳定度，使员工获得更高的工作满意度和促使员工发挥自身的价值。

## （三）工作压力

工作压力是由工作自身或者与工作相关的直接因素而造成的应激。不同的员工面对压力会有不同的表现，对于承受能力强的员工会成为催促其有更加积极的心态面对工作，克服当前的苦难。但是，对于承受能力差的员工而言，会打击员工工作的积极性，降低工作兴致。因而，大学生就业全体要能够用积极的心态面对工作中的压力，合理排解，从而在职场中发挥自己的价值。

# 六、就业弹性

## （一）工作强度

合理的工作时间是劳动者享有的基本劳动权益，各国的劳动法律均对劳动者的标准工作时间进行了规定。我国现行的工时制度标准是保障劳动者每天的工作时间不超过 8 个小时，每周不能超过 40 小时，同时满足每周最少有一天的休息时间。较强的工作强度不仅不利于员工的身心健康，也会造成员工的消极工作情绪。新经济的快速发展带来的新的就业形态，如微商、兼职微商、滴滴司机，这些职业对时间的选择相对自由，可以根据自己的时间情况，调整自己的工作时间，使得工作时间的限度被打破。

### （二）工作自由度

以"创新为基础形成的新产业和新业态"的新经济的发展，使得平台经济、分享经济等得到快速发展，如滴滴出行平台、共享单车等，为就业提供了更多的机会，新的就业形态的出现，对工作的时间、地点等的约束逐渐减弱，在新经济就业形态下的大学生在工作过程中对工作方式、时间、地点等因素的选择权利也在逐步增大。

# 第六章　实现更高质量就业评价的思路建议

进行就业质量评价指标体系研究，是以就业质量为统领，提供一种分析就业问题的系统性、前瞻性、整合性的框架性思路，以利于各地推动各自的就业工作，找准促进就业、改善民生的突破口。就业质量涉及经济社会政治环境等方方面面，进行就业质量评价指标体系研究。就业质量受经济、社会、文化、政治、环境等因素影响，经济政策、社会政策、环境政策、体制机制等对提升就业质量都有很大作用空间。因此，本章就推动实现更高质量就业、进行就业质量评价从以下几个方面提出建议。

## 第一节　推动实现更高质量就业的思路和建议

### 一、经济发展是实现更高质量就业的基石

#### 1. 激发民营经济活力和全社会创业热情，创造更多就业机会

就业质量高的地区，都是创业率高的地区，而且雇佣就业率也高。为此，要为民营企业发展创造条件，放开限制进入的领域，降低准入门槛，简政放权，搞活金融市场，促进民营经济发展。前不久召开的国务院常务会议，部署推进公司注册资本登记制度改革，降低创业成本，取消网络创业门槛，激发社会投资活力，为劳动者创业创造条件。政府要简政放权，激发市场活力，增加就业。淘宝网开店公司数是 900 万家，比较活跃的是 300 万家店，带动了 1 000 多万人就业，第一是 900 万的店主、客服；第二是物流，如果解决今天和未来 3 万亿到 10 万亿的销售额，中国大概每天要有 3 亿只包裹，还将增加 850 万人物流行业就业；第三是 IT 人才。目前淘宝只有 2 万 5 千名员工，围绕淘宝直接或间接就业机会有 1200 万人。

#### 2. 加快工业化进程，创造更多雇佣就业机会

雇佣就业是比自雇就业更稳定、更有保障、更有效率的就业，就业质量高的地区都是雇佣就业率高的地区。雇佣就业依赖于高的生产经营组织化程度，只有加快工业化进程，改善农业的生产经营组织形式，吸纳更多的农业劳动力实现非农组织化就业，而不仅仅是征地盖房的城市化，这样才能从根本上推动实现更高质量就业。为此，要支持实体工业发展。

### 3. 加快产业转型升级

支持自主创新，提高产业技术水平；抓住绿色发展机遇，大力发展绿色产业；国家支持发展战略性新型产业，提升整体经济实力。加快转变经济发展方式，加快中西部地区经济发展，逐步缩小地区间经济发展水平的差异，缩小地区间就业质量的差异。在承接产业转移时，要坚持就业优先原则，形成促进就业的产业、财税、金融、贸易综合政策，财政支出逐步向结构性减税和民生倾斜，就业专项资金的安排应与财政收入同步，增幅不低于经济发展增幅。继续发挥失业保险基金促进和稳定就业的职能，加强职业技能培训。

### 4. 改革收入分配制度，促进服务业发展

十九大报告提出，从 2020 年到 2035 年，在全面建成小康社会的基础上，再奋斗十五年，基本实现社会主义现代化。报告还提出，人民生活更为宽裕，中等收入群体比例明显提高，城乡区域发展差距和居民生活水平差距显著缩小，基本公共服务均等化基本实现，全体人民共同富裕迈出坚实步伐。

### 5. 促进农业现代化

鼓励承包经营权在公开市场上向专业大户、家庭农场、农民合作社、农业企业流转，发展多种形式规模经营。鼓励农村发展合作经济，扶持发展规模化、专业化、现代化经营，允许财政项目资金直接投向符合条件的合作社，允许财政补助形成的资产转交合作社持有和管护，允许合作社开展信用合作。鼓励和引导工商资本到农村发展适合企业化经营的现代种养业，向农业输入现代生产要素和经营模式。通过农业生产效率提高就业质量。

## 二、创新体制机制是推动实现更高质量就业的前提

### 1. 建立高效一体的劳动力市场

劳动力无障碍充分流动是消除各种市场分割和发展差距最根本的途径。劳动者根据市场价格自由流动，享受同等的公民待遇，为此，第一，要打破户籍制度导致的身份樊篱，第二，要贯通社会保险制度，第三，要打破国有单位用工体制，实现劳动力市场的一体化。

稳步推进城镇基本公共服务常住人口全覆盖，把进城落户农民完全纳入城镇住房和社会保障体系，在农村参加的养老保险和医疗保险规范接入城镇社保体系。建立财政转移支付同农业转移人口市民化挂钩机制，从严合理供给城市建设用地，提高城市土地利用率。

### 2. 健全城乡发展一体化体制机制

赋予农民更多财产权利。建立农村产权流转交易市场，推动农村产权流转交易公开、公正、规范运行，保障农民公平分享土地增值收益。鼓励社会资本投向农村建设，允许企业和社会组织在农村兴办各类事业。统筹城乡基础设施建设和社区建设，推进城乡基本公

共服务均等化。

### 3. 健全促进就业创业体制机制

建立经济发展和扩大就业的联动机制，健全政府促进就业责任制度。规范招人用人制度，消除城乡、行业、身份、性别等一切影响平等就业的制度障碍和就业歧视。完善扶持创业的优惠政策，形成政府激励创业、社会支持创业、劳动者勇于创业新机制。完善城乡均等的公共就业创业服务体系，构建劳动者终身职业培训体系。增强失业保险制度预防失业、促进就业功能，完善就业失业监测统计制度。创新劳动关系协调机制，畅通职工表达合理诉求渠道。

### 4. 形成合理有序的收入分配格局

着重保护劳动所得，努力实现劳动报酬增长和劳动生产率提高同步，提高劳动报酬在初次分配中的比重。健全工资制度和正常增长机制，完善最低工资和工资支付保障制度，完善企业工资集体协商制度。完善以税收、社会保障、转移支付为主要手段的再分配调节机制，加大税收调节力度。规范收入分配秩序，完善收入分配调控体制机制和政策体系，建立个人收入和财产信息系统，保护合法收入，调节过高收入，清理规范隐性收入，取缔非法收入，增加低收入者收入，扩大中等收入者比重，努力缩小城乡、区域、行业收入分配差距，逐步形成橄榄型分配格局。

## 三、人力资本投资是实现更高质量就业的条件

产业转型升级、技术进步、劳动生产率提高，都有赖于劳动力素质的提高。就业质量高的地区，都是人力资本质量高的地区，只有不断提高劳动者素质，才能实现更高质量就业。

### 1. 继续加大西部地区义务教育投入，切实提高西部地区劳动者素质

西部地区劳动力平均受教育年限低，制约了劳动者的就业效率，也制约了当地经济的发展。许多年来，我们在西部硬件投入中下了很大功夫，但软件投入远远不够。加强对西部义务教育的投入，降低辍学率，不断提高西部地区劳动力资源的基础教育水平，是支撑就业质量提高的前提条件。

加大对西部产业转移力度、改善制度环境，吸引人才落户西部，是改善西部地区人力资本状况的重要途径。在这方面，除了继续做好"三支一扶"等支援西部的人才计划外，还需要进一步进行人事制度创新，不断引进人才，让人才扎根西部。

### 2. 改革教育体制

如何与国际接轨，加强劳动者能力培养，是我国改革发展的关键。当前，关于教育改革也已经有一些尝试。如开办国际学校，加强素质教育，降低中考和高考中英语的分值、提高语文的分值，招收专业硕士，扩大高等教育招生规模等，但办学体制没有根本改变，

教育就没有出路。国家应投入在基础教育和基础学科，应放开办学门槛，引入各方投资，通过市场竞争做强教育产业，真正培养未来劳动力的能力和素质。

教育体制改革的核心应是能力导向和职业导向，而不应是知识导向。以此为原则，逐步改革教育内容、教学方法，加强师资培训、管理、考核，逐步建立起适应国际人才竞争的教育体制。

### 3. 加强职业培训

职业培训是终身学习的重要组成部分。职前培训、在职培训、转岗培训等既是劳动力市场的基本工具，也是人力资源开发的重要途径。我国的职业培训搞得红红火火，各地、各个部门都在投入搞培训。但职业培训也需要改革，关键是要加强培训与就业的衔接，解决的办法是，充分发挥行业协会的作用，做好技能需求预测和培训资源整合。同时，要加大培训投入，对符合市场需要的培训项目实行免费培训。中央财政要加大对西部地区培训资金的补贴。

### 4. 加强职业准入

加强职业准入，倒逼劳动者加强教育培训，倒逼教育培训机构改革。我国正在大力开发职业标准，开展职业资格鉴定。在这方面，政府的力量也远远不够，必须发挥行业协会在开发职业标准、进行职业资格鉴定、落实职业准入监察等方面的作用。

## （四）加强劳动者权益保障是实现更高质量就业的出路

### 1. 落实劳动标准

必须加强工时等劳动标准的执行。高质量就业一定是建立在劳动力高质量再生产的基础上。保证劳动者有合理的休息时间，是劳动力再生产的基本条件。为此，要坚决遏制超时劳动，加班工作，确保劳动者的休息休假权，使劳动者有时间提升人力资本。

与落实标准工时相配套，必须提高私营单位劳动者的工资率，提高劳动者的报酬水平，使劳动者不必加班的正常收入就能满足衣食住行教育交际等的生活需要。

### 2. 加强职业安全卫生

必须加强职业安全卫生标准的制定实施。加强职业病和工伤的预防，改善劳动条件，加强职业保护。为此，要发挥职工代表组织的作用，加强行业协会的作用。

### 3. 促进平等就业

弱势群体是重要的社会成员，必须帮助他们实现平等就业。要将残疾人就业作为工作考核的重要内容，将城乡一体化作为工作考核的重要内容。

推进农业转移人口市民化，逐步把符合条件的农业转移人口转为城镇居民。保障农民工同工同酬。

完善相关立法规范，保障妇女、农民工、残疾人等就业弱势群体的就业权益，真正落实同工同酬、平等就业制度，促进公平就业。深化改革，进一步消除劳动力市场的体制性障碍，妥善解决弱势群体教育、培训，依法维护其合法权益。

### 4. 加强社会保障和基本公共服务建设

我国已基本建立了全覆盖、保基本、可持续的社会保障体系，要不断完善社保制度，提高社会保险参保率，将劳动者都纳入社会保险体系。要完善我国的住房、医疗、教育、就业等基本公共服务体系建设，为推动实现更高质量就业提高保障。

### 5. 加强立法和执法监察

要将相关立法纳入快行道，使得各项侵害劳动者合法权益的行为依法得到制裁。要加强劳动监察执法，更好地维护劳动者的合法权益。

## （五）完善就业及相关政策是推动实现更高质量就业的重要保障

### 1. 就业保障政策

积极就业政策体系在促进就业质量提高方面作用显著。如小额担保贷款政策、就业援助政策、职业介绍补贴和职业培训补贴等。提高就业质量，需要完善积极就业政策体系，以改善就业质量为目标来完善积极就业政策，要将积极就业政策普惠化。

失业保险制度是另一项促进就业的制度安排。失业保险制度为失业者提供暂时的生活帮助，并为失业人员提供免费的求职帮助。要进一步完善失业保险制度，更好地发挥失业保险预防失业、促进就业和保障生活的作用。

要建立城乡一体化促进就业创业政策体系、公共就业服务体系和就业失业登记统计制度，使城乡劳动者都能平等享受就业创业扶持政策、公共就业服务，并自由实现非农就业。

促进以高校毕业生为重点的青年就业和农村转移劳动力、城镇困难人员、退役军人就业。结合产业升级开发更多适合高校毕业生的就业岗位。政府购买基层公共管理和社会服务岗位更多用于吸纳高校毕业生就业。健全鼓励高校毕业生到基层工作的服务保障机制，提高公务员定向招录和事业单位优先招聘比例。实行激励高校毕业生自主创业政策，整合发展国家和省级高校毕业生就业创业基金。实施离校未就业高校毕业生就业促进计划，把未就业的纳入就业见习、技能培训等就业准备活动之中，对有特殊困难的实行全程就业服务。

### 2. 劳动关系调整政策

个别劳动关系主要涉及劳动行为的实现和劳动标准的保障，集体劳动关系主要交涉、谈判和协商确定劳动条件和劳动标准，并实现劳动关系上浮力量的平衡，社会劳动关系不但涉及劳资双方的具体利益，更主要的是涉及社会关系和社会利益。

尽快建立多层次结构、广覆盖范围的劳动标准体系，包括政府制定的法规类标准、行业或企业集体谈判确定的协议标准、专业机构颁布的技术类标准，以及企业内部制定的各类标准，让劳动者至少实现国家法定劳动基准之上的就业。完善劳动标准的实体内容和程序规范，及时修订补充相关标准，细化相关规定，保证劳动标准制定过程公开、民主、科学，完善劳动标准实施过程的程序规范，对因企业违反劳动标准受损的劳动者拓展救济渠道。增强企业执行劳动标准的责任意识，为此要加强宣传，完善集体协商法律规范，强化工会维权职能，有效发挥三方协调机制在劳动标准体系建设中的积极作用，将劳动安全卫生、工时工资标准、工资增长机制和工资分配机制作为集体协商的核心内容，指导企业健全劳动定额定员管理。强化劳动监察执法，加强劳动保障监察执法力度，指导企业改善劳动条件，督促企业落实法定劳动标准。

推动实现劳动合同制度全覆盖，进一步完善《劳动合同法》配套法律法规，依法规范劳务派遣用工、企业经济性裁员、完善劳动用工备案制度。不断扩大集体协商覆盖范围，积极推进行业性、区域性集体协商，促进企业在劳动生产率提高的同时同步增加职工工资。加快完善社会协商机制，加强三方机制制度化、规范化建设，完善三方机制职能，充分发挥其在解决劳动关系领域重大突出问题时的作用。

建设网络化、网格化劳动保障监察体制，逐步建立起多部门综合治理机制，改善监察执法的方式。畅通举报投诉渠道，组织开展专项监察、整治工作，及时查处各类违法案件，避免突发性群体事件的发生。加强基层劳动保障监察机构及队伍建设，为有效开展监察执法提供必要的政策和经费保障。坚持预防为主、调解为主、基层为主的宗旨，充分发挥调解环节的基础作用，来处理劳动争议案件。

### 3. 社会保障政策

坚持全覆盖、保基本、多层次、可持续方针，以增强公平性、适应流动性、保证可持续性为重点，全面建成覆盖城乡居民的社会保障体系。完善社会救助体系，健全社会福利制度，支持发展慈善事业，做好优抚安置工作。

做好社会保险顶层设计，整合目前碎片化的保险政策，提高社会保险的统筹层次，将灵活就业人员等各类群体都合理地纳入社会保险体系，设计合理的养老保险替代率、医疗保险报销比例、工伤保险待遇，这些都是推动实现更高质量就业的保障。

坚持社会统筹和个人账户相结合的基本养老保险制度，完善个人账户制度，健全多缴多得激励机制，确保参保人权益，实现基础养老金全国统筹，坚持精算平衡原则。推进机关事业单位养老保险制度改革。整合城乡居民基本养老保险制度、基本医疗保险制度。推进城乡最低生活保障制度统筹发展。建立健全合理兼顾各类人员的社会保障待遇确定和正常调整机制。完善社会保险关系转移接续政策，扩大参保缴费覆盖面，适时适当降低社会保险费率。研究制定渐进式延迟退休年龄政策。

### 4. 工资政策

逐步提高居民收入占国民收入的比重、劳动报酬在初次分配中的比重、社会保障和就业等民生支出占财政支出的比重，努力实现居民收入增长与经济发展同步、劳动报酬专注于劳动生产率提高同步，逐步形成合理有序的收入分配格局。通过劳资平等协商制度，形成企业正常工资增长机制。

采取财政、税收、金融等优惠政策，帮助经济效益相对较差的劳动密集型中小企业、特别是民营企业改善生产经营环境，使之在保持生存发展的同时，有能力增加员工工资。缩小国有企业内部分配差距，加强垄断行业薪酬管理，缩小行业工资收入差距。对各类企业中不同岗位的职工，要不断缩小不合理的收入分配差距，确保企业普通职工的工资增长尽可能稍快于企业平均工资增长。

# 第二节　就业质量评价指标体系的进一步完善

本书充分参考国际上就业质量的评价指标体系，以我国现行的劳动法律、法规、政策为指导，立足于我国现阶段的经济发展水平和就业工作实际。未来，可以根据我国经济社会的发展，随着我国统计制度的不断完善，进一步修改完善就业质量评价指标体系。

## 一、就业机会方面的指标

一种观点认为，就业数量是就业质量的前提，提高就业质量首先要扩大就业；有的观点认为就业数量和就业质量是统一的，都是充分就业的合理内涵，实现充分就业，不但要有就业数量，还要提高就业质量。还有一种观点认为，就业率反映不了质量，如就业着的贫困现象，虽然实现了就业，但就业质量不高。因此，需要根据实际情况决定指标的选取。当一个地区扩大就业是主要矛盾时，就业率就是评价就业质量的一个重要指标；当一个地区找份工作已经不难时，就业效率等方面的指标就更重要；当上述两个方面都不是问题时，失业、个人的主观感受就成为就业质量评价的主要方面。

## 二、就业结构方面的指标

就业结构方面的指标还可以包括：就业人员的技能结构、性别结构、学历结构、单位结构、城乡结构（城镇就业比重）、行业结构（制造业就业比重）等，还有进行就业结构的交叉分析，如非农就业与受雇就业的差距，可能反映过渡城市化的问题。

## 三、就业效率方面的指标

就业效率方面的指标还可以包括：工资占人均 GDP 的比重、就业贫困发生率、城乡收入差距、分所有制就业人员工资差距、工资增速、工资总额占 GDP 的比重、制造业平均劳动报酬、建筑业平均劳动报酬、单位就业人员平均工资指数等。

## 四、职业安全方面的指标

职业安全方面的指标还可以有：国家安全生产标准达标率、劳动场所和生产资料的安全保证系数、国家职业安全卫生标准达标率、劳动保护用品使用率、女工"三期"（女职工的三期就是女职工怀孕期、产期、哺乳期）保护状况、劳动安全卫生投入等。

## 五、劳动关系方面的指标

劳动关系方面的指标还可以有：劳资冲突、工会参与率、工会调解效率、劳动争议结案率、通过仲裁调解方式结案比例、通过仲裁裁决方式结案比例、劳动合同完全履行率、雇主协会覆盖率、利益争议率、权利争议率、企业内部调解率等。

## 六、平等就业方面的指标

平等就业方面的指标还可以有：外地户籍劳动力占本地户籍劳动力的比例、基尼系数、就业困难人数比例、困难人员就业率、用于援助就业的资金使用额、就业政策制度的歧视性规定、就业市场的歧视、外来劳动者企业住宿率等。

## 七、平衡工作与生活方面的指标

平衡工作与生活方面的指标还可以有：平均社保参保率、基本养老保险金占平均工资比重、人均基本养老保险金占平均工资比重、人均财政社保支出、最低工资标准占平均工资比重、城镇最低生活保障覆盖率、养老保险负担、养老保险转移接续率、养老保险按时足额发放率、医疗保险报销比例、工伤者的工作生活保障情况、生育保险支付核销比例、最低工资覆盖率、法定节假日加班率等。

## 八、劳动力市场环境方面的指标

劳动力市场环境方面的指标还可以有：离职率、求人倍率、人均 GDP、人均职业介绍机构数量、职业介绍机构服务效率（介绍成功人数/登记求职人数）、劳动年龄人口占比、就业专项资金使用情况、法规政策完善落实情况、个私企业增长率、获得小额担保贷款创业者比例、税负减免落实程度、就业创业培训率、职业指导人数、中介服务人数等。

## 九、劳动力资源方面的指标

劳动力资源方面的指标还可以有：就业人员职业技能水平、技工比例、就业人员职业资格状况、劳动力接受职前培训的比例、就业技能培训合格率、职业培训资金投入情况、人均在职就业培训投入、人均在职就业培训机构数、人均教育经费等。

## 十、评价要素及相关问题

### 1. 评价要素

选取较多的评价要素包括：就业状况（就业可能性、就业稳定性、就业结构），就业效率（劳动报酬、福利性支出），劳动关系，劳动条件（舒适安全的工作环境、工时），就业公平（市场环境、信息公开、法律问题），和谐劳动关系，完善的社会保障，人力资本（个人职业发展、能力提升），就业环境（市场环境、政策环境、公共服务）。

官方的一种表述是，就业质量评价要素包括 5 个方面，即充分的就业机会、公平的就业环境（性别、地域、民族）、良好的就业能力（受教育情况、职业教育情况、培训情况）、合理的就业结构（产业结构）、和谐的劳动关系（劳动合同签订率、集体谈判、非正规就业、社会保障覆盖率、收入增长）。

还有一种就业质量评价要素的选取是：就业机会、就业公平、工资报酬、社会保障、劳动关系、权益维护、公共就业服务、技能培训与职业发展。

### 2. 主观指标

一种观点认为，评价就业质量高低主要是个人的主观感受，工资高、工作稳定、劳动安全、工作舒适就是高质量的就业。可以在条件成熟的时候，开展就业满意度调查，或者单独进行，或者在现有调查中加入就业满意度的相关问题。满意度调查也可以设计不同维度，如劳动合同满意度（合同的规范性、完整度、稳定性）、工会工作满意度（工会职能实现、工作效率高低、工作行为方式合理性）、职工福利满意度（企业法定福利的完整性、企业补偿福利水平的高低）、职工民主满意度（职工民主管理的深度、广度、可信度）、企业规章制度满意度、争议调解满意度、企业文化认同度、企业社会责任满意度、劳动法律满意度、社会发展乐观度。

### 3. 微观指标

对就业质量进行研究的一个视角，是主要关注微观工作的质量，侧重于从工作的特征、就业人员的特点、劳动者与工作的匹配，以及劳动者的主观评价等维度对就业质量进行度量。微观层面就业质量的评价与对一个经济体就业质量进行的整体性评价的宏观就业质量评价相辅相成，即可以有相同的评价要素和维度，但指标设计都是微观指标，如劳动报酬、就业稳定性、社会保障、职业发展、工作生活平衡度、社会对话、员工关系、劳动安全、劳动合同、培训机会、工作强度、工作与专业匹配度、加班和待遇、工资发放、职业受尊重程度等。微观就业质量评价指标需要企业用工的数据，我国目前还没有系统的企业用工调查，因此，进行微观评价没有数据支撑，但微观评价很重要。

**4. 指标属性的判断**

在选取的指标中，有些是正向指标，有些是逆向指标，还有些是适度性指标，有些指标的属性容易混淆，需要根据实际情况对指标的属性作出判断。例如，虽然加班是农民工渴望的，但事实上表明的是工资率低，因此，超时劳动应是负向指标。如与时间相关的非自愿的不充分就业，是负向指标。如劳动争议发生率，经济发达地区一般比较高，该指标的属性就较难判断。因此，应尽可能选取属性明确的指标，属性不明确的指标不宜选为评价指标。

**5. 指标赋值的问题**

对指标进行赋值，一是以国际上公认的标准为赋值依据，二是以国际上的平均标准为赋值依据，三是将理论上的理想值作为赋值依据，四是将上年度该指标的实际值作为赋值依据。

**6. 新指标的构造**

由于现有的指标体系还不完全适应市场经济的需要，今后还需要根据就业质量评价理论和技术的发展，设计新的指标。

# 第三节　近期开展我国就业质量评价工作的思路和建议

## 一、将就业质量评价作为经济社会发展政策调整的重要依据

就业质量在国际上是一个很重要的政策领域，企业社会责任运动、平衡工作与生活运动等，使得提高就业质量已经成为市场经济国家政府的重要职责和履职行为。我们也应与国际接轨，积极开展就业质量评价工作。我们也正在转变经济发展方式，落实科学发展观，政府应将就业质量评价作为经济社会发展政策调整的重要依据。

## 二、原则和指导思想

开展就业质量评价工作的指导思想是，促进各地以提高就业质量作为经济社会发展的核心目标，真正转变经济发展方式，真正改善民生，实现科学发展。

开展就业质量评价工作应坚持促进就业的原则，避免为评价而评价，为考核而考核。通过开展就业质量评价，发现发展中的短板、问题和不足，找到影响发展的原因和解决问题的途径，进而采取有效措施，提高就业质量。

开展就业质量评价工作应坚持实事求是的原则，要避免出现人为控制指标、调整数据

等弄虚作假的行为，否则就失去了开展评价工作的意义。考核是统计的天敌，不能如实上报数据是统计工作中普遍存在的问题。开展就业质量评价工作应尽可能避免出现此类情况。既有总体指标、又有单项指标，作为引导性指标，不作为奖罚指标。

开展就业质量评价工作应坚持简便可操作原则，最终选取的指标应尽可能简单、尽可能少，以便于操作。尽可能找一些综合性、解释性强的指标，便于减少指标数量。

开展就业质量评价工作应坚持宏观与微观相结合的原则，注重劳动者对就业质量的主观评价。宏观层面的就业质量与微观层面的就业质量是一致的，一些宏观层面说不清楚问题，在微观层面就能找到答案，因此，可以从宏观和微观两个层面同时开展就业质量的评价工作。

## 三、实施步骤

### 1. 试点示范阶段

先选择一些有一定工作基础的地区，先行开展就业质量评价试点，同时对一些非常规指标进行先行试验，再循序渐进地推开。

### 2. 完善方案阶段

考虑经济发展不平衡、问题还很多，需要加强调研，不断完善方案。可以扩展针对特殊群体就业质量的评价。

### 3. 全面推开阶段

在全国全面推开就业质量评价工作，作为地方政府的考核指标体系来推行。各地应根据就业质量评价指标的具体情况，找到破解提高就业质量难题的工作着力点，并建议在省级及具备条件的市级执行，其他层级由相应的省市级据此制定。

## 四、配套工作

### 1. 加强工作指标统计，完善统计制度

统计数据是开展就业质量评价工作的基础，要加强基础统计工作。一要进一步完善劳动保障统计指标体系，补充设计科学的就业质量统计指标，形成就业质量统计指标体系。二要加强就业质量工作指标统计工作，完善统计工作手段，加强统计工作力量，改革统计方法，加强统计工作的制度化，及时获得全面、真实、有效的统计指标数据。如更多地采用两网直报，避免行政干扰等。要将就业质量统计工作常规化、制度化，逐步形成体系，为就业质量评价工作奠定基础。三要完善就业质量统计调查制度和体系。就业质量被评价指标体系的数据采集包括统计信息采集体系和问卷调查采集体系。统计信息采集体系主要是现有的公开统计和非公开的内部工作统计数据资料，问卷调查采集体系主要包括企业问

卷调查和公众问卷调查，企业问卷调查是采集企业微观就业质量相关指标的主要方式，公众问卷调查是获得就业质量主观评价指标的主要方式。正式启动实施薪酬调查，开展企业调查，获得微观就业质量评价指标的数据。

### 2. 加强就业质量评价工作的组织管理

建议各级政府在现有的政府考核体系组织机构的基础上，组成就业质量评价工作组织机构，由人社、发改、经信、商务、财政、农业等部门为成员，机构办公室设在人社部门，开展就业质量评价工作。

# 第七章 推动实现更高质量就业的评价要素

构建具有中国特色的更高质量就业的评价指标体系，首先要对推动实现更高质量就业的理论基础进行研究，确定评价的要素，即评价的维度。

## 第一节　更高质量就业评价要素集的构建原则和总体框架

### 一、决定更高质量就业评价要素框架和原则的基本共识

就业是个体和人类获得生存与发展资源的基本途径。各国都把公民获得就业的权利作为一项基本人权加以保障。《中华人民共和国宪法》规定，中华人民共和国公民有劳动的权利和义务。国家尊重和保障人权。我国批准的《经济、社会、文化权利国际公约》中更加明确地规定，缔约各国为充分实现这一权利而采取的步骤应包括技术的和职业的指导和训练，以及在保障个人基本政治和经济自由的条件下达到稳定的经济、社会和文化的发展和充分的生产就业的计划、政策和技术。"全球就业论坛"上通过的《全球就业议程》提出："使经济增长和繁荣的潜力得以发挥的基本条件是，生产性就业被置于经济和社会政策的核心位置，使充分的、生产性的和自由选择的就业成为宏观经济战略和国家政策的总目标。"

上述一系列宣言、公约、宪法、文件不但对就业权做出了规定，即获得工作的权利、自由择业的权利、享受公正适当工作条件的权利，也对国家提供就业保障的义务和方式做出了规定，即实施促进充分的生产性就业的计划、政策、技术，以及职业指导、技术培训、失业保障等。这样一系列的宣言、公约、宪法、文件，是构建更高质量就业评价要素的框架和准则。

### 二、更高质量就业评价要素要围绕人的全面发展

就业，本质上是人类的一种存在方式和社会形态。人们通过就业这种劳动组织形式获得生活资料，最终过上好的生活。人们对幸福的追求是无止境的，因此，推动实现更高质量的就业是一个永恒的动态过程，不能静止地看待。不但指标评判的标准会有变化，而且评判的要素也会有变化。不变的唯有人们最核心的需要——即人的全面发展。更高质量

就业的评价要素都要围绕着人的全面发展。

### 三、更高质量就业评价要素既要考虑客观经济社会情况，也要考虑经济社会制度情况

对更高质量就业的评判既受主观因素的影响，也受客观条件的影响，但最终决定于客观物质条件。有什么样的物质基础就有什么水平的就业质量，从这个意义上讲，就业质量的评判是绝对的。然而，社会制度对就业质量有影响，社会心理也对就业质量评价有影响，从这个意义上讲，就业质量的评判是相对的。构建更高质量就业评价要素体系既要以客观物质条件为基础，也要考虑社会制度、社会心理的因素。更高质量就业的评价要素既要考虑客观经济社会情况，也要考虑经济社会制度情况。

### 四、更高质量就业评价要素既要关注工作，也要关注生活，要关注工作与生活的平衡

根据马斯洛的需求层次理论，人的需求层次从低到高依次是：生存需要、安全需要、归属需要、发展需要和成就需要。对个体而言，这些需要是同时存在的，只是在不同阶段各种需要的重要性不同，但每种需要都有一个基线，各种需要之间有个平衡点。在较低的发展阶段上，生存需要是最重要的，但也必须兼顾安全、归属和发展的需要。更高质量的就业就是要使大多数人都能通过就业获得一般水平的生活需要，包括衣食住行、社会交往、娱乐休闲、精神享受、职业发展。因此，更高质量就业的评价要素既要关注工作，也要关注生活，要关注工作和生活的平衡。

### 五、更高质量就业评价要素既要关注就业，也要关注劳动领域的其他问题

从宏观上，让大多数人都通过就业满足一般水平的生活需要，就需要有合理的生产结构，不断提供合理的商品，同时创造足够的均衡生产力水平的就业岗位；需要平衡好生产和消费的关系，创造出足够的购买力。实现的途径就包括，不断优化产业结构，不断通过组织创新提高生产率，不断通过技术创新提供更好的产品和服务，不断完善劳动力市场机制，提高劳动力配置水平，不断优化企业用工规制以提高劳动者就业满意度，不断完善收入分配制度以创造有效需求。更高质量就业的评价要素既要关注就业，也要关注劳动领域的其他问题，如劳动者素质、收入分配、劳动关系、市场机制等。

总之，构建我国更高质量就业指标体系的出发点和目的，是改善民生、增进社会包容、促进社会和谐，就是要增进就业的和谐度，就是要促进人的全面发展。推动实现更高质量的就业，就是在就业数量前面加上相关定语。推动实现更高质量就业是政治目标、社会目标，而不仅仅或主要是经济目标。因而，更高质量就业的评价要素必须从自然、

社会、文化、政治、经济、环境六个方面构造。

## 六、更高质量就业评价要素的总体框架

根据以上更高质量就业评价要素的构建原则，作者认为，可以从以下九个基本维度来评价高质量就业。

一是从就业的状况考虑，劳动者都有工作机会，就业比较充分。

二是从就业结构的角度考虑，劳动者就业结构合理。

三是从就业的经济效率角度考虑，各就业岗位之间的劳动生产率差别不大，并且由此决定的劳动收入差别不大。

四是从劳动者生理角度考虑，要使劳动者在就业中保持身心健康。

五是从劳动者的社会性角度考虑，劳动者在就业过程中的劳动关系和谐。

六是从人权的角度考虑，要促进实现平等就业。

七是从就业的社会民生角度考虑，劳动者能够平衡好工作与生活，收入支出匹配，工作时间合理。

八是从劳动者的就业环境角度考虑，要保障劳动者无论是进出劳动力市场、还是进行职业转换，都充分自主自由。

九是从社会劳动力资源利用角度考虑，劳动力资源得到充分开发利用，不存在劳动力的开发利用不足的情况。以下将分要素进行阐述。

# 第二节　就业机会与更高质量就业

就业是个体和人类获得生存与发展资源的基本途径，是一项基本人权。充分就业让人们获得体面的收入、分享经济增长成果、获得教育的机会、融入社会和社区网络、适应社会生活、消除社会排斥，实现社会包容。不能实现充分就业，则造成很多社会问题。

实现社会就业比较充分是2020年全面建设小康社会的一个重要目标，也是构建和谐社会的一个重要目标和主要任务。充分就业目标对我国经济社会发展具有重大的战略意义。实现社会就业比较充分，将失业率控制在社会可承受的程度之内，不仅可以推动经济的可持续增长，同时使劳动者有了基本的收入来源，基本生活得到保障，为消除贫困、缩小贫富差距、化解社会矛盾创造了条件，维护了社会稳定，促进了社会和谐。实现社会就业比较充分也是切实可行的。未来我国国民经济将保持长期稳定的增长，为就业持续增长提供了基本条件。党和政府把就业作为宏观调控指标，纳入各级政府考核内容，实施积极就业政策，并将实践证明有效的政策法律化，都为实现社会就业比较充分目标奠定了基础。

总之，我国处于经济转型、体制变革、社会结构变动时期，为超过9亿的劳动年龄人口创造足够的就业机会，使劳动者通过参与社会劳动分享社会发展成果，是个长期而又艰巨的任务。特别是受到国际经济全球化、一体化的深刻影响，阶段性、地区性、群体性的高失业以及灵活就业现象将长期存在。如何尽一切努力扩大就业，是政府需要解决的头等大事，是推动实现更高质量就业的基础，必须长期坚持。

充分就业就是指在某一工资水平下，愿意就业的劳动者都能够就业，即宏观有效需求与有效供给均衡并达到最大化。这时，劳动力要素得到充分利用，既不存在非自愿失业的有效需求不足，也不存在岗位空缺的有效供给不足，但仍然会存在摩擦性的、自愿的失业。实现充分就业的标志，就是有劳动能力和就业愿望的劳动者都能够得到就业机会或处于积极准备就业的状态，失业率调控在社会可承受的水平。

# 第三节　就业结构与更高质量就业

就业结构即社会劳动力分布结构，指国民经济各部门所占用的劳动力数量、比例及其相互关系，或指不同就业人口之间及其在总就业人口中的比例关系，它表明了劳动力资源的配置状况或变化特征。就业结构有产业结构、城乡结构、行业结构、所有制结构、知识结构（即按照劳动力文化知识的构成划分的）、性别结构、职业结构、技术结构、按就业形式分的结构等。就业结构由一定的经济和社会发展规律所决定，无论是在世界范围内还是一国范围内，就业结构都有一个从低级到高级、从原始到先进的发展过程。就业结构是经济结构的组成部分，只有合理的就业结构才能保证合理的经济结构，才能保证产出最大、效益最高。就业结构不仅遵循经济规律，也要遵循社会规律。在社会总产出相同的情况下，不同的社会、劳动力资源、劳动政策、文化、心理、观念等会对就业结构产生影响，进一步影响到就业的状况。总之，就业结构是否合理对于经济发展的方向、速度、活力等都具有重大影响，因而是就业质量的重要方面。就业结构主要包括以下四个方面。

一是就业的产业结构。根据产业发展理论，一定的经济发展水平是与一定的产业结构相对应的，产业发展的过程是，随着科技进步和组织创新，依次推动第一产业、第二产业、第三产业发展。第一产业是以自然资源为基础的产业，第二产业则是制造、加工生产资料和生活资料的产业，第三产业包括生产性服务业和生活性服务业。起初，第一产业是主要的资源部门，随着工业革命的到来，第二产业劳动生产率极大地提高，将第一产业的劳动力吸收到第二产业，第一产业利用机械化劳动生产率也逐步提高。随着第二产业的发展，不断衍生出第三产业，随着第三产业利润水平的提高，劳动力由从第二产业逐步向第三产业转移，最后达到三次产业的利润均衡。我国目前三次产业劳动生产率水平极不均衡，第一产业劳动生产率远低于二、三产业，大量农业劳动力还没有转移到非农产业。

二是就业的形式结构。根据劳动力市场理论，劳动力市场分为一级市场和次级市场，或者正规部门与非正规部门。正规部门有较高的进入门槛，受到较严格的法律保护，工作机会相对优质，劳动者待遇高。非正规部门进入门槛低，或者没有进入门槛，不受严格的法律保护，工作机会相对劣质。由于生产力水平低，一些经济体无法创造足够的正规部门就业。同时，部门垄断等妨碍市场机制发挥作用也是部门分割的重要原因。在一个市场发育完善、法制健全的经济体中，价格机制、谈判机制和法律制度会起到调节作用，因此，消除部门之间的差距也是非常重要的。

三是就业的环境结构。经济发展除了追求经济效益外，越来越注重追求环境效益和社会效益，以实现可持续发展。追求经济发展的环境效益，就是要实现绿色低碳发展，节约能源和资源、保护环境，绿色低碳经济已经成为新一轮国际竞争的着力点，成为未来新的经济增长点。经济可持续发展是就业可持续的前提条件，只有绿色就业是真正可持续的就业。

四是就业的职业结构。职业是社会分工和生产力发达程度的重要标志。随着科技的发展，一些传统职业衰落和消退，一些传统职业发生较大调整和变化，一些新的职业或者职业群出现，很多蓝领工作被机器代替，同时需要一批改进流程、掌握技术、同时动手操作的"灰领"，就业结构的"金字塔"将逐步扁平化，可能最终呈现菱形结构，中间最庞大部分是"灰领"队伍，两头是"蓝领"和"白领"阶层。"白领"和"蓝领"的比例会逐渐减少，"灰领"群体将越来越壮大，成为主要职业群体。工作方式也出现变化，移动办公、弹性工作制、自主创业等工作方式不断增加。

## 第四节　就业的经济效率与更高质量就业

根据劳动经济学原理，作为重要生产要素的劳动力只有被高效率地使用，才能创造最大的产出，为劳动者创造最大的效用。高质量的就业一定是高效率的就业。

就业的经济效率首先表现为最优的劳动生产率，即单位劳动投入的产出水平最优，它反映一定量劳动投入所得的有效成果数量。劳动者、劳动手段和劳动对象都对劳动效率有影响，劳动者平均熟练程度越高，劳动生产率就越高；科学技术越是发展，而且越是被广泛地运用于生产过程，劳动生产率也就越高；生产过程中劳动者的分工和协作效率越高，劳动生产率越高；生产资料使用规模越大、使用效能越高，劳动生产率越高；自然条件也对劳动生产率有重要影响。只有不断提高劳动者素质，不断提高生产技术水平，不断提高生产技术组织效率，才能不断提高劳动生产率。此外，政策因素也对劳动生产率产生影响，合理的分配政策可以调动劳动者的积极性，相反，就会抑制劳动者的积极性，劳动者的积极性在很大程度上决定了劳动效率的高低。任何经济体劳动生产率的增长是由部门劳动生产率变化、部门劳动力配置结构变化以及上述两种变化的交互作用而实现的，提高劳动生产率的途径有二，一是在投入结构不变的情况下提高产出效率，二是劳动力从低生产率部门向高生产率部门转移也会提高整体劳动生产率。劳动生产率低是影响我国经济转型发展最关键的因素，必须不断提高劳动生产率。

就业的经济效率还体现在全社会的劳动所得，即劳动投入获得的劳动报酬。物质生产领域劳动者在国民收入初次分配中获得个人收入，包括工资、奖金、福利费用和农民或其他劳动者的收入，非生产部门劳动者在国民收入的再分配中获得工资，此外，各种劳务付费、居民之间的馈赠、生产单位直接举办的各种福利事业，也可影响国民收入再分配，最后形成生产单位、非生产单位和居民的最终收入。国民收入经过初次分配和再分配以后，最终分配到积累和消费两个方面；积累和消费体现全体社会成员的长远利益和目前利益、整体利益和个人利益。安排好国民收入的最终分配、处理好积累与消费的关系，最根本的原则就是坚持一要吃饭，二要建设，先生活，后生产，再建设的方针。近年来，我国居民收入在国民收入中所占比重不断下降，企业所得比重偏低，积累不足；地区间收入分配不平衡，差距不断扩大；城乡间收入分配不均衡，差距不断拉大；收入向高收入群体集中，贫富差距扩大；政府再分配调节力度不够，社会保障欠账较多。收入分配中存在的这些问题，严重制约了城乡市场开拓和消费需求扩大，影响国民经济的良性循环。由垄断和不公平竞争带来收入差距的扩大，使得人民群众的生产劳动积极性、创造性受到挫折，不利于效率的提高；群众对分配不公和腐败现象的不满情绪增加，影响社会稳定。为此，我国正在制定收入分配改革方案，逐步提高居民收入在国民收入分配中的比重，提高劳动报酬在初次分配中的比重，增加城乡居民收入。

就业的经济效率高，一方面表现为平均的劳动报酬水平高，另一方面还表现在劳动报酬差距在合理范围内。根据经济学原理，市场经济条件下，要素会向回报率高的部门流动，直到各部门之间的要素回报率达到均衡，这时，经济的产出水平是最高的，达到了帕累托最优。因此，更高质量的就业应该是各部门之间劳动报酬水平相对均衡，各部门的劳动生产率水平趋于均衡，也就是社会收入结构应该呈两头小、中间大的橄榄型结构，劳动力在各部门就业的差别在一定限度内，劳动力在部门间的流动相对容易。

就业的经济效率可以从考察劳动生产率和劳动收入入手，主要应考察劳动收入的水平、结构和变动。

# 第五节　职业安全与更高质量就业

国际劳工组织1981年6月22日通过了第155号公约，即《职业安全和卫生及工作环境公约》，要求各国采取措施，对经济活动各个部门中的受雇人员在工作场所的健康予以保护，把工作环境中内在的危险因素减少到最低限度，以预防来源于工作、与工作有关或在工作过程中发生的事故和对健康的危害。对职业安全和卫生及工作环境有影响的要素包括：工作的物质要素（工作场所、工作环境、工具、机器和设备、化学、物理和生物的物质和制剂、工作过程），以及机器、设备、工作时间、工作组织和工作过程对工人身心能力的适应。

职业安全和卫生及工作环境首先与生产力发展水平有关，因为生产力水平越高，生产手段越先进，生产单位也越有能力增加投入改善劳动条件和生产环境。不同行业、不同职业的劳动条件不同，农业、制造业、采掘业、建筑业往往存在自然条件、噪音、粉尘等污染，机械化的操作也易导致生理性疾病。除了硬环境，还有软环境，劳动者的心理健康也很重要的。

实现就业绝不能以牺牲劳动者的身心健康为代价，因此各国普遍通过立法、加强执法、建立职业安全卫生设施、改善企业管理等手段，减少和避免因工伤亡事故以及职业危害、职业中毒和职业病。如美国在劳工部成立了职业安全卫生监察局（OSHA），开发职业安全与卫生标准，对工作场所的安全行政管理标准实行强制监察；组建国家职业安全卫生研究所（NIOSH），研究职业安全卫生等方面的工作；组建职业安全卫生审查委员会（OSHRC），评判在强制安全卫生监察过程中与雇主产生的矛盾。我国也有类似相应的机构。我国虽然生产力发展水平不高，但政府高度重视职业安全卫生工作，制定了 ISO 14000 等国标，加强劳动监察执法，制定颁布实行了《工伤保险条例》，使职业安全卫生状况不断改善。不断改善生产条件、加强职业保护是推动实现更高质量就业的必要内容。更高质量的就业必须是劳动者在工作中的人性得到充分尊重。

# 第六节　和谐劳动关系与更高质量就业

劳动关系是劳动者在劳动过程中与劳动力使用者之间形成的一种最基本的社会关系，实际上就是就业过程中雇佣双方之间的关系，主要是劳资双方关于劳动所得的分配关系，其结果决定于雇佣双方的力量对比。当劳动者处于弱势地位时，劳动者的就业权益往往受到损害；如果劳动者过于强势，资方利益得不到保障，最终也会对总体就业产生不利影响。因此，政府是劳动关系协调方，通过制度建设、立法执法，促进劳资双方实现共赢，促进和谐劳动关系建设。总之，和谐劳动关系是指劳动关系双方一种和谐融洽的良好状态，是就业的基石，也是经济社会发展的重要影响因素。

国外劳动关系有悠久的发展历史。市场经济国家都经历过激烈的劳工运动，建立了劳动关系三方协调机制。改革开放以来，我国的劳动关系发生了深刻的变化，与之相对应，调整劳动关系的手段、措施和机制也在逐步完善。以《劳动法》《劳动合同法》为主体的有关劳动合同和集体合同制度、劳动标准体系、劳动争议处理体制和劳动保障监察制度等法律、法规体系的颁布、实施和建立，以及由中华全国总工会、劳动和社会保障部、中国企业家联合会、中国企业家协会组成的国家级劳动关系三方会议制度的建立，使劳动关系矛盾调整处理纳入了法律的轨道，向着有序的方向发展。这些制度改革和机制的形成，初步实现了劳动关系调整的法制化和规范化，为保持劳动关系的总体和谐，维护社会的和谐稳定，促进国民经济和社会的健康发展发挥了重要的作用。

但随着现代化、市场化、城镇化、信息化、全球化、老龄化等多重社会变迁交织，用人单位主体多元化，用工和就业形式多样化，劳动关系柔性化、多样化、复杂化、动态化、分层化日趋明显。劳动就业、社会保障、收入分配等方面关系劳动者切身利益的问题比较突出，劳动保障监察、劳动争议仲裁体制、机制还不健全，使得我国劳动关系问题具有突出的特殊性、复杂性和重要性。经济结构调整和产业转型升级，为劳动关系调整带来巨大的挑战。"强资本弱劳动"格局没有改变，劳动合同签订率不高，劳动者权益易受到侵害，劳动保障监察乏力和劳动争议频发，直接影响社会和谐稳定和发展。这说明，我国劳动关系存在不少影响社会和谐的矛盾和问题需要亟待研究解决。

当前，和谐劳动关系调整机制正在努力建设中，在《劳动合同法》《就业促进法》《劳动争议调解仲裁法》《社会保险法》相继出台后，正在制定《企业工资条例》等法律法规，建设和谐劳动关系的法治条件不断改善。未来，和谐劳动关系应当是合同型、法制型、民主型、救助型的，推动实现更高质量就业，必须是劳动关系和谐稳定。

# 第七节　公平就业与更高质量就业

平等就业，即反就业歧视，是指劳动者在就业过程中享有平等的就业权利，不因劳动者的性别、民族、宗教信仰、户籍等因素受到不平等的对待。平等就业是我国劳动立法确立的一项基本原则，但在现实中，不公平就业的就业歧视现象广泛存在，由于户籍、性别、年龄、学历、身高等方面的原因，一些劳动者不能平等地参加职业的竞争、不能享受同样的就业条件和待遇、不能享受一般劳动者普遍享受的权利、比一般劳动者承担更多的负担和责任。现实中的就业歧视现象有以下几个方面。

一是户籍制度从制度上支持了劳动力市场的就业歧视，造成劳动力市场的二元甚至多元分割，增加了劳动力在农村与城市、城市与城市之间流动就业的流动成本和迁移成本，限制了劳动者在平等基础上自主择业的权利。二是性别歧视。许多用人单位不愿意雇佣女性，或者在雇佣时对男女求职者采取不同的标准，某些私营企业在女职工孕期采取"变岗变薪"的方法侵害女职工的合法权益。三是年龄歧视。在一些招聘广告中，经常可以看到有关求职者年龄的限制性条件，将一大批年龄较大的求职者排斥在外。有的单位采用强迫的方法使达到一定年龄的受雇者自动离职或者退休，或者当受雇者达到一定年龄，其升迁就受到影响。四是学历和经验歧视。随着就业竞争的日益激烈，有的单位招用博士要"查三代"，实际上是严重的学历歧视。在一些招聘广告中，常常有工作经验的要求，这使得一些没有工作经验的大学生望而却步。五是体貌歧视。有的用人单位往往在招聘是对求职者的身高做出硬性规定。某地的教育部门重新认定教师职业资格时，规定身高160cm以下的男性不得当教师。这一规定不仅限制身高160cm以下的男性进入教师职业，而且许多授课多年的老师也面临下岗的困境。六是身体状况歧视。除了少数特殊行业外，慢性乙型肝炎病毒携带者可照常参加工作，但是许多单位在录用过程中，通过设置一定的体检标准来限制乙肝病毒携带者的录用。此外，还有血液、姓氏歧视等。

就业歧视的普遍存在，既有市场性因素，也有制度性因素。由于社会风气、价值观念、传统习俗等市场性因素的影响，某些人群在就业中受到排斥和限制，如公开歧视妇女、少数民族和持不同宗教信仰的劳动者，这些限制和排斥行为是法律法规所禁止的，受歧视者可以通过行政执法和司法途径得到维权。另外，我国在制度安排和政策制定层面上，有些法律、法规、条例、政策将一些含有歧视性的内容予以了制度化，造成了制度性歧视，如户籍型歧视等。还有一种情况是，法律制度本身的不完善，对就业歧视现象缺乏可供调整的法律依据。我国现行的劳动法对就业歧视采取的是原则性立法，类型特定，而且劳动法本身没有对就业歧视行为做出具体的救济措施，在实体法和程序法的规定上都存在较大的欠缺，需要在今后予以完善。

将社会出身、性别、户籍、残障或身体健康状况、年龄、身高、语言等劳动者与生俱来的、自己无法改变的"个人属性"设为招聘和就业条件，采取区别对待、排斥或者给予优惠等任何违反平等权的措施侵害劳动者劳动权利的就业歧视行为，严重扭曲了劳动力的正常流动，增加了劳动力就业的成本，破坏了就业市场的公平竞争环境，加剧了就业矛盾，挫伤了劳动者的积极性，导致人力资本巨大浪费，严重的就业歧视还导致了诉讼案件、自杀现象、暴力案件的增加，加剧社会矛盾，影响我国和谐社会的构建。总之，就业歧视严重影响就业效率和社会稳定。

平等就业的权利是人权的重要方面。国际劳工组织第111号《劳动和职业歧视公约》规定，基于种族、肤色、性别、宗教、政治见解、民族血统或社会出身所做出的，后果是取消或损害劳动或职业机会均等或待遇平等的任何区别、排斥或者优待都是歧视。"劳动"和"职业"包括获得业务培训、获得工作和特别职业，以及劳动条款和条件。1951年国际劳工组织第100号公约《对男女工人同等价值的工作付予同等报酬公约》，从劳动权利方面规定了平等就业的最低标准和范例。

我国《劳动法》第12条规定"劳动者就业，不因民族、种族、性别、宗教信仰不同而受歧视"，第13条特别强调妇女享有与男子平等的就业权利，在录用职工时，除国家规定不适合妇女的工种或岗位外，不得以性别为由拒绝录用妇女或提高对妇女的录用标准。

《中华人民共和国就业促进法》重申了《劳动法》关于禁止就业歧视的规定，并且强调，"国家保障残疾人的劳动权利"，"用人单位招用人员，不得以是传染病病原携带者为由拒绝录用""农村劳动者进城就业享有与城镇劳动者平等的劳动权利，不得对农村劳动者进城就业设置歧视性限制。"

反就业歧视、实现平等就业不仅是提高就业质量的迫切需要，也是国际人权保护的强烈要求。提高就业质量必须逐步消除各种形式的就业歧视。

# 第八节　平衡工作生活与更高质量就业

工作生活和家庭生活之间存在潜在冲突，平衡工作和生活，从雇主的角度是为了提高劳动者的工作效率，从劳动者的角度是为了生活得更好。有关研究表明，平衡生活和工作是影响员工工作满意度的重要方面，仅次于福利和薪酬，更是影响女性工作满意度的最重要的因素，因为许多妇女仍然承担了家庭的大部分责任。无论从哪个角度，高质量的就业都必须平衡好工作和生活。

工作生活平衡的理论框架基于如下假设：人们都愿意追求安逸的生活；每个人都能对工作和生活的效用做出自我判断；个人因减少工作时间而失去的效用能够通过生活中的效用得到补偿；个人对工作和生活的效用评价在一定时期内是既定不变的。在上述假设前提下，工作生活平衡理论基于劳动者从消耗在工作上的时间和消耗在生活上的时间获得的效用来分析。

人生不同阶段面临的主要问题不同，从单身、婚后、子女出生、到子女成人，劳动者面临的主要问题从择偶、结婚、抚育子女、到照顾父母，每个阶段的生活压力和对工作的影响都不同。平衡工作生活，一是要获得更大的工作弹性，二是要获得更多的生活福利。因此，平衡工作生活的主要措施包括弹性工作制、员工福利等。

实现更高质量的就业也是为了改善民生，让人们生活得更美好，劳动者能够有闲暇时间休息、娱乐、学习、过家庭生活，通过就业获得的劳动报酬不但能够满足个人及家庭的基本生存需要，还能满足个人及家庭成员的发展需要。

人的生命和精力是有限的，平衡工作与生活，一是要平衡好职业生涯中不同阶段的工作与生活，要对劳动力开发利用阶段中阶段性的劳动力储备做好安排，使劳动者有时间和精力提高自己的人力资本，可以根据生活需要选择工作的时间和方式，兼顾工作与生活。二是平衡好日常的工作与生活，使体力精力能够得到及时的恢复，这就涉及工作时间的制度安排。

平衡好工作与生活的重要物质条件是劳动收入。劳动收入和劳动时间是一个问题的两面，如果工资率太低，劳动者就不得不把更多的时间用在工作上，挤压生活的时间，挤压人力资本投资的时间，形成恶性循环。正常劳动时间内的劳动收入要满足生活需要，一方面受到人均财富创造能力的影响，生产力水平越高，人均财富创造能力就越强，工资率也越高；另一方面是受到国民收入分配的影响，国民收入在政府、企业和家庭之间分配，如果政府税负过重，或资本利润率过高，都会挤压劳动所得；还受到物价因素的影响，如果存在通货膨胀问题，会影响到劳动报酬的支付能力。可见，平衡好工作与生活既受经济发展影响，更受体制、制度安排的影响。

我国劳动者的工作时间长，不但挤压了教育培训和人力资源再开发的时间，也影响了家庭生活的时间，"过劳死"等危害身心健康的情况也时有发生。一方面，虽然工资水平在增长，但工资增长率一直低于 GDP 增长率和财政收入增长率，总体上居民可支配收入增长低于政府财政收入和利率增长的速度；另一方面，物价增速远高于居民收入的增速。同时，由于教育、医疗、住房等基本公共服务的市场化，一部分人的劳动收入难以很好地负担生活的支出。

## 第九节　劳动力市场环境与更高质量就业

劳动力市场是现代市场经济中最重要的生产要素市场，在劳动力市场中，劳动力供求主体通过价格机制，自主达成劳动契约关系，实现社会就业。劳动力市场最主要的要素就是劳动力供给、劳动力需求和价格机制。高质量的就业就需要有一个良好的劳动力市场环境，让价格机制充分发挥作用，让劳动力供求双方更好地相互匹配。

根据劳动力市场理论，由于种种制度性力量的影响，劳动力市场可以分为主要劳动力市场和次要劳动力市场。主要劳动力市场指大公司、大企业和大机构中的职业岗位，雇员工作稳定，工资较高，晋升前景良好，自主性大；次要劳动力市场指小公司、小企业的职业岗位，雇员工作不稳定，工资较低，工作条件差。两个市场之间相对封闭，人员很少相互流动。由于一些非市场性的因素，如性别、年龄、种族及教育程度等，不同背景的人进入不同的劳动力市场从而享受不同的待遇。一般来说，能进入主要劳动力市场的基本上是男性、年纪较大的人、白人及教育水平较高的人，进入次要劳动力市场的主要是女性、年轻人、有色人种及教育水平较低的人。提高就业质量，就需要从劳动力供给、需求和供求机制入手，消除非市场性因素的不良影响，促进劳动力更好地就业。

从政策、制度上考察劳动力市场环境主要看公共就业服务和劳动力市场政策的情况。目前我国劳动力市场中提供就业服务的机构包括，各级劳动社会保障部门举办的职业介绍所；各级人事部门举办的人才交流中心、各类民办的人才交流中心、各类民办的职业介绍所、政府有关部门举办的各类劳动力供需交流会、社区劳动保障服务平台、专门的职业介绍网站等，提供的就业服务包括：就业失业登记、招工和求职信息、介绍求职人员就业、人才租赁服务、培训、人才测评、劳动力资源配置策划、薪资水平调查、档案保管、专业技术职称申报和评审、大中专毕业生试聘期管理和转正定级、聘用合同鉴证、接转和管理组织关系等人事代理服务等。

从实际效果考察劳动力市场环境，最重要的标准就是创业率和劳动力的流动性，一个要素充分流动和充满创新活力的市场是最具有效率的市场。管理学家彼得·德鲁克在研究美国经济和就业关系时发现，美国 1965—1984 年间的就业结构中，年龄在 16～65 岁之间的人口从 1.29 亿增加到 1.78 亿，增加 38%；同期就业人数从 7100 万增加到 1.03 亿，增加 45%。几乎所有的就业机会都是由中小企业，特别是那些创业型和革新型企业所创造的。他由此得出结论，创业型就业是经济发展的主要动力之一，也是美国就业政策成功的核心。我国出台了一系列促进创业的政策体系，并提供创业服务，创造劳动力需求，促进创业。

劳动力流动是最重要的劳动力市场机制，决定着就业的效率。从主观方面讲，劳动者个人的劳动能力、职业兴趣、就业意愿会发生变化，从客观情况看，用人单位的产品的品种和数量、生产的技术和工艺会发生变化，劳动力为了获得更高的劳动报酬、闲暇等而在工作间、企业间、地区间、职业间、就业状态间流动是一种客观必然。从宏观经济方面看，伴随经济的增长而出现的技术结构、产业结构的变动，还会引起劳动力在产业间、部门间的转移。总体上讲，劳动力根据市场价格信号自主流动，有利于在全社会范围内合理地配置劳动力资源，从而有利于提高社会经济效益，有利于满足劳动者的自身需要。另一方面，劳动力流动过多过快，既不利于改善劳动者的就业，也会损害社会经济效益，政府应采取政策改善劳动力的流动状况。

影响劳动力自主流动的第一因素主要是劳动力市场机制不完善。迄今为止，我国还没有一个统一的劳动力市场供求信息网络，也没有统一的劳动力市场价格信息，正规部门就业人员的流动率很低。影响劳动力自主流动的第二因素是劳动力市场的体制性分割，城乡之间、城市内部体制内和体制外劳动力市场仍然处于分割状态，事实上存在体制内对体制外就业的歧视、城市对农村就业的歧视，体制内劳动力流动不起来，体制外劳动力流动率过高，成为劳动力流动的制度障碍。影响劳动力自主流动的第三因素是就业保障不完善，工作转换过程中较少得到有效帮助，如失业保险、职业介绍等。此外，人事制度改革滞后也严重制约了劳动力市场的完善。户籍制度的制约，人事档案制度改革的滞后，"人档分离，收费管理"的流动人员档案管理办法不符合建立统一开放的人才市场的需求；而且传统人事档案的采集利用制度也不符合"国家尊重和保障人权"的要求。人事制度改革尚未完全到位，公共部门辞退、辞职的暂行规定不完善，影响了国家机关与事业单位人员的出口，造成了想出去的人出不去，不胜任的人该走却走不了的局面，这些都导致了人才市场供需主体难以完全到位，人才市场运行机制不够健全，市场供求、价格、竞争机制对人才资源配置的调节作用不能充分发挥。上述因素影响到了劳动者从学校向工作的顺利过渡，影响到了用人单位人员的调整，影响到了劳动力市场中的自主流动，影响到了劳动者的职业生涯，影响到了劳动力在生命周期中的有效开发利用，最终也影响到了经济社会发展。

高质量的就业一定是劳动者自主选择的就业，劳动者可能出于继续学习的需要、可能出于照顾家庭的需要、可能出于身心调整的需要（生病、生育、哺乳、假期、培训、劳动争议）选择暂时离开劳动力市场或更换就业岗位或重返劳动力市场，因此存在一定的摩擦性失业，而不是因为怕就业难而一次就业定终身，也不是被迫地不停转化工作，或退出劳动力市场。

# 第十节　劳动力资源与更高质量就业

劳动力资源对就业产生重要影响。劳动力资源包括劳动力的数量和质量两个方面。人口的数量、年龄结构、增长模式、人口迁徙决定着可供利用的人力资源的数量。随着经济的不断发展，会经历劳动力从无限供给到有限剩余再到短缺的发展阶段，使得劳动力的数量成为影响潜在经济增长率的重要因素，因此，很多国家在发展到一定阶段后，都制定了引进劳动力的政策。人口发展的另一个规律是人口老龄化和劳动力大龄化，因此重视青年就业和开发利用大龄、老龄人力资源也是各国人力政策的重点。

劳动力资源的质量包括劳动力的体质、智能和思想、道德方面的内容。劳动力人口的智能包括知识、智力、技能三个方面。知识需要传授；智力是人们认识客观事物、运用知识、解决问题的能力，包括观察力、记忆力、思维力、想象力和实践能力，需要实践锻炼；技能是人们合理化、规范化、熟练化的动作能力，需要训练。总之，劳动力资源的质量包括健康素质、文化科学技术水平和生产劳动经验等方面。劳动力资源的质量对就业的影响更大，甚至起到至关重要的作用。较低的劳动力素质决定了较低的新增供给能力，成为经济增长和就业创造的制约因素，因此，提高劳动力供给的质量对就业起到至关重要的作用。提高劳动力资源的质量，还是要大力发展教育，提高教育质量，加强职业技能培训，满足经济发展需要。

此外，劳动力资源开发还包括提高劳动力参与率和提高劳动力资源利用效率。实现更高质量就业，关键是要提高劳动力素质。

# 第八章　高校毕业生就业质量提升策略

高校毕业生是国家十分宝贵的人才资源，是青年人才的重要来源，是我国实施科教兴国战略和人才强国战略的生力军和动力源，在全面建设小康社会和加快社会主义现代化建设进程中起着基础性、战略性作用。高校毕业生就业创业工作是教育领域重要的民生工程。高校毕业生就业质量关系到国家的经济增长、社会稳定和广大人民群众的根本利益，关系到学校的长远发展、社会声誉和高等教育未来的改革方向，关系到广大毕业生的成长成才和切身利益，是社会整体就业工作的重要组成部分。

## 第一节　提升高校毕业生就业质量的总体思路

### 一、宏观层面

政府掌握着丰富的经济、社会和政治资源，在实现大学生高质量就业工作中起主导作用，最根本的还是必须坚持发展是第一要务的战略思想，坚持科学发展，在发展的基础上采取各种措施，千方百计创造充分的就业机会，努力营造公平的就业环境，着力提高劳动者的就业能力，不断优化就业结构，积极构建和谐劳动关系。

党中央、国务院高度重视高校毕业生就业创业工作，党的十九届三中全会、中央经济工作会议（2018 年）对做好当前和今后一段时期高校毕业生就业创业工作提出了明确要求，国务院把高校毕业生就业创业工作列为稳增长、促改革、调结构、惠民生 19 项政策措施重要内容之一，并对做好高校毕业生就业创业工作做出明确部署。根据《国务院办公厅关于做好 2019 年全国普通高等学校毕业生就业创业工作的通知》要求，各地区、各有关部门和高校要高度重视高校毕业生就业创业工作，鼓励高校毕业生到城乡基层就业，鼓励小型微型企业吸纳高校毕业生就业，深入实施离校未就业高校毕业生就业促进计划，加强就业指导、就业服务和就业援助，进一步创造公平的就业环境，推动创新高校人才培养机制，加大宣传工作力度，加强对高校毕业生就业创业工作的组织领导等。

此外，全社会要努力营造关心、支持、帮助高校毕业生就业创业的良好氛围，加强社会宣传和舆论引导，鼓励高校毕业生树立正确的就业择业观念，完善现代市场监管体系，为高校毕业生提供一个公平的、合理的、透明的竞争环境。通过多方位努力，予以青年劳动者更多的宽容与支持，形成促进青年更高质量就业的良好氛围与环境，使全社会均关注青年劳动者的更高质量就业，通过全面努力不断推动实现青年更高质量就业。

## 二、中观层面

高校作为人才培养的重要基地，肩负着向社会输送高素质人才队伍的重任，高校要主动适应国家和地方经济发展和社会需求，充分利用高校优质办学资源，深化教育综合改革，加快转变教育发展方式，增强高等教育与社会需要的适应性，加大工作和政策力度，突出就业指导服务的个性化、专业化和精细化，努力培养和造就数以亿计的高素质劳动者、数以千万计的专门人才和一大批拔尖创新人才，实现高校毕业生更加充分和更高质量的就业。

高校毕业生就业创业工作是教育领域重要的民生工程，根据《教育部关于做好2015年全国普通高等学校毕业生就业创业工作的通知》要求，各地各高校要全面推进创新创业教育和自主创业工作，大力引导高校毕业生到基层就业，强化就业指导服务，进一步加强思想教育和政策宣传，推动高等教育更好适应经济社会发展需要，加强就业创业工作组织领导等。

供需双方就业匹配满意度提高，有利于促进经济社会的发展，提供更多的就业岗位。用人单位作为需求方在就业市场中选拔毕业生，应树立科学合理的用人观，不断提高人力资源管理水平，做到人尽其才，才尽其用。建立就业实习见习基地，增加大学生就业培训和实践机会，提高毕业生的职业素质和就业竞争力。构建和谐劳动关系，加强企业民主管理制度建设，健全劳动关系协调和矛盾调处机制，切实保障毕业生合法权益。

## 三、微观层面

在高校毕业生整体就业形势日益严峻的背景下，知识型、创新型、复合型的高素质毕业生更受到企业的青睐和追捧，而部分高校毕业生的就业观念比较落后，在知识结构、技能水平以及职业素质等方面难以满足用人单位的要求。习近平总书记在天津考察时，勉励当代大学生志存高远、脚踏实地，转变择业观念，坚持从实际出发，勇于到基层一线和艰苦地方去，把人生的路一步步走稳走实，善于在平凡的岗位上创造不平凡的业绩。大学生在校期间要做好职业生涯规划，科学制定学习计划和目标，充分发挥主观能动性，努力提高自身综合素质，形成就业核心竞争力。

此外，受中国传统文化家庭伦理本位价值观的影响，高校毕业生的就业选择不仅仅是个人的决策问题，而是在所处的社会经济条件和地位上，整个家庭做出的一种集体决策。因此，大学生家庭要合理调适家庭就业期望，使其与大学生自身的就业能力相匹配，与当前就业形势的整体状况相适应，为大学生的就业提供物质保障和精神支持。

# 第二节 政府提升高校毕业生就业质量的对策

## 一、调整经济结构，增加高校毕业生就业岗位

经济增长是就业扩大的前提和条件，但经济增长并不会自然导致就业成效的相应提高，政府应始终坚持把扩大就业、控制失业列为经济社会发展重要调控目标，在保持经济持续快速增长的同时最大可能地增加就业岗位，致力于促进经济增长与扩大就业的良性互动。就大学生就业而言，要结合产业转型升级开发更多适合高校毕业生的就业岗位，拓展新领域，发展新业态，多方位拓宽就业渠道，保持高校毕业生就业形势稳定。

### （一）在大力发展经济的同时，不断调整与优化产业结构

自改革开放以来，我国经济持续快速发展，综合国力不断增强，目前经济总量已位居世界前三位，成为全球具有重要影响的最大新兴经济体和世界工业与制造业大国。经过这几年经济结构的调整，尤其是随着服务业的加快发展，目前 GDP 大概增长 1 个百分点，能够拉动 130 万甚至 150 万人就业。根据人力资源和社会保障部和有关方面反复测算，要保证新增就业 1 000 万人、城镇登记失业率在 4% 左右，需要 7.2% 的经济增长。

在经济总量扩大的同时，我国产业结构发展不协调的问题日益显现，突出表现在农业基础薄弱、工业大而不强、服务业发展滞后、部分行业产能过剩等方面。因此，把调整产业结构作为转变经济发展方式的重要内容，从市场需求出发，进一步加强农业基础地位，培育壮大现代产业体系，促进三次产业协同发展，努力使产业结构和产品结构更好地适应市场需求变化，既为当前保持经济平稳较快发展提供支撑，又为扩大社会就业岗位创造条件。

根据产业就业互动理论，产业结构调整必然会使劳动力结构和技术结构出现一系列变化，促使劳动力就业产生新组合。随着二、三产业的长足发展，与地方产业联系紧密的应用型专业、与综合性产业关联度高的服务型专业以及与技术知识密集型产业相互依存的新兴专业就业形势呈现良好发展态势。

### （二）在做大做强大中型企业的同时，支持小微型企业健康发展

国有大中型企业是我国国民经济的支柱，其经营状况直接关系着我国国民经济的发展和社会主义制度的巩固，因此，政府要进一步深化企业改革，搞好国有大中型企业。随着市场经济的不断发展，小微型企业在增加就业、促进经济增长、科技创新与社会和谐稳定等方面具有不可替代的作用，对国民经济和社会发展具有重要的战略意义，已成为吸纳高校毕业生的主渠道。

但受国内外复杂多变的经济形势影响，当前小型微型企业经营压力大、成本上升、融资困难和税费偏重等问题突出。政府高度重视小型微型企业发展，出台了《国务院关于进一步支持小型微型企业健康发展的意见》，对小型微型企业工作做出了全面部署：进一步加大对小型微型企业的财税支持力度，努力缓解小型微型企业融资困难，进一步推动小型微型企业创新发展和结构调整，加大支持小型微型企业开拓市场的力度，切实帮助小型微型企业提高经营管理水平，促进小型微型企业集聚发展，加强对小型微型企业的公共服务等，为小型微型企业发展创造良好环境，推动小型微型企业在转型升级过程中创造更多岗位，吸纳高校毕业生就业。

### （三）在积极发展高新技术产业的同时，加快发展现代服务业

大力发展高新技术产业是当今世界经济发展的潮流和趋势，也是中国加速经济发展和提高自身竞争力的必经之路。近年来，政府高度重视高新技术产业的发展，出台了《高新技术企业认定管理办法》《国家重点支持的高新技术领域》等文件，着力促进了电子信息技术、生物与新医药技术、航空航天技术、新材料技术、高新技术改造传统产业等高新技术领域，保持良好的发展态势。高新技术产业在加快产业结构优化升级、辐射带动区域发展的同时，也引进和培养了大批高端人才，创造了大量就业岗位，已经成为吸纳高校毕业生的重要载体。

现代服务业是一种依托信息技术和现代管理理念、经营方式和组织形式发展起来的新兴产业，呈现出高技术密集度、高知识含量、高附加值的"三高"和低能耗、低物耗、低污染的"三低"特点，是衡量一个国家和地区综合竞争力和现代化程度的重要标志。现代服务业的发展能够创造更多的高质量的就业岗位，改善国民经济的就业结构，有利于缓解以大学生为代表的高端劳动力的就业问题。

在应对国际金融危机冲击过程中，中央明确提出把服务业作为扩大内需、培育新的经济增长点的重要领域，要求把加快发展服务业作为转变发展方式、调整经济结构的战略举措。

## 二、深入实施就业促进政策，积极推进创业带动就业

面对高校毕业生就业压力加大形势，党中央、国务院高度重视，一方面，坚持把稳定和扩大就业作为宏观调控的重要目标，大力实施就业优先战略，深入实施更加积极的就业政策，强化落实各项促进就业工作措施；另一方面，着力培育大众创业、万众创新的新引擎，把创业和就业结合起来，以创业创新带动就业，催生经济社会发展新动力，为实现更加充分、更高质量的就业提供新动能。

### （一）优化对大学生就业的宏观调控职能

宏观调控主要是指政府运用财政政策、货币政策、法律手段和一些行政手段，对市场

经济活动进行干预和调节。我国宏观调控的主要目标是：促进经济增长，增加就业，稳定物价，保持国际收支平衡。我国高校毕业生就业制度经历了从计划经济体制下由国家"统包统分"向社会主义市场经济体制下"国家政策指导，毕业生自主择业"的转变，初步形成了"市场导向、政府调控、学校推荐、学生和用人单位双向选择"的就业制度，建立起了具有中国特色的适应社会主义市场经济体制和高等教育大众化要求的一整套毕业生就业体制和政策体系。

从 1999 年扩招以来，我国高等教育快速发展，办学规模不断扩大，办学效益不断提高。但由此引发的一些问题也接踵而来：扩大规模的辅助性政策和措施跟不上，造成学校教学和设施条件下降，教育教学质量呈现出滑坡现象；一些学校在学科专业设置、教学管理方面与市场需求脱轨，导致人才供应不适应经济社会发展需要，高校毕业生就业局部性、结构性失衡等。鉴于我国高校毕业生就业难的问题，一方面，政府要将高等教育事业发展的规模和速度控制在科学合理的范围内，从国家经济社会发展对人才的实际需求出发，深化高等教育改革，加大专业结构调整力度，优化人才培养结构，走以提高质量为核心的内涵式发展道路；另一方面，政府要协调好高校、用人单位以及大学生之间的关系，用人单位是需求主体，学生是供应主体，而高校则承担着培养和输送人才的重要职责，三者之间难免出现矛盾和冲突。政府应当运用相应的经济手段、法律手段和必要的行政手段，积极开发和创造更多的就业岗位，为毕业生就业营造良好的制度性、政策性环境，着力培养高素质的复合型人才，实现由人才供给导向型向就业需求导向型的转变。

### （二）继续实施更加积极的大学生就业政策

就业政策是国家宏观经济政策的重要构成内容。从根本上来说，就业政策的选择类型及其实施手段，服从于国家宏观经济战略目标的调整和实现，从而会对本国的就业状况产生不同的影响。

政府要坚持实施更加积极的就业政策，突出抓好高校毕业生、就业困难人员等重点群体就业。《关于进一步做好新形势下就业创业工作的意见》第十三条指出，鼓励高校毕业生多渠道就业，把高校毕业生就业摆在就业工作首位。一方面，结合城镇化进程、公共服务均等化、农业科技创新等要求，充分挖掘教育、劳动就业、社会保障、医疗卫生、住房保障、社会工作、文化体育及残疾人服务、农技推广等基层公共管理和服务领域的就业潜力，更多地吸纳高校毕业生就业。另一方面，继续统筹实施好"农村教师特岗计划""西部计划""大学生村干部""三支一扶"等各类基层服务项目，积极支持和鼓励高校毕业生到中西部地区、艰苦边远地区县以下基层单位去建功立业，让青春之花绽放在祖国最需要的地方，在实现中国梦的伟大实践中书写别样精彩人生。

### （三）大力实施大学生创业引领计划

创新是民族进步的灵魂、国家兴旺发达的不竭动力，创业是推动经济社会发展、改善民生的重要途径。李克强总理在考察中国科学院和北京中关村创业大街时强调，推动大众创业、万众创新是激发亿万群众智慧和创造力的重大改革举措，是实现国家强盛、人民富裕的重要途径，要坚决消除各种束缚和桎梏，让创业创新成为时代潮流，汇聚经济社会发展的强大新动能。青年人是社会上最富活力、最具创造性的群体，理所当然应该走在创新创业的前列，做锐意进取、开拓创新的时代先锋。

政府创业扶持政策制定与实施的好坏，直接影响着大学毕业生创业的人数、质量和成功率。大学毕业生通过一系列的制度安排或政策工具来增加创业机会、提高创业技能、增强创业意愿，从而提升创业水平，促进新创企业的发展。近年来，国家及各地政府出台了享受资金扶持政策、实行税费减免优惠、提供培训指导服务等多项促进大学毕业生自主创业的优惠政策与措施，促使越来越多的大学毕业生步入自主创业的行列。

创业政策是一个涉及一系列因素的政策体系，涉及金融体系、政府支持政策和法律制度体系。清华大学中国创业研究中心发布的《全球创业观察中国报告：创业环境与政策》，提出了衡量创业环境主要条件的九个方面，即金融支持、政府政策、政府项目、教育和培训、研究开发转移、商业环境、市场开放程度、有形基础设施、文化和社会规范。为引领和支持更多的大学毕业生创业，人社部等9部门发出通知，提出了在全国范围内启动实施"大学生创业引领计划"，力争实现2014—2017年引领80万大学毕业生创业的预期目标。具体而言，各地有关部门要从普及创业教育、加强创业培训、提供工商登记和银行开户便利、提供多渠道资金支持、提供创业经营场所支持、加强创业公共服务六个方面综合施策，进一步增强大学毕业生的创业意识和创业能力，完善支持大学毕业生创业的政策制度和服务体系，形成政府激励创业、社会支持创业、大学毕业生勇于创业的机制，扩大和提高大学毕业生创业的规模、比例和成功率。

## 三、完善就业法律法规，建立健全就业保障机制

近年来，我国政府及相关部门出台了一系列促进高校毕业生就业的政策措施，对于扩大就业规模、改善就业结构、缓解就业压力等方面发挥了积极的作用，但仍缺乏法制化、制度化的规范。因此，制定和完善大学生就业促进法律法规体系，建立健全大学毕业生就业保障机制，为促进大学毕业生就业创业提供法制化、制度化保障，是世界各国共同努力的目标，也是我国促进大学毕业生就业的必然要求。

### （一）制定和完善大学生就业促进法律法规体系

党的十九届三中全会要求，全面推进依法治国，依法加强和规范公共服务，完善教育、就业、收入分配、社会保障等方面的法律法规。政策和法律都是促进大学毕业生就业的重要手段，大学毕业生就业政策法制化是大学毕业生就业促进的根本路径，大学毕业生

就业政策需要定型化、条文化、规范化，构建一个长期稳定的法律制度以及营造健全的、长远性的法制环境，这是解决大学毕业生就业难问题的根本举措。

近年来，我国政府及相关部门颁布了《劳动法》《就业促进法》《劳动合同法》等促进大学毕业生就业的法律以及《就业服务与就业管理规定》《普通高等学校毕业生就业工作暂行规定》等大学毕业生就业促进的法规和规章，初步形成了大学毕业生就业促进政策法律体系，对促进大学毕业生就业、规范大学毕业生就业发挥了重要作用，起到了较好的效果。但现行政策法律制度存在措施多样化且实施机制不力、政策文件多法律规定少、立法滞后且内容过于原则、相关法律保障机制不足、就业促进法律责任机制尚未形成等缺陷。

构建大学毕业生就业促进法律法规体系，应当坚持政府主导的原则。第一，明确政府在促进大学毕业生就业中的责任制度，包括明确执法责任、强化监督责任、明确责任承担方式等；第二，形成就业宏观调控法律机制，将大学毕业生就业工作内容、措施、程序纳入法制化视野，包括完善扩大就业的经济政策、完善自主创业政策、完善大学毕业生灵活就业制度、完善失业保险制度及其他就业保障制度等；第三，建立大学毕业生就业促进监管法律机制，包括人才培养质量监督法律机制、完善劳动力市场监管法律机制等方面；第四，建立大学毕业生就业促进法律法规体系，包括制定《大学毕业生就业促进条例》、完善《就业促进法》《高等教育法》及相关立法与配套制度等；第五，采取切实措施保障大学毕业生就业权益，明确大学毕业生在招聘、就业及失业等不同阶段都应当具有相应的就业权利，并明确保障大学毕业生就业权利实现的具体配套措施。

### （二）建立健全大学毕业生就业保障机制

统一可靠的社会保障制度的确立，有利于大学毕业生转变择业观念，引导大学毕业生到基层和最需要的地方去工作。一方面，需要将大学毕业生纳入社会保障体系。目前经济发达与欠发达地区的社会保障存在较大差距，现有的失业救助体系虽已将大学毕业生纳入救助对象群体，但申请失业救济的要求严格，程序烦琐，且保障水平较低，需要缩小地区间、企业间的社会保障水平差距，强化对于就业促进的保障功能，简化相应程序并提高保障水平。另一方面，完善大学毕业生创业方面的工商、金融、培训辅导等政策保障。加大对大学毕业生创业的政策扶持，加大财政支持力度，强化创业教育、辅导和项目扶持，开辟大学毕业生创业"绿色通道"，提供便捷的"一条龙"服务，建立健全创业政策信息、项目信息系统。在工商登记注册方面降低门槛，主动服务；给予部分金融机构必要的激励和成本控制支持，促进金融机构支持大学毕业生有效创业。完善风险投资机制，强化对风险投资资金的引导，同时加强信用评估体系建设，建立诚信档案、创业档案等制度。

# 第三节　社会层面提升高校毕业生就业质量的对策

## 一、转变社会就业观念

历史唯物主义认为，社会存在决定社会意识，社会意识具有相对的独立性，对社会存在具有能动的反作用。就业观念作为一种社会意识，对大学毕业生择业具有导向和动力作用，支配着大学毕业生对择业目标的期望、定位和选择，左右着大学毕业生的择业行为。正确的就业观念能够指导大学毕业生对职业进行正确的评价，进行准确的定位，进行合理的选择。反之，错误的就业观念将使大学毕业生对择业产生过高或过低的期望，影响准确定位和进行合理的选择。因此，大学毕业生应摒弃陈旧的、非科学的就业观，树立科学的、可持续的与市场相适应的就业观。

### （一）树立符合国家需要的利益观念

美国社会学法学的创始人罗斯科·庞德（Roscoe Pound）将利益定义为某种要求或欲望（demand or desire），把利益分为个人利益、公共利益和社会利益三大类。个人利益是驱动人类行为的重要因素，毕业生在就业过程中偏重个人利益追求，忽视国家利益、公共利益的需要，出现盲目、偏执，过分强调个人发展，以个人为中心，追求自我价值，追求个人享乐，追求高工资，不惜放弃专业改行闲置才华；盲目报考公务员，而不是以为人民服务为宗旨，从业思想错误；讲究实用速效，忽视基础理论知识学习，综合素质下降；求稳怕变，犹豫不决，患得患失，从一而终不愿开拓就业渠道等。

国家利益总是以不同形式在不同程度上体现着国民的个体利益和国民的公共利益，它们之间相互包含并相互体现着对方，存在着不可分割的联系。因此，大学毕业生就业时应考虑长远利益，把个人利益与集体利益、国家利益结合起来考虑，形成符合国家需要的利益观念。习近平总书记勉励当代大学生志存高远、脚踏实地，转变择业观念，坚持从实际出发，勇于到基层一线和艰苦地方去，把人生的路一步步走稳走实，善于在平凡岗位上创造不平凡的业绩。实践证明，大学生只有把个人追求同国家与社会的需要紧密结合起来，才能更好地实现人生价值。

### （二）树立符合社会需求变化的专业观念

从教育和职业的关系来看，专业是就业、职业、事业发展的基石，专业选择和学习目的就是为就业服务，而就业前景又影响专业学习。

在市场机制对劳动力资源起基础配置作用的条件下，经济活动的社会化强化了分工专业化，而劳动力需求的专业性也增加着劳动力对分工的选择、对各类各层次人才供求呈现出不断运动变化的双向选择过程。社会需求变化，必然需要职业的专业性要求也变化，没有一成不变、一劳永逸的"专业"。对于应届大学毕业生来说，择业时不必拘泥于与自身专业对口的工作，要进行行业了解和职业规划，拓宽就业范围，确立宽口径就业的观念，寻找个人能力和兴趣与不同行业工作的契合点，勇于尝试不对口行业的工作。对于在校大学生来说，要主动拓展知识面，加强通用知识技能的学习获取，注重课外活动及实习经验的积累，增强自身在各行业的适应性和兼容性。

### （三）树立符合个人发展实际的薪资观念

不管是公司企业还是机关事业单位，薪资水平与能力、业绩一起增长是一个永不改变的规律。高校毕业生在求职时，不能有效证明自己所具备的能力，更没有为用人单位做出切实的贡献，倘若不求实际地追求高薪，就会坐失就业良机，失去发展机遇。因此，大学生应该树立正确的薪酬观，保持适度的薪酬预期弹性。求职时，不能单纯地从自己付出的学习成本和能力的角度出发，片面提出过高的薪资要求，还应从用人单位的角度出发去思考，认识到他们所提供的薪酬实际是一种极具风险的投资，如果你在实际工作中未能创造出预期的贡献，那将意味着回报率低下，甚至有可能完全失败。大学毕业生在求职过程中，应根据自己的职业发展需要，认真思考和规划，着重关注自身未来的发展及能力的提高，树立立足现实、放眼未来的就业薪酬观，以主动适应劳动力市场薪酬水平变化的新趋势，从而增加成功就职与发展的机会。

### （四）树立符合时代特征的身份观念

美国当代著名的教育社会学家马丁·特罗（Martin Trow）教授将高等教育的发展划分为精英教育阶段（毛入学率 15% 以下）、大众教育阶段（毛入学率 15%～50%）和普及教育阶段（毛入学率 50% 以上）。1999 年，全国高校开始扩招，高等教育毛入学率快速上升，2002 年达到 15%，中国高等教育由"精英教育"进入"大众化教育"时代，2018 年中国高等教育毛入学率达到 34.5%。随着我国高等教育由精英教育向大众化教育的推进，高校毕业生的就业市场已由过去的"卖方市场"转变为现在的"买方市场"。

在精英教育阶段，高等教育是稀缺资源乃至社会特权，高等教育的主要功能是培养政治精英、学术精英和商业精英等，受教育者在职业阶梯上的等级和社会结构中的位置必然增高，被称为"天之骄子"，就业实行"统包统分"的就业模式，一毕业就端上"铁饭碗"，成为国家干部。而随着我国高等教育步入大众化阶段，接受高等教育成为相对多数人的权利，高校毕业生的数量急剧增加，"双向选择，自主择业"的就业模式应运而生，而社会提供的就业岗位呈"金字塔"形状，大学毕业生就业岗位是从"金字塔"的顶部向下滑动，大部分毕业生处在"普通员工"层面。高等教育从精英向大众化转变，大学毕业生已不再是"天之骄子"身份，而是"普通员工"身份，这要求大学毕业生改变那种只有当国家干部、进大城市、能落户口才算就业的狭义就业观，树立起与时俱进、多种方式和渠道就业的广义就业观。

### （五）树立符合市场规律的流动观念

大学毕业生求职与用人单位招聘是双向选择的关系，本研究中高校毕业生的跳槽行为是指大学毕业生自愿离职、主动放弃工作。

高校毕业生跳槽行为是就业市场趋于活跃和成熟的重要标志，一定程度的跳槽率有利于人才资源在不断交换和流动中得到优化配置、有效利用，但频繁的离职对毕业生个人的职业发展、用人单位的经济效益等各个方面都产生极大影响。因此，大学生在求职前，要对自己的工作能力和职业愿景进行谨慎的考虑，尽可能找到适合自己的工作岗位，同时，应认识到一次就业并非终身就业，先就业，后择业，在不利的情况下寻找对自身发展有利的机会，也是大学毕业生就业的明智策略。由于大学毕业生出现相对过剩现象，大学毕业生被高材低用也是难免的，离职并不是唯一的解决问题的办法，跳槽也不一定能够找到更合适的工作，大学毕业生应当强练内功，提升能力，在现有工作岗位上积累经验，创造有利于自己职业发展的条件，寻找将来长远发展的机会。

## 二、构建公平有序的大学生劳动力市场

随着高校扩招，高校毕业生人数不断增加，大学毕业生劳动力市场已成为我国劳动力市场的重要组成部分，是配置和使用大学毕业生劳动力资源的主渠道。

促进大学毕业生充分就业的途径归根结底是要创造一个良好的就业环境，赋予就业环境以充满公平、人文、平衡、和谐的文化氛围。只有逐步改善全社会的就业文化环境，才能从根本上解决社会就业观念的差异，缓和就业矛盾、缓解就业压力，大学毕业生的暂时失业现象将会得到持续转变。

对世界上的大多数人来说，经济机会主要由劳动力市场决定—通过正式的和非正式的工作，或者至少由其调节。公平的劳动力市场和协调的劳资关系，是实现分配公平与社会和谐的基础性制度。

大学生劳动力市场的不完善、不规范是导致大学毕业生就业不公平的原因之一。具体表现在以下几个方面：一是，劳动力流动的障碍，我国劳动力市场在城乡间、地区间和不同所有制企业之间都存在着不同程度的分割，劳动力的自由流动面临体制性障碍。二是，创业环境的严苛，创业是劳动者通过自身努力实现就业和改善生活境遇的重要途径，但严格的登记制度、烦琐的审批程序和沉重的税费负担堵塞了我国许多劳动者的创业之路。三是，就业服务政策的分割，劳动力市场的规章制度和标准往往只针对正式部门的职工，而剩下的多数劳动者没有得到服务和保护。

因此，要努力创造就业公平的环境，消除明显歧视（如户籍、性别、校别歧视等），促进大学生就业择业的平等、规范、有序；加强市场监督，加强对职业中介、用人单位招聘行为的规范与约束，建立健全监督体系，坚决打击侵害大学毕业生就业权益的不法行为，实现就业指导机构与政府部门、高校、大学生和就业市场联动的透明机制；建立评价制度，提高相关部门和机构的管理水平，加大对用工制度以及薪酬待遇等方面的监督力度，促进大学毕业生公平就业。

## 三、构建公平就业的企业制度环境

影响毕业生工作满意度的很重要因素是用人单位的人力资源管理的水平和质量，大学毕业生的就业质量也是用人单位的人力资源管理质量在大学毕业生身上的直接体现。因此，用人单位提高本单位的人力资源管理水平能够提高大学毕业生的就业质量。

伴随着现代竞争的加剧，人力资源的管理水平日益成为企业在竞争中的关键因素。人力资源管理正在由传统的专业职能角色的人力资源管理转向以战略导向为主人力资源管理。要提高现代人力资源管理的战略地位，人力资源在企业发展中必须要充当员工服务者、战略伙伴、专家顾问和企业变革的推动者四个角色。并且将强调人力资源部门不是孤立的单位，人力资源的工作也是各层管理者共同的职责。企业良好的人力资源管理不仅要处理好单位的日常事务性工作，而且要能够帮助企业树立良好的企业文化。

第一，人力资源管理要能够为员工创造公平工作和竞争环境。公平主要体现在公平招聘、公平的业绩考核、公平的薪酬管理及晋升机会等。公平的竞争环境能够使员工产生信赖和安全感，让员工相信自己的付出与回报是成正比，可以让员工安心工作，减少员工因不公平感而跳槽的现象。第二，人力资源管理要为员工创造积极向上的工作氛围。企业不断追求进步表现为：重视培训、重视员工的职业发展。社会发展速度越来越快，工作中所需的技能和知识更新速度加快，因此培训已成为企业提高员工工作效率、增强竞争力的必要职责。从员工的角度来看，自身的发展进步已经成为他们衡量自己的工作质量的一个重要指标。一个企业发展的机会多，培训的机会多，就意味着晋升的机会多。第三，人力资源管理要创建自由开放的企业氛围。员工普遍希望企业是一个自由开放的系统，能给予员工足够的支持与信任，给予员工丰富的工作生活内容，员工能在企业里自由平等地沟通。自由开放的企业还应当拥有一个开放的沟通系统，以促进员工间的关系，增强员工的参与意识，促进上下级之间的意见交流，促进工作任务更有效地传达。第四，人力资源管理要能为员工创造友善关爱的工作氛围。如，给予员工关怀和足够的工作帮助，经常性地组织员工参加联欢活动，在员工需要帮助时，提供必要的支持，在员工取得进步时，给予鼓励，注重同员工的交流，帮助员工缓解生活工作压力等。

# 第四节　高校提升毕业生就业质量的对策

进入 21 世纪以来，我国高等教育改革取得了重大成就，高等教育成为大众关注的焦点：一是高校扩招使更多的人有机会接受高等教育；二是高校毕业生的就业情况不容乐观，就业质量亟待提高。

目前，高校扩招是影响毕业生就业质量的一个重要原因。一是高校过度扩招使得就业人数增加，毕业生素质下降，从而影响了高校毕业生的就业质量；二是高校人才培养模式影响毕业生就业质量；三是高校就业指导工作影响高校毕业生就业质量。我们对以上问题有针对性地提出解决我国高校毕业生就业质量问题的对策。

## 一、完善高校管理

### （一）明确办学理念，凸显高校特色

随着高校的扩招，尽管教师人数在增加，但是师生比却普遍呈下降趋势，高校生师比不能达到最佳的效益和状态，无法保证教学质量，提升学生素质，进而会影响到高校毕业生的就业质量。因此，明确高校定位与办学目标很有必要，形成各自特色，而不是盲目的扩大招生。

重点院校和研究型大学应该秉承精英教育的理念，把培养创新型人才作为己任，担负起技术革新和科学研究的重任，不应该把目标放在扩大招生规模上，是把大学做强而不是做大。地区院校应该把发展目标定位服务地方经济的发展，为地方经济的发展培养合格的人才，为地方经济的建设与发展出谋划策，担当技术革新与技术推广的主力军。同时地方院校应承担起高等教育大众化的职责，国家应将其作为高等教育大众化过程中重点扶持和大力发展的部分，满足人民群众对高等教育的需求，起到提高全民素质的作用。高校的硬件设施与高校规模相匹配，高校的生均占地面积、生均教学楼面积、生均图书等都要符合国家要求的合格标准，满足学生的学习需求，进而提高高校毕业生就业质量。

### （二）壮大师资队伍，保证教学质量

近年来的连续扩招导致高校规模不断增长，毕业生数量增长超常，尽管教师人数在增加，但是生师比却普遍呈下降趋势。我国普通高校生师比不能达到最佳的效益和状态，就无法保证教学质量。因此在高校扩招学生数量增加的背景下，学校必须重视高校的师资队伍建设，既要充分体现教学人员的价值和地位，又要调动教师的积极性。

面对高校教师大量流失的现实，稳定和使用好现有人才是各高校当前工作的重点，稳定现有人才是引进人才的基础。首先，应当树立现有教师也是人才的观念，树立以人为本

的观念，对教师进行人性化管理，关注每个教师的心态，帮助解决生活中的问题，例如帮助其解决诸如夫妻分居、家属的工作安排、子女的入托入学等问题，使其放下包袱，轻装上阵，全心全意地投入到教学和科研中去，切实解决高校教师的后顾之忧。其次，要给予教师在学校中的适当地位，要为高校教师的工作和优秀人才脱颖而出创造良好的环境，使其在教学活动和科研活动中体味到职业的内在尊严和欢乐，例如可以在职称评聘、科研经费分配等方面实行向优秀中青年教师的倾斜政策。再次，建立合理有效的激励机制，目前在我国的一些高校中，教师一心数用、身兼数职者大有人在，相当一部分教师在校外大搞"短、平、快"的科研或经济活动，在校内授课却心不在焉。引入激励机制，调动教师的积极性，可以以公开的沟通、绩效评估反馈与申辩为方式，提高教师的激励性和潜能性，将考评结果作为教师职务、职位晋升和提高教师工资待遇的依据，还可以同培训计划的实施联系起来，考评结果反映了被评者自身的素质能力状况及工作业绩状况，作为实施培训计划的依据。

## 二、创新培养模式

### (一) 明确教学任务，调整专业设置

现行教学任务的实质是培养有理性的知识人，但是忽视了学生非智力因素的培养，忽视了学生主体性的培养，缺乏人文关怀。因此，各个高校应当明确教学任务不仅是满足社会对科学知识的需求，还应该重视学生的全面发展，渗透人文精神和人文关怀，在教学活动中，教师可以根据学生的实际情况来制定教学任务，或者让学生自己来确定自己的学习任务，还可以引导学生依靠小组的力量来合作完成学习任务，让教学任务成为学生可支配的学习任务，教师还要增加教学内容的机动性和生动性，舍弃装饰性的教学任务等。

合理地设置专业，是保持高校自身活力和持续发展能力的重要因素，保持传统优势学科，适应社会发展，及时调整专业设置，服务于地方经济建设。保持好特色显著、优势突出的传统重点长线专业，努力培育区域化品牌专业。对社会的专业人才需求进行预测，为高校的专业调整提供决策参考，引导高校强化教育与社会职业对接，根据市场需求适时调整专业设置，实现社会需求、人才培养和就业良性互动。教育主管部门应建立更为科学合理的高校专业，设置动态评估机制，既要避免因"学术资本主义"导致的高校专业重复设置和资源浪费，也要保证基础理论研究及人文社会专业的生命力，更要以市场为导向坚守大学追求"真、善、美"的核心价值观。

### (二) 创新教学方法，提高教学质量

深化教学改革，对培养目标进行科学定位，改革教学方法和教学内容，摒弃应试的"填鸭式"教学方法，丰富教学方式，加强学生基本知识和基本技能训练，拓宽专业服务

范围；拓宽教学内容，注重通识教育，为学生提供更多的课程选择，拓宽学生的知识面；优化教学过程，改进教学方式，引导学生勇于质疑、崇尚真理；强化实践教学环节，优化实践教学内容，构建以能力培养为主线、课内课外相结合的实践教学体系，提高专业教学内容的真实性，提高学生的学习兴趣，同时，把就业教育纳入教学计划中去，推动全程就业教育的开展，进一步加强对大学生全程就业教育的领导，切实提高其就业能力。

在教学过程中，要以学生为主体，使学生享有较为充分的"参与权"和"选择权"。以教师为中心、教师讲授为中心的教学方法转变到以学生为中心、以指导学生自学为中心的教学方法上来，如可以在一定的教学间隔给学生布置课程论文，论文大纲随讲授内容而定，要求学生尽可能多地收集资料，再结合本专业科技发展的潮流和趋势，要求学生对所选的技术资料提出改进意见和创新点，相互交流，从各种媒体和资讯手段入手，不断地积累与自己论文主题相关的材料，这样不仅可以增进学生的业务见识和理论水平，还可以锻炼学生的科研能力和正确引导学生科学利用课余时间的作用。

## 三、加强就业指导

### （一）健全就业指导机构，培养就业指导人才

高校要健全就业指导与服务机构、保障工作经费、丰富工作职责，保证学生的就业指导具有实效性；建立全程化的就业指导体系，把就业指导工作贯穿于学生教育的全过程，从学生入学初就开设就业指导课程，以提升大学生的生存能力和职业素质。引导学生根据自身的素质特征，结合个人的价值趋向和兴趣爱好，并考虑人才市场的现状和发展趋势，设计职业发展目标和实施计划。注重不断变化的社会需求，在指导学生设计职业生涯规划时，要教育、引导学生根据职业需求的变化对职业生涯的影响，进行弹性规划。学会分析、收集社会需求信息并根据社会需求的变化调整职业生涯的规划。坚持指导的个性化原则，每个人的职业生涯目标、规划应因人而异，因此，职业生涯的规划指导要注意充分发挥学生的个性特长，考虑学生实际，指导他们进行正确的职业定向、定位，培养学生的自我管理能力。

重视就业指导工作方面的人才培养，加强就业指导师资队伍建设，提高从业人员的专业化和职业化，为促进大学生就业，提升大学生服务质量提供专业的高素质的师资支持。

### （二）加强就业信息反馈，规范就业信息数据

建立校园就业信息网，定期公布本校历年来各届学生的就业情况，广泛收集各地劳动力需求信息，逐步实现就业信息数据标准的规范统一，最终实现高校毕业生就业资源和服务的一体化。这样，信息量多而广，有利于供高校毕业生进行就业参考，确定大致方向和目标，给毕业生提供就业机会，毕业生双向选择的余地较大，签约率相应也较高。

可以利用移动图书馆向大学生提供就业信息，以智能手机、ipad、PDA（Personal Digital Assistant 掌上电脑）等移动终端设备为载体，通过无线接入的方式访问图书馆资源、阅读电子书、查询书目和接收图书馆服务信息，图书馆要积极、主动地收集、整理、组织、传递大学生就业信息，并充分利用起移动图书馆这种新形式。

### （三）创新社会实践方式，加强就业基地建设

就业实训，是指以学生将来就业为导向，通过具体的、参与性的活动全面提升学生的综合素质，帮助学生全面了解社会，掌握相关技巧，增加学生的就业竞争力。当前大学生就业过程最大的障碍就是缺乏工作经验，但是很多高校在正常的教学时间中已经很难再拿出更多的时间去安排学生参加实习，因此，充分利用暑期社会实践进行就业实训是一个很好的选择。

就业基地的建设靠学生个体的力量是不能实现的，需要学校与企业积极沟通，让企业能够充分了解就业实训对于企业同样具有提前挖掘人才、加大人才储备的益处，提高企业加入就业实训的积极性。在就业实训过程中，让学生直接参加到工作中，使学生感知与获取企业文化，培养他们对职业的认同，帮助他们树立职业精神，缩短今后就业的适应期，加速他们的成长。同时使学生真正把理论知识和生产实践相结合，可以提升他们的学习兴趣，帮助学生更加主动去学习，从而提升学习的效率。学校还要主动加强对学生的管理，因为是暑期并且学生分散在各个企业，管理难度很大，所以更加需要高校主动创新实践形式。

帮助高校毕业生了解不同职业的具体情况，不同企业的企业文化、规范等，并从实际需要出发帮助大学生培养职业角色意识；帮助毕业生明白社会对职业的期待，明白自己将来应该承担的责任和义务；通过职业指导树立正确的职业观，避免择业的盲目性和主观性，对个人做出明智的职业选择起到重要的作用；通过职业指导促进身心健康和个性发展，帮助大学生正确选择职业、获得职业、适应职业、使人获得满足感、获得愉快、获得幸福；帮助大学毕业生解决在择业过程中的心理冲突，最终提高高校毕业生的就业质量。

# 第五节　大学生提升自身就业质量的对策

## 一、调整就业心态，树立正确的就业观

第一，改变传统的就业观念。受传统就业观念的影响，大部分大学毕业生在求职时都期望能够一步到位得到一份绝对安稳的工作，当现实和期望不能一致时，不断地变动工作，导致就业稳定性较差，一时很难找到适合自己的工作；有的大学毕业生在求职时一心

只考虑大中城市，对于基础和偏远的地区的工作机会不予考虑；有的大学毕业生在就业时只将目标限定在外资、合资等薪酬较高的企业上，这些错误的就业观导致了很多大学生在求职中出现"独木桥"现象。实际情况往往并非没有就业岗位而是很多岗位需要大学毕业生却没有人选择。

因此，大学毕业生在择业时应抛弃一劳永逸的就业观，正确的评价自己，根据自己的专业、能力和特长等对所从事的行业、地域有正确的规划，这样才能在实际的求职中有正确的方向，找到自己满意的工作，同时，也要根据实际情况积极地调整自己的职业抱负，不断地调整自己原有规划中的不合理部分，使自己的心理定位与求职目标一致。

第二，增强就业自信心，克服盲从的心态。近几年，受大学生就业难的影响，很多毕业生在求职时多次失败，变得心灰意冷，对自己丧失信心；也有部分毕业生在求职时被动的择业，或者没有方向的跟随他人的求职方向选择自己的职业定位。因此，大学生在大学期间，应加强自己的心理素质培养，有意识地培养自己坚定、不怕困难的品质；在求职时不要盲目乐观和悲观，变被动求职为主动，相信自己的能力，在充分了解就业信息的基础上，用积极主动的心态扫除求职的障碍，直到找到适合自己的高质量工作。

## 二、提高综合素质，增强就业竞争力

大学毕业生就业质量关系着自身的切身利益，因此，大学毕业生自身也是提高就业质量的关键所在。根据调查显示，大学毕业生自身的综合素质（如人际交往、团队沟通、专业水平、实践能力等）对就业质量的影响显著。因此，提高大学毕业生的就业质量，应从大学生自身做起，努力提高自己的综合能力。然而，现实中大学生这方面的素质是如何呢？在一份《中国大学生就业》杂志中，通过对 10 余所高校和 20 多个用人单位的调查中发现，大学毕业生的实际工作能力远不能达到用人单位的需求。这些差距概括说来就是学习能力虽强，动手实践能力差。在日渐激烈的竞争环境下，用人单位需要的人才不仅有较强的理论功底和学习能力，更需要有实际的操作能力。因此，大学生应在就业前着重培养自己的实践能力和操作能力，为尽快地融入社会和工作打好基础。除了扎实地掌握专业知识以外，应大胆的尝试走向社会，利用业余时间适当地参加社会实践、兼职等，都是以后尽快融入工作的有效途径。通过社会实践着重培养以下能力：

一是实际操作能力。大学生学习能力强而操作能力差是很多用人单位的共识，在目前我国的教育体制下，素质教育落后于应试教育又导致了很多大学生的动手能力不强，不能满足用人单位的需求。即使在校期间掌握了大量的基础知识，但由于缺乏实践操作能力，不能将知识转化为生产力，因此，也就不能适应社会经济的发展。只有平时不断地加强理论学习，提高自己的实际操作能力，才能成为用人单位青睐的人才。

二是人际交往能力。现在的大学生大多是"90 后"的独生子女，唯我独尊、自私自利等性格缺点导致了在人际交往时，缺乏团队合作意识，往往将自己的私利放于首位，难以接受他人的意见。但任何一件事不能单靠一己之力，没有团队的合作很难完成。因此，在社会实践中，加强大学生的沟通和交往能力，可以帮助大学生尽快地适应工作，同他人建立良好的人际关系，有利于工作的开展。

三是创新能力。创新是一个民族进步的灵魂，对于一个企业而言，创新能力可以使企业在日趋激烈的竞争中立于不败之地，有创新能力的人才更能够得到企业的青睐。由于我国目前的高等教育对于大学生的创新能力的培养相对落后，大学生的自我反思能力较为欠缺，大学生可以通过课外的实践活动来增强自己的积极探讨问题、分析和解决问题的能力。

### 三、制定科学的职业生涯规划，努力实践

目前，很多大学毕业生在求职时比较盲从，并不清楚自己的职业方向，对各项工作的性质职能缺乏认识，造成了大学毕业生在择业时随波逐流，盲目性的择业对自身的发展和就业质量带来了不利影响。大学毕业生在择业时应根据自身优势特长和爱好，在明确专业和职业的关系及行业所需要人才的基本素质的前提下，明确自己的职业方向，并为之努力。因此，大学生需要在毕业前对自己的职业生涯有一个清晰的规划，以明确自己的发展道路。

职业生涯规划，是对影响一个人的职业生涯各种可能的主客观因素的分析、评价，并为之确定个人的奋斗目标而进行的规划。职业生涯规划需要对每一步骤进行时间和顺序的合理安排，它可以帮助大学生客观合理的选择职业方向，并将目标分成不同的阶段为之努力大学生在校期间进行职业规划时，需要在充分的了解自己的基础上，听取专业人士的建议不断地修正和规划。从而使职业规划能够帮助自己早确立职业方向，减少在择业时的盲目性，提高自身的就业质量。

大学生活的结束，不仅仅意味着一个人学生时代的结束，它也是一个职业生涯的开始，是一个全新而无比重要的开始。在迈出人生中这举足轻重的一步之前，需要有一个清晰、明确的职业生涯规划。因为这个规划的正确和可行，决定着一个人5年、10年甚至一生的职业幸福。

职业生涯规划是指个人发展与组织发展相结合，对决定一个人职业生涯的主客观因素进行分析、总结和测定，确定一个人的事业奋斗目标，并选择实现这一事业目标的职业，编制相应的工作、教育和培训的行动计划，对每一步骤的时间、顺序和方向做出合理的安排。职业生涯规划可以帮助大学生理性的选择职业，把迈出的每一步作为成功的起点。大学生在制定职业规划时需要与具有行业背景的专业人士以及就业指导老师多沟通交流，充分清晰地了解自己的志向，并且听取他们的建议去反复修正规划，而不是单单自己一个人

想出来的。职业规划是缩小校园和社会差距的手段，帮助大学生实现学校和社会的提前连接。职业生涯规划帮助大学生早日明确自己的职场目标和发展方向，而不至在苦恼和困惑中迷失自我。最后，更为重要的，是要认真践行自己的规划，并在践行过程中及时调整、修正，为实现自己的高质量就业不懈努力。

# 参 考 文 献

[1] 董保利.大学生就业指导[M].北京：航空工业出版社，2018.

[2] 王炼.大学生就业指导[M].北京：北京理工大学出版社，2018.

[3] 朱选朝.大学生就业创业[M].上海：上海交通大学出版社，2018.

[4] 高健，南亚娟，倪慧玲.大学生就业指导与创业教育[M].天津：天津科学技术出版社，2018.

[5] 孙莉玲.大学生就业法律问题指导[M].南京：东南大学出版社，2018.

[6] 孙凌云.大学生就业指导与创新创业教育[M].济南：山东人民出版社，2018.

[7] 石鹏建.大学生就业创业优秀论文选编[M].北京：知识产权出版社，2018.

[8] 傅赟.赢在校园大学生就业指导实用教程[M].重庆：重庆大学出版社，2018.

[9] 常宇靖，王静.择业观对大学生就业质量的影响研究[M].长春：东北师范大学出版社，2018.

[10] 张春平.新时代大学生就业与创业指导教程[M].苏州：苏州大学出版社，2018.

[11] 淡玉堂.大学生就业指导[M].武汉：武汉理工大学出版社，2018.

[12] 王玉斌.大学生职业发展与就业指导[M].郑州：郑州大学出版社，2018.

[13] 王昌贤.大学生职业发展与就业指导[M].重庆：西南师范大学出版社，2018.

[14] 王林，王天英，杨新惠.大学生职业生涯与就业指导[M].北京：中国铁道出版社，2018.

[15] 刘玉升.大学生职业生涯规划与就业指导[M].苏州：苏州大学出版社，2018.

[16] 张季菁，张雪松.大学生职业生涯规划与就业指导[M].北京：中国经济出版社，2018.

[17] 张琳，李中斌，王杨.大学生职业生涯规划与就业指导[M].上海：上海交通大学出版社，2018.

[18] 张卿，王孝胜.大学生职业生涯规划与就业指导[M].西安：西北工业大学出版社，2018.

[19] 林学军，郑慧娟.大学生职业规划与就业指导教程[M].广州：暨南大学出版社，2018.

[20] 张敏，杨珊，邓莹.大学生职业发展与就业指导训练教程[M].长春：东北师范大

学出版社,2018.

[21] 吕平.大学生职业生涯规划与就业创业指导[M].天津:南开大学出版社,2018.

[22] 郭帆,崔正华.大学生职业生涯规划与就业指导[M].南京:东南大学出版社,2018.

[23] 刘建华,张卫健.大学生职业生涯规划与就业指导[M].北京:科学出版社,2018.

[24] 舒卫华.大学生职业生涯发展与就业指导[M].武汉:华中科技大学出版社,2018.

[25] 石鹏建.大学生基层就业典型人物事迹[M].北京:知识产权出版社,2018.

[26] 包腾龙.大学生全面人才培养的职业发展与就业指导[M].武汉:华中科技大学出版社,2018.

[27] 胡保玲.大学生学业情绪、自我效能感与就业能力关系研究[M].沈阳:东北财经大学出版社,2018.

[28] 贾兰芳.女大学生职业生涯规划及就业心理调适[M].北京:中国书籍出版社,2018.

[29] 陈光德.适则成大学生职业适应与就业指导[M].北京:商务印书馆,2018.

[30] 霍雄飞,练飞.大学生就业形势与政策[M].上海:上海交通大学出版社,2018.